Rolf Lamprecht

Kampf ums Kind

Wie Richter und Gutachter das Sorgerecht anwenden

SPIEGEL-BUCH

Umschlagentwurf: SPIEGEL-Titelgrafik
Veröffentlicht im Rowohlt Taschenbuch Verlag GmbH,
Reinbek bei Hamburg, März 1982

Satz Times (Lasercomp) LibroSatz, Kriftel
Gesamtherstellung Clausen & Bosse, Leck
Printed in Germany
ISBN 3 499 33019 9

Inhalt

Einleitung

Im alten Rom hatte nur einer die «elterliche Gewalt» inne: der Hausvater. Seine Rechte über die «ehelichen Abkömmlinge» waren unumschränkt, auch über das Alter der Volljährigkeit hinaus. Er durfte ein pflichtvergessenes Kind töten, aussetzen oder verkaufen – ganz zu schweigen davon, daß er «in Ausübung seiner Hauszucht» Strafen verhängte und Ehen schloß oder trennte.

Als Machtbegriff blieb die «elterliche Gewalt» bis in die jüngste Zeit erhalten. Das Bürgerliche Gesetzbuch bestimmte, wem etwa nach einer Scheidung das Kind zugesprochen wird. Theoretisch konnten das beide sein, praktisch erhielt – bislang jedenfalls – zumeist die Mutter den Zuschlag. Bis zur Eherechtsreform 1977 war «die elterliche Gewalt» Gegenstand eines mehr oder weniger anrüchigen Kompensationsgeschäfts: Sie verzichtete auf das ihr zustehende Recht, der Scheidung zu widersprechen, und erhielt dafür im Gegenzug die Kinder.

Seit 1977 sind Schuld und Sühne aus dem Scheidungsprozeß verbannt. 1980 wurde der häßliche Begriff «elterliche Gewalt» durch «elterliche Sorge» ersetzt. Emanzipierte Männer sind immer weniger bereit, Klischees hinzunehmen, nach denen kleine Kinder oder Mädchen am besten bei der Mutter aufgehoben sind. Zum erstenmal bekommt der im Gesetz verankerte Gedanke, nach dem «Wohle des Kindes» zu forschen, einen tieferen Sinn.

Doch der erhabene Begriff vom Kindeswohl zerrinnt im konkreten Streitfall vorläufig noch unter den Händen – den Eltern, aber auch den Sachverständigen und den Familienrichtern. Deutsche Sorgerechtsentscheidungen, die seit der Ehereform 1977 nicht mehr von Scheidungsschuld abhängen, dafür aber vielfach von subjektiven Vorurteilen und wissenschaftlichen Klischees, erregen zunehmend Betroffene und Noch-nicht-Betroffene. Fälle und Fakten, Mehrheits-

und Minderheitsmeinungen, Grundsatzurteile und Rechtsprechungstendenzen, Beispiele subtiler Kindesmißhandlungen und friedlicher Lösungen sollen deutlich machen – was Streitende erwartet und wie sie dem Fiasko womöglich zuvorkommen können.

1

Losverfahren statt Richterspruch

Am «Kindeswohl» scheiden sich die Geister

Mutter und Stiefvater manipulierten Kinder. – Verhinderung jedes Besuchs und Änderung des Familiennamens. – 40 Prozent aller Scheidungskinder schwer geschädigt. – Neuer Begriff: statt Kindeswohl «die am wenigsten schädliche Alternative». – Interessen der Eltern ignoriert. – Prognosen «zu zwei Dritteln falsch».

Der Fall liest sich wie eine Vision des Bösen, wie eine perfide Erfindung – doch er trägt das Aktenzeichen einer respektablen staatlichen Instanz, des Oberverwaltungsgerichts für Berlin: OVG V B 13.78. Es handelt sich um ein rechtskräftiges Urteil, und das wiederum markiert den vorläufigen Schlußpunkt in einer Kette von nur schwer verständlichen Niederlagen, die der Berliner Vater Horst Bergmann[1]* hinnehmen mußte.

Bergmanns Exehefrau waren nach der Scheidung beide Kinder, eine Tochter und ein Sohn, zugesprochen worden. Doch Helga Schilling, geschiedene Bergmann, gab sich mit diesem Erfolg nicht zufrieden. Sie war, wie zahlreiche Gerichtsinstanzen festhielten, zielstrebig bemüht, gemeinsam mit ihrem neuen Ehemann, Dirk Schilling, die Kinder dem leiblichen Vater zu entfremden. Psychologen und Richter registrierten sogar eine «Verhetzung» und einen «anerzogenen Haß der Kinder auf den Vater».

Dieses aktenkundige Fehlverhalten der Mutter führte dennoch nicht etwa zu einer Entziehung des Sorgerechts – aus einem traurigen Grund: Die «Verhetzung» hatte im Laufe der Zeit Früchte getragen, Tochter und Sohn wollten irgend-

* *Die hochgestellten Ziffern verweisen auf die Anmerkungen S. 234 ff.*

wann von ihrem Vater nichts mehr wissen, eine Änderung ihrer Lebensverhältnisse hätte nach herrschender Rechtsmeinung kaum dem «Kindeswohl» entsprochen.

Um seine Kinder nicht in weitere Konflikte zu stürzen, zog sich der Vater zurück. Und just diese Rücksichtnahme legten die Mutter und der Stiefvater in späteren Prozessen als Lieblosigkeit aus. Seine bislang letzte Schlappe erlebte Bergmann vor dem Oberverwaltungsgericht in Berlin: Dem Antrag der Mutter, den Kindern seinen Namen zu nehmen, wurde entsprochen. Tochter und Sohn heißen fortan nicht mehr Bergmann, sondern Schilling, wie der Stiefvater – alles aus Gründen des Kindeswohls.[2]

Eben dieser letzte Prozeß ist ein Musterbeispiel dafür, was der von Scheidungsverschulden und von Elterninteressen gelöste Kindeswohlbegriff im Rechtsalltag bedeuten kann. Die zuständige Behörde, der Westberliner Senator für Inneres, hatte den Namensänderungsantrag der Mutter abgelehnt. Begründung: Ein vom Gesetz geforderter «wichtiger Grund» liegt hier nicht vor. Im Gegenteil, die Beamten hielten die Bindungen zwischen den Kindern und ihrem Vater für schützenswert. Auf die Klage der Mutter hob jedoch das Verwaltungsgericht den ablehnenden Bescheid der Behörde auf.

«Die Ablehnung der Namensänderung», so entschieden die Verwaltungsrichter, gefährde die «gedeihliche seelische Entwicklung» der Kinder. Für ihre Eingliederung in die neue Familie, die durch die Wiederverheiratung der Mutter entstanden sei, stelle die Namensverschiedenheit «ein störendes Element dar».

Zwar erfordere das Wohl eines Kindes grundsätzlich auch, so räumten die Verwaltungsrichter ein, daß die Verbindung mit dem leiblichen Vater soweit wie möglich aufrechterhalten werde. Dabei könne auch der Name eine Rolle spielen. Im Fall Bergmann müsse jedoch von den Realitäten ausgegangen werden, und: «Die Ursache für diese Entfremdung ist ohne rechtliche Bedeutung.»

Die Urteilsbegründung besagt genaugenommen, wie

leicht im Sorgerecht das Böse siegen kann. Die Richter, auch die der nächsten Instanz, machten keinen Hehl daraus, «daß die Mutter und der Stiefvater der Kinder derartige Kontakte (zu Bergmann) in der Vergangenheit nicht gewünscht und zielstrebig zu verhindern versucht hätten».

Auch die Zivilrichter, die als Familien- oder Vormundschaftsrichter mit der Sache zu tun hatten, stellten unmißverständlich fest, daß die Mutter im Laufe der Jahre bewußt die Situation herbeigeführt habe, in der die Tochter, inzwischen dreizehn, und der Sohn, inzwischen elf, «jeglichen Kontakt zu ihrem leiblichen Vater ablehnen».

Das Landgericht, das die «Verhetzung der Kinder» aktenkundig gemacht hatte, sah sich sogar zu dem Hinweis veranlaßt, «daß die Mutter die Pflichten, die ihr Personensorgerecht mit sich bringt, verletzen und unter Umständen ihre Eignung als Erzieher der Kinder in Frage stellen würde, wenn sie die Kinder weiterhin gegen den Vater beeinflußt oder eine solche Beeinflussung durch den Stiefvater duldet».

Solche Mahnungen waren in den Wind geschrieben. Von der noch weiter gehenden richterlichen Anordnung, sie solle «aktiv dazu beitragen, in den Kindern das Vaterbild wiederherzustellen» und «auf die Wiederaufnahme persönlicher Kontakte der Kinder mit dem Vater hinzuwirken», blieb nichts als der fromme Wunsch.

Ohne Gerichtsvollzieher

Der Fall illustriert ohnehin die Ohnmacht des Familienrechts. Denn mittlerweile haben nahezu alle beteiligten Juristen eingesehen, daß sich der Einsatz staatlicher Machtmittel – etwa Zwangsvollstreckung per Gerichtsvollzieher – nicht gegen den jeweiligen Rechtsfeind in der Verkleidung einer Mutter oder eines Vaters richtet, sondern ausschließlich gegen die unschuldigen Opfer, die Kinder.

So liest sich denn auch die Feststellung des Berliner Oberverwaltungsgerichts wie eine einzige Bankrotterklärung der

Justiz. Da es kaum Sanktionen gibt, um etwa jene Gebote durchzusetzen, die das Landgericht 1977 gegen die renitente Mutter der Bergmann-Kinder aufgestellt hatte, blieb alles beim alten. «Es besteht kein Anhalt dafür», beklagten die Oberverwaltungsrichter 1980, «daß die Mutter wie auch der Stiefvater von diesen Beeinflussungen inzwischen Abstand genommen» hätten.

Vielmehr lassen nach Ansicht der Richter die Schriftsätze, die von der Mutter und dem Stiefvater im Namensänderungsverfahren verfaßt worden seien – «und namentlich die darin enthaltenen Äußerungen» über den leiblichen Vater der Kinder –, «die Befürchtung begründet erscheinen», daß die Kinder «weiterhin in einer mit dem Personensorgerecht unvereinbaren Weise gegen ihren leiblichen Vater beeinflußt werden».

Den uneingeweihten Leser, der solche geradezu vernichtenden richterlichen Wertungen in sich aufnimmt, trifft das Endergebnis wie ein Keulenschlag. Mit verblüffender Logik schieben die Oberverwaltungsrichter ihre eigene Beweisführung beiseite und konstatieren: Laut Gutachten sei der «Haß der Kinder gegen den Kindesvater» – unabhängig davon, wie dieses Gefühl entstanden sei – nunmehr als «Realität» anzusehen. Es müsse einfach von dem Willen der Kinder, «nur die Mutter und den Stiefvater als ihre Eltern zu sehen», ausgegangen werden. Wenn ihr Wunsch, den neuen Namen zu tragen, weiterhin abgelehnt werde, bestehe die Gefahr, daß sie in «eine Außenseiterrolle» gedrängt würden und daß «diese Konfliktsituation ihre Entwicklung ernsthaft behindert oder stört».

Was dem Kindeswohl dient, versuchten – jedenfalls im Namensänderungsprozeß – die Oberverwaltungsrichter zu definieren, allerdings sehr auf den Tag bezogen, also auf den bereits bestehenden Mißstand. Ganz wohl in ihrer Haut fühlten sich die Juristen offenbar nicht, denn sie hoben einen Umstand eigens hervor: «Mißbräuchliches Verhalten des personensorgeberechtigten Elternteils» könne nicht bestraft werden, indem die Namensänderung der Kinder abgelehnt werde. Die Verwaltungsrichter fühlten sich da als falsche Adresse, sie wiesen darauf hin, daß es Aufgabe der Familienrichter sei, Mißbräuchen «möglichst frühzeitig mit geeigneten Maßnahmen zu begegnen».

Vermutlich kam aber auch dieser eher vorsichtige Appell an die Kollegen des anderen Gerichtszweiges zu spät. An der Tatsache, daß sich die Kinder, derzeit jedenfalls, mit der neuen Familie voll identifizieren, ist überhaupt nicht zu zweifeln. Zwar wäre auch denkbar, daß Richter, statt den Begriff des Kindeswohls aus der Froschperspektive der Tagesbetreuung zu betrachten, eine Zukunftsprognose wagen und vor allem die weitere Persönlichkeitsentwicklung der Kinder im Auge haben.

So gesehen, könnten Familienrichter aus der Rechtsfeindlichkeit der Mutter und aus der Art, in der die Kinder nachweislich verhetzt und manipuliert worden sind, auf eine absolute Erziehungsunfähigkeit schließen und ihr das Sorgerecht entziehen. Ein so drakonischer Beschluß freilich ließe sich im konkreten Fall aber auch wieder nur mit Zwangsmitteln durchsetzen, gerade weil der mütterliche Dressurakt an den Kindern als perfekt zu bezeichnen ist.

Spätere Aufklärung der Kinder

In Fällen wie diesen müssen die Familienrichter noch neue Strategien entwickeln – mit einem Ziel: den Elternteil, der Haß sät, nachhaltig zu verunsichern, ohne den Kindern damit zu schaden. Wenn – gerade wegen des Kindeswohls – die gerechte Lösung nicht unmittelbar durchsetzbar ist, könnte das Familiengericht zum Beispiel einen ultimativen Beschluß fassen. Inhalt: Das betroffene Kind wird vier Wochen vor seiner Volljährigkeit von Amts wegen über den wesentlichen Akteninhalt des Sorgerechtsverfahrens aufgeklärt.

Bergmanns Kinder, die heute noch alles glauben, was die Mutter erzählt, würden mithin später erfahren, wie Psychologen und erfahrene Richter verschiedener Gerichtszweige und Instanzen die verlogene Rolle ihrer Mutter beurteilt haben. Ein richterlicher Beschluß, der diese Art von Information verfügt, kann mit Sicherheit die schlimmsten Auswüchse verhindern. Es liegt auf der Hand, daß manche Infamie unterbleibt bei dem Gedanken, daß sich die erwachsenen Kinder womöglich einmal in Abscheu abwenden. Solche Strategie hängt noch nicht einmal von der Bereitschaft des Familienrichters ab. Auch ohne Beschluß kann ein Vater wie Bergmann die Akten sammeln und sie später seinen Kindern zukommen lassen. Und er sollte diese Absicht frühzeitig kundtun.

Was Horst Bergmann widerfuhr, kann jedem passieren – Vätern wie Müttern. Theoretisch wenigstens macht das Recht da keinen Unterschied, praktisch ist es allerdings so, daß in rund 85 Prozent aller Fälle die Mütter das Sorgerecht erhalten – sei es, daß Realitäten, sei es, daß Vorurteile eine solche Lösung nahelegen. Die 85 Prozent zu kurz gekommener Väter müssen mit dem Besuchsrecht vorlieb nehmen – wenn es das Kindeswohl erlaubt.

Dieser Begriff kommt als Schlüsselwort in jeder gerichtlichen Entscheidung vor – sei es, daß sie festlegt, was das Kind bekommt, oder sei es auch nur, daß die Besuche geregelt werden. Ob nun Familienrichter Tatsachen werten oder sich hinter Formalien verschanzen, ob sie Klartext schreiben oder Juristen-Jargon, ob sie humane Töne anschlagen oder Ideologie produzieren – mit dem Kindeswohl begründen sie alles und jedes.

Rechtsprofessoren, Philosophen und Mediziner, aber auch Tiefen- und Verhaltenspsychologen haben den Begriff gedreht und haben ihn gewendet. Jeder für sich hat, strenggenommen, nur bewiesen, daß Kindeswohl nicht verbindlich zu definieren ist, oder daß, bitte schön, alle Definitionsversuche zusammen der begrifflichen Wahrheit vielleicht nahekommen. Eine Blütenlese mag das belegen.

«Das Wohl des Kindes ist Zustand oder Ziel, je nach dem Grade, in dem es zu einem bestimmten Zeitpunkt verwirklicht ist», schreibt der Tübinger Rechtsprofessor Joachim

Gernhuber.[3] Seine Definition deutet zumindest an, daß sich der ominöse Begriff statisch, aber auch dynamisch auffassen läßt. Bei den Bergmann-Kindern hatten sich die Richter erkennbar auf das Hier und Heute versteift. Denn von dem Kindeswohl als Ziel konnte nicht die Rede sein bei einer Mutter, die Recht und Anstand ignoriert.

Gernhuber, bekannt als Verfasser eines Standardwerks über Familienrecht, erklärt mit einer Spur von Zynismus, warum die richterliche Praxis gleichwohl «mit dem Wohl des Kindes mehr oder weniger überzeugend zu arbeiten versteht» – sie schaffe dies, «weil sie nur verkürzt aufnimmt, was sie ganz aufnehmen müßte, wenn dem (insoweit theoretisierenden) Gesetz uneingeschränkt Folge geleistet werden sollte». Das Psychogramm des Kindes und das Soziogramm seiner Umgebung würden ebensowenig voll durchgezeichnet wie das schließliche Ziel – «die Wege, die zu ihm leiten, und die Abwege, die in die Irre führen».

Gernhuber registriert, aufgeschlüsselt nach Paragraphen, die «gröberen und feineren Nuancen» der Gesetzessprache, die zu beschreiben versucht, «was dem Wohle des Kindes dient», «was ihm entspricht», «oder nicht entspricht», «oder auch nicht widerspricht», «was es gefährdet», «was es fordert» und «was mit ihm vereinbar ist». Eine abschließende Bestimmung dessen, was das Wohl des Kindes bedeute, meint der Professor vorsichtig, «mag möglich sein» – freilich «nie» als exakte Definition. Gernhuber selbst will dazu nicht mal einen «Versuch» unternehmen. Denn: «Wer alles zu sagen unternimmt, gerät leicht in die Gefahr, unter zunehmender Abstraktion schließlich im Nichts zu enden.»

Jeder Fall ist einmalig

Auf ähnliche Weise näherte sich der Berliner Medizinprofessor Helmut Remschmidt dem Thema. Er räumte auf dem Deutschen Familiengerichtstag (DFGT) 1979 ein: «Der Begriff Kindeswohl läßt sich nicht allgemeingültig definieren.»

Remschmidt machte auf einen Umstand aufmerksam, den Richter und Sachverständige bei generellen Aussagen gern übersehen: Der Kindeswohl-Begriff müsse «unter den Bedingungen der jeweiligen Situation und des jeweiligen Falles neu gestellt und individuell beantwortet werden»[4].

In schwierigen Fällen, so gibt der Mediziner zu, seien «sowohl die Gerichte als auch die Sachverständigen überfordert». Remschmidt verweist auf das Spannungsverhältnis «zwischen Rechten und Pflichten der Eltern und dem Recht des Kindes auf eine ungestörte und weitgehend belastungsfreie Entwicklung». Die Grenzziehung sei nicht einfach, «so daß sich hier eine durchaus kontroverse Diskussion zwischen Kindeswohl und Elternwillen ergibt». Auch Remschmidt versucht sich indessen «definitorisch». Er möchte unterscheiden «zwischen dem globalen Begriff des Kindeswohls, dem der Rechte des Kindes, dem des Kindesinteresses und dem des Kindeswillens». Unter «Recht des Kindes» versteht der Professor die «verfassungsmäßigen Grundrechte», unter Kindesinteresse den «Inbegriff der jeweiligen Bedürfnislage», unter Kindeswillen die «Mitwirkung» an den Entscheidungsprozessen; seit Januar 1980 ist die «Anhörung» von Scheidungskindern sogar im Gesetz verankert.

Grobschlächtiger sind die Versuche, den unbestimmten Rechtsbegriff durch eine ebenso vage Umschreibung zu ersetzen, durch jenes im Jugendwohlfahrtsgesetz festgelegte Recht des Kindes «auf Erziehung zur leiblichen, seelischen und gesellschaftlichen Tüchtigkeit».

Dr. Walter Becker, ehedem Leiter eines der größten Jugendämter und auch Präsident des Deutschen Kinderschutzbundes, glaubte bei einem Hearing des Deutschen Bundestages, den Begriff objektivieren zu können. Sein Versuch sah so aus: Er definierte, indem er ein Idealbild skizzierte. Garantiert sei das Kindeswohl, «wenn sich ein Kind in der Liebe und der Sorge zweier immer zueinander haltender Elternteile gesichert weiß». Und es müssen Eltern sein, «die nicht auseinandergehen, die außerdem die emotionale Bindung zu dem Kind spüren, die in Erziehungsfragen einig sind und immer das Beste des Kindes im Auge haben». Außerdem sollten «günstige materielle Voraussetzungen gegeben» sein.[5]

Becker war sich klar darüber, daß er von einem Wunschbild redete, das in der beschriebenen Perfektion kaum in einer intakten Familie zu verwirklichen ist, geschweige denn in einer kaputten. «Dieser Idealbegriff wird», meint er denn auch differenzierend, «wahrscheinlich nur in den seltensten Fällen zu erreichen sein. Aber das ist in Wirklichkeit das Wohl des Kindes.»

Remschmidt bestätigte – aus der negativen Sicht – Beckers Version: «Man kann davon ausgehen, daß eine Scheidung in der Regel mit einer Beeinträchtigung, unter Umständen auch Gefährdung des Kindeswohls, einhergeht».[6] Die Gefährdung beginnt seiner Meinung nach aber nicht erst mit der Scheidung, sondern mit allem, was sich in deren Vorfeld abspielt.

Der Berliner Professor beruft sich auf frühere wissenschaftliche Untersuchungen. Danach «sind bei rund 40 Prozent aller Kinder, deren Eltern geschieden wurden, psychische oder gar psychopathologische Probleme festzustellen». Remschmidt meint, daß angesichts ständiger Auseinandersetzungen zwischen den Eltern «kaum mehr positive Identifikationsmöglichkeiten vorhanden» sind. Die Scheidung ist dann vielfach der letzte Schritt «und der Schlußstrich eines für die Entwicklung des Kindes abträglichen Zustandes». Und in vielen Fällen ist Scheidung «die Fortführung der Auseinandersetzung mit anderen Mitteln».

79 000 betroffene Kinder

Angesichts der statistischen Zahlen erhält die Erkenntnis, daß 40 Prozent aller Kinder womöglich durch die Scheidung ihrer Eltern psychisch deformiert werden, eine gespenstische Bedeutung. Das Statistische Bundesamt in Wiesbaden registrierte für das Jahr 1980 genau 96 222 Scheidungen. Betroffen waren davon 78 972 Kinder. Nach der von Remschmidt zitierten Untersuchung wären mithin Jahr für Jahr rund 31 600 Kinder als Scheidungsweisen psychisch schwer gefährdet. Solche Rechnung zeigt die Kehrseite der Medaille – das schiere Gegenteil vom vielbeschworenen Wohl des Kindes.

Angesichts solcher Realität wird verständlich, warum sich viele Experten nur zaghaft und sehr vorsichtig äußern. Der Kölner Rechtsprofessor Alexander Lüderitz etwa begnügte sich mit der kühlen Aussage, der Begriff sei als «positiver Standard» etwa für die Regelung elterlicher Sorge nicht geeignet.[7] Was im Einzelfall dem Kindeswohl dient, kann nach seiner Beobachtung «nur schwer und mit unverhältnismäßigem Verfahrensaufwand festgestellt werden».

Laut Lüderitz ist von Indizien auszugehen: «gemeinsamem Elternvorschlag, dem Kindeswunsch und der bisherigen tatsächlichen Versorgung». Die Widerlegung im Einzelfall, also Hinweise, warum die Praktizierung der Indizien-Regel dem Kindeswohl widerspreche, hält der Kölner Professor für eine realistische Lösung – und dies wäre dann allerdings – wie er einräumt – nur der «negative Standard».

Während sich Lüderitz von dem schwer hantierbaren Begriff vorsichtig distanziert, entlarven drei angelsächsische Autoren den Kindeswohl-Begriff als Etikettenschwindel: die Kinder-Analytikerin Anna Freud sowie der Rechtsprofessor Joseph Goldstein und der Professor für Kinderheilkunde Albert J. Solnit (beide von der Universität Yale). Mit ihrem aufrüttelnden Appell «Jenseits des Kindeswohls» haben sie das Bewußtsein der Familienrechtler geprägt und in neue Bahnen gelenkt. Ihrer Ansicht nach verschleiert der Kindeswohl-Begriff, daß ein Kind, um das gestritten wird, bereits Schaden genommen hat, daß es zumindest gefährdet ist und daß oft genug die Interessen des Kindes den Wünschen der Erwachsenen untergeordnet werden.

Um zu verhindern, daß sich alle Beteiligten beim Kampf ums Kind womöglich auch noch ein positives Tun vorgaukeln, schlagen die angelsächsischen Forscher ein neues Kriterium vor: Statt vom Wohle des Kindes zu reden, solle man von der «am wenigsten schädlichen Alternative zum Schutz von Wachstum und Entwicklung des Kindes» sprechen[8], eine Neuschöpfung, die mittlerweile zum Sprachgebrauch der fortschrittlichen Familienrechtler gehört.

Die Gruppe um Anna Freud bereitet auch anderen Wunschvorstellungen ein Ende – etwa daß sich voraussagen läßt, wo, wie und bei wem das Kind am besten aufgehoben ist. Ganz energisch warnen die Autoren davor, «die Macht des Gesetzes» zu überschätzen oder gar der Gerichtsentscheidung eine «magische Wirkung» beizumessen. Es liege außerhalb der gesetzlichen Möglichkeiten, «zukünftige Ereignisse oder Bedürfnisse so vorauszusehen, daß sich eine langfristige Bestimmung besonderer Bedingungen für Erziehung» rechtfertigen oder gar praktisch durchführen ließe.[9]

Voraussagen wollen und können die angelsächsischen Familienforscher nur, «daß Kinder um so gefährdeter sind, je jünger sie sind und je länger Trennung und Unentschiedenheit über ihr Schicksal andauern». Eltern, Anwälte und Familienrichter müssen noch mit einer weiteren herben Erkenntnis leben, die Anna Freud und ihre Mitautoren so formuliert haben: «Auch unser psychoanalytisches Wissen befähigt uns nicht, in die Zukunft zu blicken und zu ahnen, welche Erlebnisse, Erfahrungen, Schicksalsschläge etc. dem Kind selbst oder seiner erwachsenen Umwelt bevorstehen.»[10]

Natürlich haben auch die Erfinder der skeptischen Formel von «der am wenigsten schädlichen Alternative» Vorstellungen davon, was einem Kind guttut. Die von Anna Freud und ihren Mitstreitern skizzierten Bedürfnisse eines Kindes dürften selbst die in Harmonie lebenden Eltern nur schwer erfüllen, geschweige denn die zerstrittenen – etwa die positiven Gefühle des Kindes zu empfangen und zu erwidern, sich aber auch «seine negativen Äußerungen und Haßregungen gefallen» zu lassen.[11]

Nicht nur nach dieser analytischen Auffassung ist die «spätere Ethik und Moral» des Kindes abhängig von den Vorbildern, die ihm in den frühen Jahren von den Eltern geboten wurden. Eine andere Definition der angelsächsischen Autoren deckt sich fast mit dem Idealbild des deutschen Kinderschutzpräsidenten: Danach sind die Entwicklungsbedingungen für ein Kind da am besten, «wo eine vollzählige Familie ihren Einfluß mit Verständnis, Einführung und Toleranz geltend macht»[12].

Langzeit-Studien in Berkeley

Ein anderer amerikanischer Professor, Robert H. Mnookin von der Universität Berkeley in Kalifornien, vertrat fast die entgegengesetzte Position. Ihm blieb es vorbehalten, seine Skepsis gegenüber dem absoluten Vorrang des Kindeswohl-Begriffs zu artikulieren. Mnookin sprach aus, was viele nur denken, daß nämlich «dieser Begriff in sich die Interessen der Eltern völlig ignoriert»[13]. Und er hielt dazu Selbstverständliches fest: «Ein Elternteil kann wichtige Erfüllung und Freude aus der Beziehung zu dem Kind herleiten, und die Zerstörung dieser Beziehung kann sehr große Auswirkungen auf den Elternteil haben, abgesehen einmal von den Nachteilen oder Verlusten für das Kind.»

Mnookin macht zugleich deutlich, daß die überwiegend praktizierte Übung, das Kindeswohl isoliert zu betrachten, möglicherweise nur ein sehr vordergründiges, vielleicht sogar scheinheiliges Verfahren ist. Der Professor argwöhnt, daß die Gerichte den Kummer der Eltern zwar «keineswegs unbeachtet lassen», daß sie sich aber mit Rücksicht auf das Kindeswohl-Tabu «ausdrückliche Überlegungen» in dieser Richtung verkneifen. Fazit des amerikanischen Professors: «So wird das Verfahren zwar weniger ehrlich, klingt aber vernünftiger.» Mit dem von Mnookin geschärften Blick wird manche Gerichtsentscheidung, die Kindeswohl-Aspekte vorspiegelt, aber die wahren, möglicherweise auch ganz ehrenwerten Motive unterschlägt, zumindest verständlicher.

Für seine realitätsnahen Betrachtungen konnte der Berkeley-Professor im übrigen eine ganze Reihe von Kronzeugen anführen. So stützte er sich zum Nachweis dafür, daß beim

Sorgerecht Voraussagen nur mit äußersten Vorbehalten zu betrachten sind, auf Langzeit-Studien seiner Universität. Eine Forschergruppe aus Berkeley untersuchte, wie Mnookin berichtet, über einen Zeitraum von 30 Jahren hinweg, mit Tests und Befragungen, eine Gruppe von 166 Kindern, die 1929 geboren waren. Aufgabe des Teams war: «Das emotionale, geistige und psychische Wachstum normaler Menschen zu beobachten».

Das Forschungsobjekt endete mit einem katastrophalen Ergebnis. Mnookin erinnert sich: «Die Forscher erlebten einen Schock nach dem anderen, als sie die Menschen wiedersahen, die sie zuletzt im Alter von achtzehn Jahren gesehen hatten.» Tatsächlich stellte sich heraus, daß die Vorhersagen, die Mnookins Kollegen «über ihre Forschungsobjekte» gemacht hatten, «zu zwei Dritteln aller Fälle falsch waren». Die Ratlosigkeit auf dem Campus in Berkeley gipfelte in der Frage: «Wie konnte eine Gruppe kompetenter Psychologen so gefehlt haben?» Keine der Antworten vermochte die grandiose Fehldiagnose zu erklären.

Ein Trost für die Psychologen mag sein, daß sich die Maßstäbe der Juristen als ebensowenig verläßlich erwiesen haben. Auch für diese These hat Mnookin Belege zusammengetragen. Sein Beispiel: Drei Richtern, von denen jeder eine mindestens fünfjährige Erfahrung hatte, wurden unabhängig voneinander laufende Aufträge für 94 Kinder aus 50 Familien vorgelegt. Es ging jeweils um die Frage, ob das Kind aus dem Elternhaus genommen werden oder ob die Familie statt dessen durch Hilfsmaßnahmen unterstützt werden soll.

Auch dieser Test endete wenig rühmlich: «Die drei stimmten in weniger als der Hälfte der Fälle überein» – genau: in 45 von 94. Noch schlimmer war das Ergebnis der Motivforschung, die Frage nach den Gründen: «Selbst in den Fällen, in denen sie bei der Entscheidung übereinstimmten, gaben die Richter nicht dieselben Faktoren als bestimmend an.» Jeder habe «bis zu einem gewissen Grad mit seinem eigenen Wertsystem» gearbeitet.

Glück oder Leistung?

Der amerikanische Professor deutet in seiner Untersuchung an, welche Vielzahl von Bewertungen denkbar und möglich ist, wenn es um die Erforschung des Kindeswohls geht.

▷ «Soll sich der Richter um sein (des Kindes) Glück kümmern? Oder sollte er sich um des Kindes geistige Beschaffenheit kümmern oder um seine wirtschaftliche Produktivität? Ist Ausgeglichenheit und Sicherheit für ein Kind erstrebenswerter als intellektuelle Anregung? Sollte das Wohl des Kindes aus kurzfristiger oder langfristiger Perspektive gesehen werden?»

Der unlösbare Widerspruch liegt darin, daß es – worauf Mnookin hinweist – in einer «pluralistischen Gesellschaft an einer Übereinstimmung über Erziehungsmethoden und Werte für Kinder fehlt». Und just im Familienrecht ist jeder durch eigene Erfahrungen vorgeprägt. Da vermengen sich Urteile und Vorurteile, der eigene Lebenslauf schlägt durch.

Bundesdeutsche Familienrichter, in der unteren Instanz beim Amtsgericht angesiedelt, sind in ihrer Mehrzahl etwa 30 bis 40 Jahre alt. Vom Jahrgang her könnten die Frau oder der Mann in der anonymen schwarzen Robe die verschiedensten Typen ihrer Akademiker-Generation repräsentieren: den Apo-Sympathisanten von 1968, einen Jesuiten-Zögling oder den Schmiß-Träger aus der schlagenden Verbindung. Es könnte der Mitbegründer eines antiautoritären Kinderladens sein, die Organisatorin eines Frauenhauses oder eine ehemalige Diözesanführerin der katholischen Jugend. Und ob der Richter Kriegsdienstverweigerer ist oder Oberleutnant der Reserve, sieht man ihm auch nicht an.

Schließlich ist kein Familienrichter Neutrum im Hinblick auf das Thema, mit dem er täglich zu tun hat. Hinter dem Richtertisch sitzen Junggesellen, die erfahrungsgemäß immer am allerbesten wissen, wie man Kinder erzieht. Gehörnte Ehemänner müssen bei ihrer Spruchtätigkeit vergessen, daß ihnen die eigene Frau weggelaufen ist. Richterinnen sollen verdrängen, daß sie selbst nach Strich und Faden betrogen worden sind. «Und wenn es ums Sorgerecht in eigener Sache geht», so ein Familienrichter über betroffene Kollegen, «fliegen die Fetzen wie in jedem stinknormalen anderen Prozeß.»

Mnookin war es wiederum, der den Finger auf eine Wunde legte – indem er auf die Tatsache hinwies, daß sich besonders das Familienrecht als Spielwiese für Vorurteile eignet. Er habe immer wieder «in drastischer Weise» bestätigt gefunden, «wie die Einstellung eines Richters gegenüber der Kindererziehung, geschlechtlichen Sitten, Religion und Sauberkeit auf das Ergebnis eines Gerichtsverfahrens einwirken kann».

Moral im Sorgerecht

Wie sehr auch in der Bundesrepublik religiös beeinflußte Moralvorstellungen eine Rolle spielen, zeigte eine denkwürdige Entscheidung des Oberlandesgerichts Bamberg.[14] Obwohl einer vierzigjährigen Mutter das Sorgerecht für ihr Kind in mehreren Instanzen rechtskräftig zugesprochen worden war, versagten die Oberlandesrichter zu guter Letzt die Verwirklichung ihres Anspruchs – mit einer ganz neuen Begründung: «Bei der Entscheidung über den Anspruch auf Herausgabe eines Kindes kann im Hinblick auf dessen Wohl nicht von der Heranziehung sittlicher Maßstäbe abgesehen werden.» Die Wahrnehmung der Erziehungsaufgabe erfordere vor allem die Fähigkeit «zur Vermittlung eines am Sittengesetz orientierten Wert- und Ordnungsbildes an den jungen Menschen».

Diese Fähigkeit wurde der Mutter von dem Bamberger Richter schlichtweg abgesprochen, weil sie in «eheähnlichem Verhältnis» mit einem Mann zusammen lebt, der sie zwar heiraten will, der aber noch nicht von seiner ersten Frau geschieden ist. Tenor des Verdikts: «Ein ehebrecherisches Verhältnis verstößt objektiv nach wie vor gegen das Sittengesetz.» Die Erziehungsaufgabe sei – besonders nach der

Aufhebung der Strafvorschrift über Ehebruch – «eher noch gewachsen».

Nach dem Bekenntnis der Bamberger Oberrichter ist der Inhalt des Sittengesetzes nicht verändert worden – auch wenn «in der von erkenntnistheoretischem Skeptizismus durchsetzten und von pornographischen Einflüssen mit geprägten öffentlichen Diskussion über Wertfragen gelegentlich nicht klar unterschieden wird zwischen echten Wandlungen des sittlichen Bewußtseins einerseits und sittlichem Verfall andererseits». Dies war gleichsam die tiefbayerische Version vom Kindeswohl.

Solcher Ausflug ins vorige Jahrhundert markiert nur die möglichen Kontraste im Familienrecht. In derselben Republik, unter derselben Rechtsordnung wird auch das schiere Gegenteil formuliert. Als Kontrapunkt, etwa zu Bamberg, zitiert Professor Lüderitz Erziehungsziele, die von ernst zu nehmenden Wissenschaftlern propagiert werden: Zum Beispiel den «freien, lustbetonten, emanzipierten, glücklichen neuen Menschen». Wie auch immer: Keinem Richter wird, wie der Kölner Rechtslehrer Lüderitz betont, die Entscheidung über die Priorität von Erziehungszielen abgenommen. In der pluralistischen Gesellschaft werde «vermutlich allenfalls darüber Einigkeit erzielt werden können, daß gewisse Persönlichkeitsmerkmale als unerwünscht und schädlich anzusehen sind: zum Beispiel Aggression, Intoleranz»[15].

Über alles Weitere, also über alles, läßt sich streiten – Recht als Vabanque-Spiel. So erfahrene Wissenschaftler wie die Autoren um Anna Freud schätzen denn auch die Effizienz des Familienrechts eher gering ein. Sie empfehlen – resignierend – als kleinsten gemeinsamen Nenner: «Eine gerichtlich überwachte Ziehung von Losen ist wahrscheinlich das rationalste und am wenigsten anfechtbare Verfahren, um die schwierige Wahl zwischen zwei gleich geeigneten psychologischen Eltern zu treffen.»[16]

2
«An den Pranger stellen!»

Wie ein ganz durchschnittlicher Fall abläuft

Ein Lehrbuch-Beispiel: Jeder hält sich für den besseren Erzieher. – Zeitabläufe: einstweilige Anordnungen, «Anhörungen» von Vater, Mutter und Kind, Sorgerecht in der ersten und zweiten Instanz, Besuchsbefugnis, Ferienregelung. – Elternstreit als Tragödie in Fortsetzungen.

Als Karl Bertsch aus dem Büro nach Hause kam, fand er die Wohnung seltsam verändert. Es kam schon mal vor, daß seine Frau und der Jüngste, sein sechsjähriger Sohn Frank, nicht daheim waren. Doch diesmal fehlten, wie ihm schnell klarwurde, sämtliche persönlichen Sachen seiner Frau – ein Umstand, der ihn in Alarmbereitschaft versetzte, denn seine Ehe steckte in einer tiefen Krise. Das Rätsel löste sich schnell. Gegen 17 Uhr klingelte bei ihm, im nördlichen Elmshorn, das Telefon. Am anderen Ende war seine Frau Ingrid, schon ein paar hundert Kilometer entfernt, in Frankfurt am Main.

In diesem und in einem späteren Telefonat mit der zurückgebliebenen fünfzehnjährigen Tochter Claudia teilte Ingrid Bertsch mit, sie mache erst mal drei Wochen Urlaub in den Bergen, dann wolle sie «zu ihrem Bekannten» nach Nürnberg ziehen. Frank werde sie mitnehmen und «in keinem Fall wieder zurückbringen». Ingrid Bertsch hatte nach sechzehnjähriger Ehe zu einem anderen Mann – einem Geschäftsführer der Firma, in der sie selbst tätig war – Beziehungen angeknüpft. Sie war gleich zu Beginn dieser neuen Liebe drauf und dran gewesen, sich von der Familie zu trennen und mit dem anderen zusammenzuziehen. Doch Karl Bertsch war es zunächst noch einmal gelungen, seine Frau zu überreden.

In einem seiner späteren Schriftsätze liest sich das so: Sie sei sich da noch einmal «ihrer Pflichten gegenüber ihren Kindern und ihrem Mann bewußt» geworden. Die Affäre hatte ein halbes Jahr zuvor begonnen. Doch die Phase der Entschlußlosigkeit dauerte nur wenige Wochen. Dann, etwa drei Monate vor dem Auszug, war ziemlich klar, daß sie sich für den neuen Partner entschieden hatte.

Für Scheidungsaspiranten, die sich über das Sorgerecht für ihre Kinder nicht einigen wollen oder nicht einigen können, ist die Sache Bertsch gegen Bertsch ein Lehrbuch-Beispiel – und zwar aus mehreren Gründen: Zum einen ist es ein ganz durchschnittlicher Dutzendfall, mit zwei normalen unkomplizierten Kindern und mit zwei Eltern, die etwa gleich geeignet sind, Kinder zu erziehen und großzuziehen.

In der Sorgerechtssache Bertsch müssen sich zwangsläufig auch die wiedererkennen, die ihren eigenen Rechtsstreit, wie das gang und gäbe ist, für etwas ganz Besonderes halten. Typisch ist etwa, daß in Durchschnittsfällen wie diesem die Familienrichter jene pädagogischen Vorzüge, die jeder Elternteil für sich reklamiert, beim besten Willen nicht entdecken können. Im Gegenteil: Die Präferenzen fallen zumeist wie ein Kartenhaus zusammen.

Lehrreich ist die Sorgerechtsaffäre Bertsch aber auch, weil sie den Zeitablauf so eines Verfahrens dokumentiert, weil sie demonstriert, wie Anträge auf einstweilige Anordnungen, wie «Anhörungen» von Vater, Mutter und Kind, wie Sorgerechtsbegründungen des Familiengerichts, wie Beschwerdebescheide aussehen, und weil sie anschaulich macht, welcher, teilweise kleinkarierten, Argumentation sich die Prozeßbeteiligten bedienen.

Irreparable Schäden?

Ingrid Bertsch war an einem 25. Februar ausgezogen und hatte am 26. aus dem Winterkurort ihre endgültigen Entschlüsse telefonisch mitgeteilt. Mit Datum vom 28. Februar reichte der Anwalt von Karl Bertsch zwei Anträge beim

Familiengericht ein – einen «Antrag auf vorläufige Regelung der Personensorge» und einen «Antrag auf Übertragung der elterlichen Sorge» gemäß Paragraph 1672 des Bürgerlichen Gesetzbuches (Überschrift: «Elterliche Sorge bei Getrenntleben der Eltern»).

Im ersten Schriftsatz beantragte der Bertsch-Anwalt, das Familiengericht möge seinem Mandanten «vorläufig» – und «wegen der Dringlichkeit ohne mündliche Verhandlung» – «allein die Personensorge» für seinen Sohn Frank übertragen und zugleich verbindlich anordnen, daß die Mutter den Jungen «an den Antragsteller herauszugeben» habe. Als Begründung führte der Anwalt an, «daß nur eine kurzfristige Wiedereingliederung des Sohnes in die Restfamilie ihn vor Dauerschäden bewahren» könne.

Der Vater fürchtete, daß jener «Bekannte» seiner Frau auch in den Urlaub folgen «und damit der Sohn mit einer unerträglichen Situation konfrontiert» werde. Die zu erwartenden Einflüsse der Mutter und ihres Freundes müßten «zwangsläufig zu einer Verunsicherung» des Kindes führen, aber auch «zu einer Entfremdung gegenüber dem Vater und der Schwester». Da die Mutter bereits angekündigt habe, daß sie Frank nach dem Urlaub mit nach Nürnberg nehmen wolle, sei es notwendig, «den Sohn so schnell wie möglich in seine bekannte Umgebung zurückzuschaffen». Fazit des Antrags: «Nur so können irreparable Schäden abgewendet werden.»

Familienrichter sind es mittlerweile gewohnt, daß Väter und Mütter den Teufel an die Wand malen, um ihren Fall dringlich zu machen. Dramatisierende Schriftsätze stumpfen allmählich ab. Diese Konsequenz ist leider nicht ganz ungefährlich, denn Richter, denen tagtäglich eingehämmert wird, daß sie mit der einen Entscheidung schlimmes Unglück über ein Kind bringen werden, mit der entgegengesetzten aber auch – solche unempfänglich gewordenen Richter könnten womöglich das Unterscheidungsvermögen für die wirklich dramatischen Fälle verlieren. Und mitunter geht es, strenggenommen, gar nicht um die dramatischen Aspekte.

Wer, wie der Bertsch-Anwalt, seine Argumentation darauf abstellt, daß Schäden für das Kind abgewendet werden müßten, entläßt den Richter allzu leicht aus der Pflicht, den rechtlichen Aspekt zu untersuchen – ob es hinzunehmen ist, wenn ein Elternteil Kinder eigenmächtig und ohne rechtliche Zustimmung durch den anderen Partner oder einen Richter aus ihrer gewohnten Umgebung reißt und damit vollendete Tatsachen schafft.

Auf derlei Überlegungen verschwendete der Familienrichter im Sorgerechtsfall Bertsch keine Zeit. Er lehnte den «Erlaß einer einstweiligen Anordnung» ab.[1] Sie dürfe nur dann ergehen, heißt es in der Begründung, «wenn für das Gericht eine ernste Gefahr für das Wohl des Kindes glaubhaft ist». Der Vater und die Schwester Claudia seien gehört worden. Dabei habe sich herausgestellt, daß es über die Spannungen hinaus, die «zwischen den getrennt lebenden Eltern» bestünden, keine «konkreten Anhaltspunkte» dafür gebe, daß Frank vor der endgültigen Sorgerechtsentscheidung nach Elmshorn zurückgebracht werden müsse.

Weiter heißt es dann: «Der Vater hat eingeräumt, was die Tochter auch bestätigt hat, daß das Kind echte Bindungen auch an seine Mutter hat. Die Befürchtung des Vaters, daß der jetzige Lebensgefährte der Mutter in schädlicher Weise Einfluß auf den Jungen nimmt, sieht das Gericht derzeit nicht.» Der Beschluß erging am 14. März, also zwei Wochen nach dem Antrag und wenige Tage, bevor Ingrid Bertsch ihren Urlaub beenden und ihren neuen Wohnsitz bei Nürnberg nehmen wollte – mit Sohn Frank, versteht sich.

Was der Familienrichter da in etwas holprigem Deutsch abdiktiert hatte, dürfte die Zustimmung vieler seiner Kollegen finden. Ohne wirkliche Not würde wohl kaum ein Richter per einstweiliger Anordnung ein Kind von einem Ort zum anderen holen. Wenn dies Schule macht, ist der Elternteil, der auf das Recht pfeift, allerdings stets im Vorteil. Der konkrete Fall ist dafür beispielhaft: Da der Junge zunächst nur in der Vorstellung gelebt hatte, mit der Mutter auf einer Ferienreise zu sein, wäre auch eine einstweilige Anordnung denkbar gewesen, die Ingrid Bertsch verpflichtet hätte, den Jungen am Ende des Urlaubs in Elmshorn abzuliefern, statt ihn nach Nürnberg zu verpflanzen.

«Übertragung der Tonaufnahme»

An dem Tag, an dem der Familienrichter den Erlaß einer einstweiligen Anordnung ablehnte, hatte zuvor eine Anhörung von Karl Bertsch und Tochter Claudia stattgefunden. Der Anwalt von Ingrid Bertsch entschuldigte seine Mandantin: Sie sei noch verreist und erst in zwei Wochen, also vom 1. April an, ständig an ihrem neuen Wohnsitz in Nürnberg erreichbar.

So begnügte sich das Gericht am 14. März mit den Aussagen der beiden Anwesenden, und das Protokoll («Übertragung der Tonaufnahme») hielt fest, was aufgewühlte und innerlich verletzte Partner so sagen. Und es spricht vieles dafür, daß sich der Familienrichter bereits an diesem Tag eine Meinung gebildet hatte, von der er auch nicht mehr abging.

Karl Bertsch charakterisierte den Rivalen: «Eine unmittelbare Gefahr sehe ich darin, daß der Mann, mit dem sie jetzt zusammen lebt, eine außerordentlich labile und suizidgefährdete Person ist und eben auch Einfluß auf meinen Sohn nimmt. Dieser ist ein schädlicher. Mein Sohn wird nämlich in das Konkubinat meiner Frau mit hineingezogen. Dieser Mann ist außerdem ein wahnsinniger Autofahrer. Ich muß ständig einen Autounfall befürchten, wenn er mit meinem Sohn zusammen unterwegs ist. Außerdem beschenkt er meinen Sohn im Übermaß. Er versucht, sich als hauptsächliche Bezugsperson zu profilieren. Er hat seine eigene Ehe in ehebrecherischer Weise zerstört.»

Die Aussage ist geradezu klassisch für den Kampf ums Kind, weil sie zeigt, wie sehr enttäuschte Liebe die Argumentation bestimmt. Das kränkende Sexualverhalten des anderen wird als Begründung für dessen Erziehungsunfähigkeit herangezogen. Der Nebenbuhler – und das gilt spiegelverkehrt ebenso für die Nebenbuhlerin – ist der Satan in Person, dem, um nichts in der Welt, das schutzlose eigene Kind ausgeliefert werden darf.

Doppelt kompliziert wird dies alles, weil es sich zumeist gar nicht um eine bewußte und strategische Verketzerung des Rivalen handelt. Bertsch etwa war gewiß von der Objektivität seiner Einschätzung überzeugt – er sah den anderen so – als «suizidgefährdeten», «wahnsinnigen» Autofahrer. Mit dem Hinweis, daß sich der andere beim eigenen Sohn zu «profilieren» suche, drückt Bertsch – aus seiner Sicht verständlich – nur negativ aus, was auch positiv zu sehen ist. Der neue Partner von Ingrid Bertsch versucht, ein harmonisches Verhältnis zu dem sechsjährigen Frank herzustellen.

Für den Partner, der verlassen wurde, ist der (männliche oder weibliche) Eindringling fast immer der leibhaftig Böse. Bertsch etwa erklärte dem Familienrichter, er wolle nicht behaupten, daß seine Frau «eine schlechte Mutter» sei. Doch dann kommt das große Aber: «Der Einfluß des Mannes, mit dem sie zusammen lebt, ist aber so, daß sie ihre Pflichten nicht wahrnimmt.»

Zugleich versuchte Bertsch, dem Richter zu «verdeutlichen», daß seine Frau eine gute Mutter gewesen sei, «solange sie hier wohnte». Auf eine gezielte Frage vom Richtertisch sagte der Mann: «Das Verhältnis des Jungen zu seiner Mutter war bis zum 31. Oktober ausgesprochen gut. Jetzt dominiert aber der andere Mann.» Der genannte Termin ist der Tag, an dem sich Ingrid Bertsch offenbar endgültig für den anderen entschieden hatte.

Aus der Perspektive desjenigen, der alles verloren hat, der nicht mehr um die Frau kämpft, wohl aber um den Sohn, wird die Expartnerin beinahe zwangsläufig zu einer schizophrenen Figur. Gespalten deshalb, weil jene, die einmal geliebt wurde und die gemeinsamen Kinder umsorgte, nicht identisch sein kann mit der Flüchtigen.

So gesehen hatte Ingrid Bertsch aus der Sicht ihres Mannes mit der Entscheidung für einen neuen Partner sämtliche

Mutterqualitäten verloren. Was von den beiden zu halten ist, gab der empörte Ehemann dem Richter denn auch ungeniert zu Protokoll: «Man sollte Leute, die in dieser Weise die Ehe brechen, an den Pranger stellen, wie es früher üblich war.»

Schlechte Strategie vor Gericht

Wie gute Schauspieler jedenfalls haben Bertsch und sein Anwalt das Auftreten vor Gericht nicht vorausgeplant. Wie sich so eine Anhörung abspielt, weiß der Anwalt – und er kann seinen Mandanten darauf vorbereiten, zumal er meistens sogar den Richter und seine Eigenarten kennt. Das heißt nicht, daß der Anwalt seinen Mandanten dazu verführen soll, von sich selbst ein falsches Bild zu zeichnen oder gar zu heucheln oder zu lügen. Aber er könnte den Kämpfer ums Sorgerecht eindringlich davor warnen, sein Herz allzusehr auf der Zunge zu tragen – noch dazu ein vor Zorn, Aggressionen und Emotionen überquellendes Herz. Wenn die Gegenseite auf einen guten Eindruck bedacht ist, sich einsichtig, vernünftig und souverän gibt, können sich leicht die Gewichte verschieben.

Der Antragsteller hat es in erster Instanz nicht mit einem Gremium zu tun, folglich auch nicht mit einer Mehrheit, die er gewinnen könnte, sondern mit einem (weiblichen oder männlichen) Familienrichter. Und wenn er von dem nicht mit Sicherheit weiß, weil es stadtbekannt ist oder ein Geheimtip unter Anwälten, daß er am alten Zopf hängt, sollte er vorsichtshalber nicht – wie Bertsch – die Kontrahenten an den «Pranger stellen» wollen. Wer zu erkennen gibt, daß ihm die Eifersucht den Blick für die Realitäten verstellt, kann sich damit leicht um seine Glaubwürdigkeit bringen. Und wenn der neue ständige Begleiter des ehemaligen Ehepartners nicht Charakterschwächen hat, die jedermann ins Auge springen, erweist sich der Versuch, ihn zu verketzern, leicht als Bumerang.

So riskant waren etliche Argumente, die Bertsch – ungehindert von seinem Anwalt – vorbrachte. Ein Familienrichter, der zum Beispiel selbst schnelle Autos liebt, läßt sich von dem Hinweis, der Freund der Frau sei ein «wahnsinniger» Autofahrer, bestimmt nicht sonderlich beeindrucken. Und in einer Rechtsordnung, die das Verschuldensprinzip im Scheidungsrecht abgeschafft hat, sind Hinweise, die mit den alten Begriffen («ehebrecherische Weise») operieren, der eigenen Sache nur in ganz seltenen Ausnahmefällen förderlich. Selbst der Familienrichter, der solcher Betrachtung innerlich zustimmt, dürfte sich der Argumente für seine Sorgerechtsentscheidung nicht bedienen. Sie sind daher, wenn auch nicht immer schädlich, so doch zumindest überflüssig.

Im zweiten Teil der Anhörung, die Bertsch über sich ergehen lassen mußte, ging es um die Frage, ob und in welchem Umfang er sich dem Sohn Frank widmen könnte, wenn er ihn zugesprochen bekäme. Der Vater, ein Angestellter, der sich die Arbeitszeit relativ frei einteilen kann, argumentierte: Er werde den Jungen vormittags in den Kindergarten bringen, dann eine lange Mittagspause machen, nachmittags könne die Schwester Claudia den kleinen Bruder betreuen, ein- bis zweimal in der Woche auch die eigene Mutter.

Im Zusammenhang mit der Frage, wieviel Zeit Ingrid Bertsch wohl dem Sohn widmen könne, spielte noch einmal der Nebenbuhler eine Rolle. Bertsch bezweifelte, daß sich seine Exfrau ganztägig um den Sohn kümmern könne, denn sie werde sich «angesichts der finanziellen Situation des Herrn X um einen Job bemühen müssen». Er habe gehört, daß sich dieser von seiner Mutter monatlich 1000 Mark leihen müsse, um überhaupt existieren zu können.

Auch hier stellt sich die Frage, ob Unterstellungen, die nicht hieb- und stichfest zu beweisen sind, sich womöglich als Rohrkrepierer erweisen. Ingrid Bertschs Anwalt jedenfalls konterte sofort und verteidigte den Partner seiner abwesenden Mandantin: Herr X sei Geschäftsführer in einem großen Konzern, er habe in der Nähe von Nürnberg «einen Bungalow mit vier Zimmern und 100 qm Wohnfläche gemietet». Frank habe dort sein eigenes Zimmer.

Schließlich kommt Claudia zu Wort – mit einer Reaktion, die von den Psychologen als typisch geschildert wird: «Ich mag meine Eltern völlig gleich gern. Ich möchte aber nicht so gern mit Herrn X in einer Wohnung zusammen wohnen. Ich fände es auch unfair, wenn mein Vater hier allein bleiben müßte und wir zu viert in Nürnberg wären».

In streitigen Prozessen herrscht mitunter eine verkehrte Welt – es scheint nicht mehr ums Kindeswohl zu gehen, sondern ums Elternwohl. Angesichts der behutsamen Aussage von Claudia stellt sich schon die Frage: Wer beschützt hier eigentlich wen? Auch dies ist typisch: Gerade ältere Kinder, das stellt sich immer wieder heraus, schätzen ihre eigene Situation, aber auch die der anderen Familienmitglieder oft mit mehr Souveränität ein als die in Haßliebe verstrickten Eltern.

Getrübte Erinnerungen

Und auch sonst machen die Eltern nicht die beste Figur. Ihr Blick zurück ist getrübt. Es fällt ihnen bisweilen schwer, objektiv korrekte Erinnerungen zu reproduzieren. Auch Bertsch unterlief so eine kleine Verschiebung zwischen Dichtung und Wahrheit: «Ich habe fast jeden Abend am Bett des Jungen gesessen, ihm vorgelesen und auch vorgesungen. Er hat oftmals bis 22.30 Uhr gewartet, daß ich nach Hause kam.»

Claudia, die für den Vater optierte und ihn ganz sicher nicht absichtlich blamieren wollte, gab am selben Tag zu Protokoll: «Uns beide hat eigentlich Mutti immer ins Bett gebracht und eine Geschichte vorgelesen. Manchmal hat sie auch etwas vorgesungen. Wenn dann unser Vater da war, haben wir auch wachgelegen und gewartet, bis er kam. Vati hat dann auch oft noch was vorgesungen.»

Auf den ersten Blick wirkt die unterschiedliche Akzentuierung fast harmlos. Trotzdem belegt dieser Teil der Befragung eindrucksvoll, in welche Konflikte Eltern ihre Kinder stürzen, wenn sie den Sorgerechtsstreit vor Gericht bringen. Die traute Szene – Vater und Mutter bringen ihr Kind zu Bett – kann zu den schönsten Erinnerungen gehören. Davon bleibt nicht viel übrig, wenn einer gezwungen wird, in einer Aussage vor Gericht den Abend-Einsatz der Eltern aktenkundig zu machen, deren Engagement zu bewerten und womöglich im nachhinein als Schiedsrichter zu fungieren. Geradezu quälend wird aber so eine Protokollierung, wenn für jedermann, also auch für das Kind, erkennbar die Aussage eines Elternteils korrigiert werden muß.

Dabei ist der Ordnung halber festzuhalten: Karl Bertsch hatte mit Sicherheit nicht die Unwahrheit sagen wollen. Er war vermutlich überzeugt, daß er – im Gegensatz zu vielen anderen Vätern – seinen Kindern, auch abends, viel Zeit gewidmet hatte. Gleichwohl war aus der Sicht der Kinder das Engagement der Mutter größer. Doch in der etwas gefühlsschwangeren und wehleidigen Stimmung, die beim Kampf um die Kinder zwangsläufig immer wieder entsteht, sah sich der Vater selbst im nachhinein in einem besonders günstigen Licht.

Am 25. Februar war Ingrid Bertsch ausgezogen, am 28. Februar hatte Karl Bertsch seine Anträge bei Gericht gestellt, am 14. März wurden Vater und Tochter angehört, am selben Tag lehnte der Familienrichter den Erlaß einer einstweiligen Anordnung ab. Am 8. Mai schließlich kamen Ingrid Bertsch und der kleine Frank zu Wort.

Die Mutter entwarf ein spiegelverkehrtes Bild der Situation: «Frank ist jetzt bei mir glücklich und zufrieden. Er geht Montag bis Freitag zweieinhalb Stunden vormittags in den Kindergarten. Außerdem habe ich ihn noch im Turnverein angemeldet. Er hat Bewegung sehr nötig. Frank hat einen guten Kontakt zu anderen Kindern. Der Junge ist jetzt über die Situation informiert, nachdem ich ihm zunächst nur gesagt hatte, daß wir in Urlaub fahren. Frank hat ein sehr gutes Verhältnis zu Herrn X. Dieser beschäftigt sich intensiv mit dem Kind.»

Auch diese Aussage ist charakteristisch. Die Mutter versucht den Richter zu überzeugen, daß dem Kind die heile Welt erhalten bleibt. Sie verwendet dabei auch zwiespältige Argumente: «Frank verkraftet die Trennung von seiner Schwester gut. Er vermißt sie nicht allzusehr. Er spricht auch nicht von Schwester und Vater.» Ein weiterer Hinweis, der – wie noch zu hören sein wird – den leiblichen Vater in Harnisch bringt, ist zumindest nicht gerade taktvoll. Frank sitze auch gern, so sagt sie, «bei Herrn X auf dem Schoß und balgt auch mit ihm herum. Er freut sich auch zum Beispiel auf unser gemeinsames Frühstück.»

Auch werden Symptome, die eigentlich beide Eltern nachdenklich stimmen sollten, ungeniert als Munition für die Scharmützel vor Gericht benutzt. Bertsch trägt vor: Bei einem Treffen in Braunlage habe der Junge hohes Fieber bekommen, und er habe zu stottern begonnen.

Dazu die Mutter: «Es stimmt, daß Frank in Braunlage, wo wir uns alle getroffen haben, einen Tag hohes Fieber hatte. Das ging aber auch schon in Braunlage wieder weg. Woher das hohe Fieber kam, weiß ich nicht.» Im übrigen stottere der Junge nicht richtig. Er stoße manchmal an, das sei aber schon im Kindergarten festgestellt worden. Der Versuch, sich für das Fieber des Kindes Schuld zuzuschieben, verstellte beiden Eltern den Blick für die Erkenntnis, daß sie den Jungen womöglich krank gemacht und total überfordert haben.

Sympathien verscherzt

Die Erinnerung an Braunlage und die Vorstellung, daß der neue Partner seiner Frau dem Sohn täglich nahe ist, brachten Bertsch erneut aus der Fassung. Frank habe in Braunlage zu ihm gesagt, daß er nicht nach Nürnberg zurück wolle. Im übrigen: «Herr X soll sich nicht mit meinem Sohn abgeben. Es sind genug Vietnamesen und Kambodschaner da, die Väter suchen. Ich habe den Jungen zu einem freien Menschen erzogen. Herr X ist ein Anhänger von Strauß. Das bedeutet in meinen Augen, daß es in seiner Erziehung nur Law and

Order gibt.» Spätestens mit diesem Temperamentsausbruch hatte sich Bertsch, wie später sichtbar wurde, sämtliche Sympathien bei Gericht verscherzt.

Frank, der anschließend gehört wurde, machte nicht gerade einen Law-and-Order-geschädigten Eindruck, aber er wirkte so zerrissen, wie Kinder dieses Alters nun einmal sind, wenn sich die Eltern trennen. Sie können sich nicht für den einen oder anderen entscheiden und sind erkennbar außerstande, die Problematik zu verarbeiten. Franks Aussage läßt das innere und äußere Befinden des Kindes deutlich werden. Was der Junge gesagt hat und wie er es ausdrückt, hat in seinem vollen Wortlaut geradezu dokumentarischen Wert. (Die Absätze stammen aus dem Gerichtsprotokoll und markieren ganz offensichtlich Denk- und Redepausen des Jungen.)

«Ich wohne jetzt in Nürnberg. Da will ich aber nicht wohnen. Das finde ich nicht gut. Wir haben da einen Hund. Der bleibt aber in Nürnberg. Hier wollen wir uns auch einen anschaffen. Das hat mir Papa am Telefon erzählt.

In Nürnberg wohnt noch ein Mann. Zu dem sage ich Beg. Der spielt mit mir. Er kann gut bauen. Wenn wir mit dem Fahrrad fahren, fährt er durch die Pfützen und leitet das Wasser um.

In Nürnberg habe ich ein Fahrrad und hier in Elmshorn zwei. Hier habe ich ein Jungenfahrrad. Das will ich nicht nach Nürnberg mitnehmen. Ich will dort nicht wohnen.

Ich finde den Kindergarten nicht gut. Ich finde da nicht gut, daß wir beten müssen. Hier in Elmshorn im Kindergarten mußte ich nicht beten, zu Hause auch nicht. Es sind dort auch so kleine Gruppen, und wir haben wenig Spielsachen. Nur der Montag ist gut. Da haben wir Turnen. Auch im Turnverein habe ich montags Turnen.

Hier in Elmshorn habe ich noch einen Teddy und einen Stoffhund. Die hatte ich nicht mitgenommen, weil wir erst in Urlaub in ein komisches Sperrgebiet und dann nach Nürnberg gefahren waren. Da konnten wir nicht alles mitnehmen. Jetzt will ich den Teddy und den Hund nicht nachholen, weil ich doch hierbleibe. In Elmshorn finde ich es so und so besser. Nicht wegen Claudia.

Claudia paßt nachmittags auf mich auf. Es stimmt, daß Mutti zu Hause wäre. Ich habe aber mit beiden gleich viel Ärger.

Claudia hat draußen (offenbar während der Vernehmung der Mutter, auf dem Gerichtsflur), erst Zeitung gelesen und mir dann was vorgelesen. Dann hat sie so schwere Fragen gestellt, wo ich immer erst ‹äh› sagen mußte. Sie hat gefragt, wo ich bleiben will und wen ich lieber mag. Ich kann nicht sagen, wen ich lieber mag. Das Haus in Nürnberg gefällt mir, da würde ich bleiben. Der Kindergarten gefällt mir nicht, er ist nicht gut. Ich muß auch immer so früh aufstehen.

Ich möchte schon gern in einen guten Kindergarten gehen.

Die Möbel im Kinderzimmer in Nürnberg sind gut. Ich habe dort – und in Elmshorn zu Weihnachten – einen Schreibtisch bekommen. Meinen Schreibtisch aus Nürnberg würde ich nach Elmshorn mitnehmen und den Schreibtisch hier meinem Vater zum Arbeiten geben. Mein Bett würde ich auch aus Nürnberg mitnehmen und meins in Elmshorn rausstellen.»

Auf Vorhalt des Richters, daß er doch Schreibtisch und Bett in Nürnberg behalten könne, antwortet der Junge: «Wenn ich da aber nicht wohnen will. Das einzige, was man in Nürnberg machen kann, ist Platten und Kassetten hören und mit dem Hund rausgehen. Hier habe ich mehr Freunde.»

Auf die Aufforderung, die Freunde aufzuzählen, denkt Frank lange nach und sagte dann: «Richtige Freunde habe ich hier doch nicht. Pappi sagt aber, in Elmshorn hätten pausenlos Kinder nach mir gefragt, auch in der Stadt die Leute, überall, wo Pappi geht und steht.»

Übergabe an der Autobahn

Die Justizbeamtin «als Urkundsbeamtin der Geschäftsstelle» bestätigte, daß die Tonaufnahme korrekt übertragen worden sei. Kein Zweifel: Frank ist ein aufgeweckter Junge. Die Gerichtsatmosphäre hat ihn nicht eingeschüchtert, was daran liegen mag, daß ihn der Familienrichter ungestört hat reden lassen. Bestätigt wird durch Franks Aussage, was Anna Freud und viele andere Kinderpsychologen festgestellt haben: daß Kinder dieses Alters am stärksten durch die äußeren Veränderungen berührt werden und daß sie sich zwischen den beiden Eltern nicht entscheiden wollen und nicht entscheiden können.

Doch ein paar Fakten sind deutlich geworden: Frank stellte viermal kategorisch fest, daß er nicht in Nürnberg bleiben wolle. Er bekundete ebenso deutlich, daß er nicht sagen kann, wen er lieber mag. Die Geschwisterbindung ist – vermutlich auf Grund des Altersunterschiedes von acht Jahren – nicht sehr stark. Frank hat eine realistische Beziehung zu seinen Besitztümern. Die neu angeschafften Gegenstände in Nürnberg – Schreibtisch und Bett – gefallen ihm besser. Er will sie ganz erkennbar nicht wieder hergeben.

Hier und da wird Vaters Einfluß deutlich. Dem Jungen, der sich an den Nürnberger Vierbeiner gewöhnt hat, ist für den Fall seiner Rückkehr nach Elmshorn als Ausgleich ebenfalls ein Hund in Aussicht gestellt worden. Die Freundschaften, die der Vater in Erinnerung rief, waren offenbar so locker, daß sie künstlich aufgewärmt werden mußten.

Doch wenn der Familienrichter den Jungen, der aus Nürnberg kam und vom Vater kaum manipuliert sein konnte, ernst genommen hätte, wäre eine Entscheidung für Elmshorn naheliegend gewesen. Allenfalls hätte ins Gewicht fallen können, daß der Trennungsschmerz noch nicht verheilt war und zur Eingewöhnung in Nürnberg nicht viel Zeit zur Verfügung gestanden hatte. Die Begründung des Sorgerechtsbeschlusses wird freilich deutlich machen, daß es ganz im Ermessen des Familienrichters liegt, ob und in welchem Umfang die Optionen eines kleineren Kindes als entscheidungserheblich angesehen werden.

Nach der Befragung Franks war die Erforschung des Sachverhalts abgeschlossen. Unter Mithilfe des Familienrichters schlossen die Eltern noch in der Verhandlung einen Vergleich – um die prozeßbedingte Anwesenheit des Jungen für einen Besuchstermin beim Vater auszunutzen. Der Richter diktierte ins Protokoll:

«Erstens: Frank bleibt ab heute (8. Mai) bis Sonntag, dem 11. Mai, beim Vater. Dieser übergibt Frank um 14 Uhr in der Autobahnraststätte Seesen am Harz, und zwar in der Richtungsfahrbahn Kassel.

Zweitens: Der Vater verpflichtet sich, während dieser Besuchszeit den Jungen in keiner Weise gegen seine Mutter zu beeinflussen und dafür zu sorgen, daß Frank in Seesen mit der Mutter mitfährt.»

Eine Woche später, mit Datum vom 16. Mai, erging der Sorgerechtsbeschluß. Wortlaut: «In der Familiensache betreffend Regelung des Sorgerechts für die Kinder Claudia Bertsch und Frank Bertsch . . . wird gemäß § 1672 BGB die elterliche Sorge für die Tochter Claudia dem Vater und für den Sohn Frank der Mutter übertragen. Die Eltern tragen die Kosten des Verfahrens nach einem Wert von 5000 Mark je zur Hälfte. Außergerichtliche Auslagen sind nicht zu erstatten.»[2]

Was Claudia anbelangt, war die Entscheidung dem Richter sichtlich leichtgefallen. Er brauchte für die Begründung ganze zwölf Schreibmaschinenzeilen. Claudias Votum wurde, wie es das seit Anfang 1980 gültige neue Sorgerecht auch nahelegt, voll akzeptiert. In der Begründung heißt es:

«Claudia wird im August dieses Jahres fünfzehn Jahre alt. Sie besucht ein Gymnasium und ist, das hat die Anhörung klar ergeben, in der Lage, die Trennungssituation der Eltern und die Konsequenzen für ihr Leben zu überblicken. Sie hat sich unter Hervorhebung der gleich guten Beziehungen zu beiden Eltern aus äußeren Gründen (Schule, Freunde, Sportverein, bisherige Umgebung) und mehr gefühlsbetonten Erwägungen (Ablehnung des neuen Partners der Mutter, Alleinsein des Vaters) für ein Verbleiben in Elmshorn beim Vater ausgesprochen. Dieser Wille ist zu berücksichtigen, so daß in Übereinstimmung mit dem Jugendamt die elterliche

Sorge dem Vater zu übertragen war, zumal auch die Mutter diese Entscheidung des Mädchens respektiert.»

Kinderwunsch ignoriert

Für die Begründung, warum Frank zur Mutter soll, brauchte der Familienrichter zehnmal soviel Platz – fünf Schreibmaschinenseiten. Er ging davon aus, daß Frank zu beiden Eltern starke emotionale Bindungen habe. Dies sei sogar von Karl Bertsch eingeräumt worden – «trotz seiner an Haß grenzenden Abneigung gegen seine Frau wegen deren in seinen Augen unverständlichen und unverzeihlichen Ausbrechens aus der Ehe».

Abgesehen von der Kritik am Vater wurde deutlich: Wenn die Waage (gleich starke Bindungen) austariert scheint, sucht sich der Richter an anderen Kriterien zu orientieren. So heißt es in der Begründung: «Für das Gericht maßgebend waren einmal die Betreuungssituation und die Erziehungsfähigkeit der Eltern, während die Bindung an die Schwester sowie die Vertrautheit der Umgebung nicht in ausschlaggebender Weise ins Gewicht fielen. Gleiches gilt für die Angaben des Jungen bei der Anhörung.»

Das heißt klipp und klar: Die Wünsche Franks wurden nicht berücksichtigt, die Vertrautheit der alten Umgebung fiel nach Ansicht des Richters auch nicht ins Gewicht. Er begründete statt dessen sein Votum zugunsten der Mutter mit der Tatsache, daß Frank sieben Jahre alt werde, zur Schule komme und als Kind dieses Alters eine ständige Bezugsperson brauche – wegen der unterschiedlichen Schulanfangs- und Schulschlußzeiten, wegen der erfahrungsgemäß auftretenden Kinderkrankheiten sowie wegen der notwendigen Beaufsichtigung von Schularbeiten. Ingrid Bertsch erschien dem Familienrichter besser geeignet, diesen Katalog von Aufgaben, deren Rangfolge er festgelegt hatte, zu erfüllen. Der Vater habe trotz der flexiblen Arbeitszeit einen angespannten und ausgefüllten Tag, die Tochter Claudia entwickele «als Heranwachsende gewiß noch andere Interessen, als bei dem acht Jahre jüngeren Bruder Vater- oder Mutterstelle einzunehmen».

Gründe wie diese hätte Karl Bertsch vielleicht sogar hingenommen. Doch der Richter hielt sich obendrein für verpflichtet, ein vernichtendes Werturteil über den streitbaren Mann abzugeben. Wörtlich: «Weiterhin hat das Gericht größte Bedenken, daß der Vater Frank in einer Weise erzieht, die dem Wohl des Kindes dient. Zu diesem Wohl gehört es mit absoluter Sicherheit, daß die intensiven Bindungen des Jungen an seine Mutter nicht zerstört werden und sein Mutterbild nicht getrübt wird.» Eben diese Gefahr sah der Familienrichter beim Vater gegeben – einem Mann, dessen «Fühlen, Denken und Handeln» vom «Haß des verlassenen Ehemannes auf den Nebenbuhler beherrscht» sei und der die Ansicht vertrete, seine Frau und ihr Freund «müßten auch in der heutigen Zeit an den Pranger gestellt werden».

Der Richter betont, daß er Verständnis habe «für die hier vorliegenden, aber doch nicht einmaligen Umstände». Während einerseits bei der «dominierenden Persönlichkeit des Vaters» das Kind binnen kurzer Zeit der Mutter völlig entfremdet würde, bestünden ähnliche Bedenken gegen die Erziehungsfähigkeit der Mutter nicht. Im Gegenteil: Wie die Vereinbarung über den mehrtägigen Besuchstermin beim Vater (anläßlich der Anhörung bei Gericht) zeige, trage sie den engen Bindungen des Jungen zu seinem Vater Rechnung, «obwohl sie in der konkreten Streitsituation sicherlich Anlaß zu äußerst vorsichtigem Verhalten gehabt hätte».

Schon die bisherigen Unwerturteile über den Vater waren geeignet, die Frage zu provozieren, ob solche persönlichen Disqualifizierungen zur Begründung des Sorgerechts nötig sind. Doch eine weitere Passage des Urteils erweckt den Eindruck, daß der Familienrichter seine Funktion als Schlichter völlig aus den Augen verloren hatte. Bertschs «Verhalten», so lautet der fragliche Absatz, «zeugt vom Fehlen jeglicher Selbstprüfung und Selbstkritik in bezug auf das Scheitern der Ehe, maßloser Intoleranz für Andersdenkende und Andersfühlende, vom Festhalten an längst vergangenem Gedankengut, von Herrsch- und Rachsucht und Selbstmitleid».

Es kann nicht Sache des Richters sein, in einem Familienrechtsverfahren derartige moralische Verdikte auszusprechen. Vor allem trug die übermäßige Kritik nicht zur Befriedung des Streits bei, weil allein das Unwerturteil den Vater in die nächste Instanz treiben mußte.

Vollendete Tatsachen

Im übrigen ist auch dieser Fall für die Ambivalenz von Sorgerechtsentscheidungen typisch. Ohne Mühe wäre auch ein Votum zugunsten des Vaters zu begründen gewesen – und nicht minder überzeugend. Sowohl der Bundesgerichtshof als auch das Bundesverfassungsgericht haben es als evidentes Fehlverhalten bezeichnet, wenn Eltern ohne Zustimmung des anderen Partners mit einem Kind oder mit mehreren Kindern einfach davongezogen sind und auf diese unfeine Weise versucht haben, vollendete Tatsachen zu schaffen.

Ingrid Bertsch hat sich, so gesehen, als sie mit ihrem Sohn Frank einfach das Weite suchte, erst auf Reisen ging und dann viele hundert Kilometer entfernt ihren neuen Wohnsitz nahm, ins Unrecht gesetzt. Ob der Familienrichter dann dieses Vorgehen als läßliche Sünde oder als entscheidungserhebliches Fehlverhalten bewertet, ist eine Ermessensentscheidung, die von seiner Einschätzung des Kindeswohls abhängt. Geschickte Anwälte werden unter Berufung auf die höchstinstanzlichen Urteile ihrem zuständigen Familienrichter künftig sicher eine Begründung dafür abnötigen, warum ein Elternteil trotz seines Fehlverhaltens mit dem Sorgerecht belohnt werden soll.

Im konkreten Fall jedenfalls hätte der Junge in Elmshorn seine gewohnte Umgebung behalten. Außerdem wäre ihm der Kontakt zu zwei Bezugspersonen geblieben, zum Vater und zur Schwester. Diesen drei evidenten Stabilitätsfaktoren stand bei der vom Familienrichter getroffenen Lösung nur eine Position gegenüber, die Mutterbindung, aber fern der Heimat. Ein so begründeter Beschluß zugunsten des Vaters hätte sich auch sehen lassen können. Wenn die Kindesbefragung überhaupt einen Sinn haben soll, hätte der Richter nicht, wie geschehen, ignorieren dürfen, daß Frank mehrmals, zu verschiedenen Zeiten seiner Befragung, in verschiedenen Variationen, aber immer mit gleich starker Intensität den Wunsch geäußert hat, in Elmshorn zu bleiben.

Mit dem Argument des Elmshorner Familienrichters, es gehe nicht an, in der «spontanen Äußerung eines gut sechs Jahre alten Kindes eine beachtenswerte Willensentscheidung zu sehen», wird die Anhörung kleiner Kinder schlechthin ad absurdum geführt. Außerdem beruhte das Argument auf einer falschen Prämisse: Es war nicht eine spontane Äußerung, es waren vier.

Wenn der Richter sich für den Vater hätte entscheiden wollen, wäre ein Umstand von großer Bedeutung gewesen: Nur wenig Männer können sich heutzutage ihre Arbeit so flexibel einteilen, daß eine Kinderbetreuung überhaupt möglich ist. Karl Bertsch hätte dies realisieren können. Die Behauptung der Mutter, daß sie nicht mehr zu arbeiten brauche und sich dem Sohn Frank daher ganztägig widmen könne, hat der Familienrichter ohne Beweiserhebung hingenommen. Bei einer Entscheidung zugunsten des Vaters wäre etwa der Hinweis, daß die künftige Lebenssituation der Mutter nur schwer überschaubar sei, mindestens nicht zu widerlegen gewesen.

Ob und wie die temperamentvolle Empörung Karl Bertschs über den Auszug der Frau und über die Mitnahme des Sohnes zu bewerten ist, bleibt Ansichtssache. Es ist sicher schwer zu verkraften, wenn ein Fremder oder eine Fremde beim eigenen Kind, quasi über Nacht, Vater- oder Mutterstelle einnimmt und diese quälende Okkupation auch noch genüßlich ausgemalt wird – der geliebte Sohn auf dem Schoß des anderen. Wie muß ein Vater beschaffen sein, dem da nicht die Gäule durchgehen.

Wie auch immer: Denkbar ist jedenfalls, daß ein anderer Richter mit einem anderen Vorverständnis oder mehr Einfühlungsvermögen auch die überspitzten Reaktionen Bertschs toleriert hätte. Und am Rande ist vielleicht anzumerken, daß es für einen Menschen wie Ingrid Bertsch, die alles bekommen hatte, was sie wollte, den Sohn und einen neuen Mann, ziemlich leicht ist, Gelassenheit zu zeigen.

Spanien oder Sylt?

Gegen die Sorgerechtsentscheidung vom 16. Mai legte Karl Bertschs Anwalt am 28. Mai Beschwerde beim Oberlandesgericht in Schleswig ein. Zwischendurch gab es freilich eine weitere gerichtliche Auseinandersetzung, die ebenfalls den Grabenkrieg zwischen zerstrittenen Eltern kennzeichnet. Ein Familienrichter in Elmshorn wurde bemüht, weil sich die beiden nicht einigen konnten, ob Frank nun in den Sommerferien mit der Mutter nach Spanien oder mit dem Vater nach Sylt reisen sollte.[3]

Auch wegen dieses Konfliktes trafen sich die Parteien vor Gericht. Es stellte sich heraus, daß der Vater sich an eine ganz präzise Verabredung – Reise mit dem Sohn vom 23. Juli bis 14. August – erinnerte. Sie dagegen wußte nur von einem «losen Termin». Ein Teil des Streits hatte sich durch Zeitablauf erledigt. Die Verhandlung fand am 7. August statt, also zwei Wochen nach dem Beginn des eigentlich geplanten Urlaubs. Auf Vorschlag des Gerichts wurde dann ein Vergleich geschlossen – über ein paar magere Resttage: «Der Vater erhält das Umgangsrecht mit Frank in der Zeit vom 7. August bis einschließlich 15. August.»

Bei so einem Treffen vor Gericht entstehen, losgelöst vom eigentlichen Anlaß, in diesem Fall Reise-Regelung, sofort zahllose Nebenkriegsschauplätze. Nachdem der Vergleich abgehakt war, stritten Bertschs zunächst einmal darüber, ob der Vater nun einmal mit dem Jungen, wie sie behauptet, «bis kurz nach 23 Uhr unterwegs» war, oder ob es, wie er sich erinnert, «mit Sicherheit nicht später als 23 Uhr» gewesen ist. Dann ging es um die richtige oder falsche Ernährung des Kindes. Bertsch wurde gefragt, ob er dem übergewichtigen Jungen während der Besuchszeit so viel zu essen gegeben habe, «daß er innerhalb von drei Tagen zwei Pfund zunahm». Bertsch hielt das für unmöglich, räumte aber ein: «Frank hatte mich während der paar Tage, während er hier war, laufend gedrängt. Deshalb habe ich ihm öfters Wünsche erfüllt. Ich habe aber versucht, ihn tunlichst zu bremsen, wenn er noch mehr zu essen haben wollte.» In der weiteren Rede und Widerrede wurde das Problem ein für allemal thematisiert: Frank darf weder Cola noch Pommes frites erhalten.

Ganz beiläufig stellte sich heraus, daß der angehende ABC-Schütze vorsichtshalber gleich in zwei Grundschulen angemeldet worden war – von der Mutter in Nürnberg, vom Vater in Elmshorn. Bertsch: «Ich habe Frank hier in Elmshorn in der Schule angemeldet, weil noch das Verfahren vor dem Oberlandesgericht über die elterliche Sorge schwebt ... Ich gehe nach wie vor davon aus, daß ich das Sorgerecht erhalte.»

Derweil lag dem Oberlandesgericht in Schleswig tatsächlich die Beschwerde Karl Bertschs vor. Sein Anwalt hatte sich auf ein Grundsatzurteil des Oberlandesgerichts Köln berufen: «Da Erziehung Aufbauen von Verhaltenskonstanten bedeutet, ist für die Entwicklung des Kindes in der Regel die Lösung am vorteilhaftesten, welche die Einheitlichkeit und Gleichmäßigkeit der Erziehung am wenigsten stört.» Diese Voraussetzungen sah der Anwalt am besten bei Karl Bertsch erfüllt, denn Frank sei in Elmshorn aufgewachsen, habe dort seine Freunde, seine Schwester und seinen Vater.

Zugleich beanstandete der Anwalt, daß der Sorgerechtsbeschluß die Aussagen des Jungen anläßlich seiner Anhörung nur «verzerrt» wiedergebe. Außerdem habe der Familienrichter «in unzulässiger Weise von den engagierten und gefühlsbetonten Äußerungen des Antragstellers auf dessen Erziehungsqualität und -qualifikation geschlossen». Entschuldigend fügte der Anwalt hinzu, gerade diese Äußerungen zeigten, wie sehr sein Mandant bemüht sei, Störungen des Familienglücks von seinen Kindern fernzuhalten. Er empfahl, «gelegentliche verbale Temperamentsausbrüche» im Zusammenhang mit einer Sorgerechtsentscheidung als «üblich» anzusehen und «deshalb zu relativieren».

Während der Anwalt mit diesem Hinweis den schlechten Eindruck, den sein Mandant in der ersten Instanz gemacht hatte, zu mildern und erläutern suchte, disqualifizierte er die offensichtliche Beherrschtheit der Gegnerin so: «Andererseits war erschreckend anzusehen, wie nüchtern und gefühlskalt die Antragsgegnerin sich äußerte.» So geht es zu beim Familiengericht: Was immer einer sagt und wie immer er sich dabei benimmt – es läßt sich auch gegen ihn auslegen.

Fehler ausbügeln

In Sachen Bertsch gegen Bertsch fand dann, gleichsam zum Abschluß, am 12. September ein Termin vor dem Oberlandesgericht in Schleswig statt. Der «Berichterstattervermerk» über die Anhörung spiegelte die disziplinierte Atmosphäre der höheren Instanz wider. Was die Kontrahenten auch gesagt haben mögen – ihre Ansprüche wurden in einer gewählteren und weniger aggressiven Diktion wiedergegeben. Am Grundmuster des Konflikts hatte sich freilich nichts geändert, die Gegner wiederholten ihren bisherigen Vortrag und versuchten, alle Minuspunkte zu eliminieren.

Ingrid Bertsch sagt zum Beispiel: «Es ist richtig, daß Frank bei dem Familienrichter gesagt hat, er wolle nach Elmshorn. Er war aber bis dahin nur kurze Zeit in Nürnberg gewesen und war dann in die alte Umgebung zurückgekommen. Daraus erklärt sich seine Äußerung. Ich habe ihn nicht beeinflußt. Ich weiß nicht, was er sagen wird . . . Er fragt nicht nach dem Vater und der Schwester. Das geschieht nur, wenn ein besonderer Anlaß vorliegt. So wollte er einmal telefonieren, als er einen Zahn verloren hatte.»

Karl Bertsch wandte sich gegen das Verdikt des Familienrichters. Dessen Eindruck sei «völlig» falsch: «Mit meinen Äußerungen betreffend den Pranger, betreffend Strauß und betreffend vietnamesische Kinder wollte ich nur sagen, daß ich besser als Herr X die Kinder erziehen kann.»

Namentlich das letzte Zitat macht deutlich, daß in Schleswig nicht die wörtliche Rede der Kontrahenten festgehalten wurde, sondern der Berichterstatter des Oberlandesgerichts den Inhalt in seiner juristischen Diktion festgehalten hat. Deutlich wurde dies namentlich am Aktenvermerk über die Befragung des Jungen.

«Frank wurde in Abwesenheit der Beteiligten angehört. Das Ergebnis der Anhörung wurde dahingehend mitgeteilt, daß Frank zunächst gesagt habe, er wisse nicht, wo er lieber sein möchte, daß er am liebsten mit beiden Eltern in Elmshorn lebe, daß es ihm in Nürnberg gefalle und daß er mit gewissen Einschränkungen auch seine Schwester gern habe.» Auch derlei Ergebnisse gehören zum Erfahrungsschatz der Psychologen: Je kleiner die Kinder sind, desto mehr tendieren sie dazu, sich eine Rekonstruktion der alten Verhältnisse zu wünschen – Vater, Mutter, Kind im angestammten Familienheim.

Elf Tage nach der letzten Anhörung und fast auf den Tag genau sieben Monate nach dem Auszug Ingrid Bertschs erging der letzte, kaum mehr anfechtbare Sorgerechtsbeschluß: Die Oberlandesrichter bestätigten die Entscheidung der ersten Instanz. Der Tenor: «Die Beschwerde (Karl Bertschs) wird zurückgewiesen. Die Entscheidung ergeht gerichtsgebührenfrei. Der Vater hat der Mutter deren außergerichtliche Kosten des Beschwerdeverfahrens zu erstatten. Der Beschwerdewert beträgt 5000 Mark.»[4]

Zwar kam das Oberlandesgericht zu demselben Ergebnis wie der Familienrichter. Doch im Ton und in der Diktion unterscheiden sich die Beschlüsse ganz wesentlich. So findet sich in der OLG-Begründung auch nicht die Spur eines Unwerturteils über den Vater. Im Gegenteil: «Es ist davon auszugehen, daß beide Elternteile von ihrer Persönlichkeit her geeignet sind, Frank zu erziehen. Ernsthafte Bedenken, die gegen eine Erziehungsfähigkeit eines Elternteils sprechen, bestehen nicht. Insbesondere sind auch keine Anhaltspunkte dafür ersichtlich, daß der Vater – wie die Mutter meint – ihr keine Gelegenheit zu Besuchskontakten mit dem Kind geben würde, wenn er die elterliche Sorge innehätte.»

Die Oberlandesrichter haben Frank mehrere Monate später erlebt als der erstinstanzliche Familienrichter. Der Junge machte offenbar einen ausgeglichenen Eindruck. Das OLG hielt fest: «Die emotionalen Bindungen des Kindes sind zu Vater und Mutter in gleicher Stärke vorhanden. Das ist den Äußerungen des Kindes bei seiner persönlichen Anhörung vor dem Senat zu entnehmen. Frank möchte am liebsten mit beiden Elternteilen zusammen sein; er zieht keinen von beiden dem anderen vor.»

Ausschlaggebend für die Entscheidung des Oberlandesgerichts, den Jungen bei der Mutter zu lassen, waren erkennbar ganz pragmatische Gründe, die wiederum repräsentativ sein dürften für eine in der Bundesrepublik nach wie vor herrschende Auffassung. Richter prüfen zumeist ganz schlicht die Frage, wer von beiden Eltern sich tagsüber dem Kind am intensivsten widmen kann.

Mit diesem Denkansatz sind, vorläufig jedenfalls, die Weichen für eine Priorität der Mutter gestellt – so auch im Verfahren Bertsch gegen Bertsch. Karl Bertsch, so diagnostizierten die Richter, sei «auf Grund seiner Berufstätigkeit tagsüber nur eingeschränkt zur Betreuung seines Sohnes in der Lage». Dagegen könne die Mutter «ihre Zeit voll dem Kind widmen». Sie sei nicht berufstätig. Zu den diesbezüglichen Befürchtungen des Vaters meint das Gericht: «Es sind auch keine konkreten Anhaltspunkte für die von dem Vater geäußerte Vermutung, die Mutter werde in Zukunft wieder einer Berufstätigkeit nachgehen, vorhanden.»

Kein Wechsel der Bezugsperson

Zu der Idee des Vaters, Claudia könne in den Zeiten seiner Abwesenheit den Bruder beaufsichtigen, brachten die Oberlandesrichter realitätsgerechte Überlegungen zu Papier: «Das ist indes keine zufriedenstellende Lösung. Denn einerseits empfindet es Frank nach seinen Äußerungen bei seiner Anhörung vor dem Senat nicht als angenehm, wenn seine Schwester auf ihn aufpaßt; zum anderen erscheint es nach der Lebenserfahrung nicht sehr wahrscheinlich, daß Claudia als jetzt fünfzehn Jahre altes Mädchen unter Zurückstellung eigener Interessen ihre Freizeit regelmäßig für die Beaufsichtigung und Betreuung ihres Bruders zur Verfügung stellen wird.»

Insgesamt zeigt die OLG-Entscheidung freilich, wie sehr im Sorgerecht vollendete Tatsachen eine Rolle spielen und wie sie von den Richtern letztlich auch akzeptiert werden. Es sei der «kontinuierlichen Entwicklung des Jungen förderlich», so der Beschluß, «wenn kein Wechsel in der Bezugsperson eintritt». Frank verstehe sich «mit der Mutter gut».

Solche Argumentation, die weit verbreitet ist, geht voll zu Lasten der Väter. Denn gerade im konkreten Fall hatte die Mutter, ohne viel nach Recht und Gesetz zu fragen, eigenmächtig jene Situation herbeigeführt, die nun nicht durch einen weiteren Wechsel gestört werden soll. Für den ersten Wechsel war sie schließlich verantwortlich. Diese Ambivalenz trifft auch für den Bezugsort zu. Lebensmittelpunkt des Jungen sei, so das Gericht, nun nicht mehr Elmshorn. Sein Lebensbereich heiße Nürnberg. Denn Frank habe «sich in dem halben Jahr, in welchem er in Nürnberg lebt, gut eingelebt. Er fühle sich dort wohl.» Nach Ansicht der Richter ergibt sich dies aus seiner Schilderung über die jetzigen Verhältnisse. Wörtlich: «Frank meint, daß sie in Nürnberg ganz gut wohnen. Er kennt dort inzwischen mehrere Kinder und versteht sich mit dem Lebensgefährten der Mutter gut.»

Auch aus der Art, «in der Frank über die Lebensverhältnisse in Nürnberg» und «über den bevorstehenden Schulbesuch» gesprochen habe, ziehen die Richter positive Schlüsse für ihr Votum zugunsten der Mutter. Franks Äußerungen ließen erkennen, «daß er dieser neuen Situation bejahend gegenübersteht». An erster Stelle stehe freilich «sein verständlicher Wunsch, mit dem Vater und der Mutter zusammen in Elmshorn zu leben». Die Richter wollen die Bindung des Jungen an Elmshorn «nicht ortsbezogen» verstehen. Vielmehr komme in seinen Äußerungen zum Ausdruck, «daß er sich nach dem intakten Familienleben, das in Elmshorn bestanden hat, sehnt».

Die Schlußfolgerungen drängen sich auf: Wer das Sorgerecht will, muß von Anfang an den Kontinuitätsgesichtspunkt im Auge behalten. Anwälte und die, jedenfalls in naher Zukunft, noch benachteiligten Väter tun gut daran, den Anfängen zu wehren und zu verhindern, notfalls durch einstweilige Anordnungen, daß Mütter eigenmächtig mit den Kindern verschwinden und damit den Grundstein für jene «kontinuierliche Entwicklung» legen, die Monate später kein Familienrichter mehr durch einen «Wechsel» stören mag. Soviel steht fest: Wenn etwa Ingrid Bertsch mit dem neuen Partner allein nach Nürnberg gegangen wäre und Frank bei Vater und Schwester in der alten Wohnung zurückgelassen hätte, würde der Vater das Sorgerecht erhalten haben. Dem Gericht wäre eine eingespielte Restfamilie präsentiert worden, und die drei Faktoren («kontinuierliche Entwicklung», «kein Wechsel in der Bezugsperson», «Bejahung der Lebensverhältnisse durch das Kind») hätten für den Vater zu Buche geschlagen. Fazit: Wer in den ersten Tagen der Trennung vom Partner die Weichen richtig stellt und hernach keine strategischen Fehler begeht, hat das Spiel beim Familien-Gericht schon halb gewonnen. Der Erfolg von Ingrid Bertsch spricht für sich.

Mit der endgültigen Sorgerechtsentscheidung ist der Streit selten zu Ende. Durch Haß verbundene Eltern treffen sich immer wieder vor Gericht – so auch die Bertschs. Mal geht es ums Umgangsrecht, dann um einen Urlaub oder um etwas ganz anderes. Auch diese Not macht erfinderisch. Und es spricht manches dafür, daß der unbewußte Wunsch, den einst geliebten und nun gehaßten Partner wiederzusehen, keine geringe Rolle spielt.

Bei den Bertschs drehte sich die Fortsetzung der Händel ums Telefonieren und ums Reisen. Die Mutter telefonierte fast täglich mit der Tochter, wie sie behauptet, auf eigene Kosten. Karl Bertsch sah die Harmonie gestört und hielt, so sein Vortrag, «Telefongespräche von zweimal wöchentlich mit einer Maximaldauer von je zehn Minuten für völlig ausreichend». Zudem wehrte er sich gegen die Hin- und Rückreisen der Tochter Claudia an den Wochenenden nach Nürnberg – er nannte die «Belästigungen ständig wechselnder Mitreisender für ein fünfzehnjähriges Kind unerträglich».

Ingrid Bertsch beantragte dagegen einen «uneingeschränkten telefonischen Kontakt», wobei sie die «Übernahme aller Kosten» anbot, einen «monatlichen Wochenendbesuch» der Tocher im «durchgehenden Intercity-Zug», die Kosten wollte sie ebenfalls übernehmen. Außerdem erbat sie eine «Ferienregelung nach den Wünschen der Tochter». Karl Bertsch schrieb an seine Exfrau direkt: «Besuchsregelung kann nur im Rahmen einer von Dir zu erbringenden Holpflicht – wie Du sie mir ja auch im Falle meines Sohnes Frank zynisch empfohlen hast – erfolgen.»

Derlei Catch-as-catch-can steht unter Fortsetzungszwang – bei Claudia nur noch drei Jahre, dann ist sie volljährig. Doch Franks wegen werden sich die Eltern noch über zehn Jahre lang in unregelmäßigen Zeitabständen vor dem Familienrichter treffen.

3

Sabotage der Eltern

Verfassungsgericht zum Wächteramt des Staates

«Dem Liebesbedürfnis Rechnung tragen.» – Ziel der Mutter: Vater ganz ausschalten! – Bei schuldhaften Verstößen 1000 Mark Ordnungsstrafe. – Differenzen auf dem Rücken der Kinder austragen. – Richter darf nicht mit gleicher Münze heimzahlen.

Als Heinz und Helga Burmester auseinandergingen, war ihr Sohn Mark ein Jahr alt. Die Ehe wurde aus beiderseitigem Verschulden geschieden. Helga Burmester erhielt das Sorgerecht. Vier Jahre später heiratete sie in zweiter Ehe einen Rechtsanwalt. Sie lebt mit ihm, Sohn Mark und einer aus der zweiten Ehe hervorgegangenen Tochter in München. Ihr früherer Mann hat nicht wieder geheiratet. Heinz Burmester arbeitet als Oberstudienrat in West-Berlin.

Mutter und Stiefvater von Mark versuchten, die Verbindung zwischen dem Jungen und seinem leiblichen Vater möglichst ganz auszuschalten. Ihr erklärtes Ziel war, das Kind vollständig in die Münchner Familie einzugliedern und eine echte Vater-Kind-Beziehung zwischen Mark und dem zweiten Ehemann der Mutter herzustellen. Der weitergehende Versuch des Stiefvaters, Mark zu adoptieren, scheiterte allerdings am Widerspruch Heinz Burmesters. Die Beziehungen der Streitparteien wurden immer feindlicher.

Dieser Fall machte 1971 Rechtsgeschichte. Es ist einer von zwei Sorgerechtsprozessen, die bislang das Bundesverfassungsgericht in Karlsruhe beschäftigten. Die zweite Entscheidung fiel Ende 1980. Anlaß für das erste Karlsruher Verfahren war, daß der Wunsch Heinz Burmesters, sein Kind gelegentlich zu sehen, von Mutter und Stiefvater immer wieder sabotiert wurde. Deshalb sah sich das Amtsgericht München genötigt, das «Verkehrsrecht» zwischen Vater und Kind – seit Januar 1980 heißt dies freundlicher Umgangsrecht – präzise zu regeln.

Die Richter ordneten an: Der Oberstudienrat darf seinen Sohn jährlich einmal zu sich nach Berlin nehmen, und zwar drei Wochen lang. Er ist ferner berechtigt, Mark zweimal im Jahr, und zwar jeweils am letzten Sonntag vor Weihnachten und vor Ostern, in München zu treffen. Im Befehlston: «Die Mutter ist verpflichtet, das Kind an den Verkehrstagen um acht Uhr zur Abholung bereitzuhalten und dem Vater zu übergeben. Der Vater ist verpflichtet, das Kind am letzten Verkehrstag bis 19 Uhr zu der Mutter zurückzubringen. Beiden Eltern wird verboten, das Kind gegen den anderen Elternteil zu beeinflussen. Für schuldhafte Verstöße gegen diese Regelung werden Ordnungsstrafen bis zu 1000 Mark beziehungsweise die gewaltsame Wegnahme des Kindes angedroht.»

In der Begründung werden Gedanken angeführt, wie sie mehr oder weniger variiert, in derartigen Beschlüssen immer wieder vorkommen. Danach soll der nichtsorgeberechtigte Teil – zumeist ist dies immer noch der Vater – die Möglichkeit haben, sich von der Entwicklung seines Kindes laufend zu überzeugen und die verwandtschaftlichen Beziehungen zu pflegen. Mit den gelegentlichen Zusammenkünften werde, so heißt es in dürrem Amtsdeutsch, «dem Liebesbedürfnis beider Teile Rechnung getragen».

«Starre Haltung» der Mutter

Nach Ansicht der Amtsrichter waren jedenfalls die Ansichten der kämpferischen Mutter nicht vertretbar. Das Gericht hielt der Frau – sie heißt nun Helga Ehrenfried – entgegen: Marks leiblicher Vater mache einen ruhigen und besonnenen Eindruck. Er sei aufrichtig an der Entwicklung seines Jungen interessiert, so daß eine Gefährdung des Kindeswohls durch die Verkehrsregelung ausscheide. Es sei vielmehr ihre Aufgabe, das Kind auf die Besuche beim Vater vorzubereiten.

Die bei dem Kind bereits eingetretene Entfremdung beruhte nach dem Eindruck der Richter «vermutlich auf der starren Haltung der Mutter, die menschlichen und rechtlichen Erwägungen im Zusammenhang mit dem Verkehrsrecht unzugänglich» war. Sie wollte nicht einsehen, daß sie das Kind auch in Liebe zum anderen Elternteil erziehen muß, sondern meinte, «nach ihrer Wiederheirat sei für den Vater im Lebensbereich des Kindes kein Raum mehr». Demgegenüber wollte der leibliche Vater – Oberstudienrat Heinz Burmester – «alles vermeiden, um das Verhältnis zwischen den Eltern zu belasten und dem Kind zu schaden».

All diese richterlichen Ermahnungen fruchteten nicht. Helga Ehrenfried trieb vielmehr diesen Prozeß, auf dem Rücken ihres Kindes, durch alle Instanzen – ohne Erfolg.

Vor allem die Richter des Bayerischen Obersten Landesgerichts hatten der uneinsichtigen Mutter eine Standpauke gehalten: Das Verkehrsrecht diene nicht nur dem Interesse des nichtsorgeberechtigten Teils, sondern regelmäßig zugleich dem Wohl des Kindes. Neben der Rücksicht auf das beiderseitige Liebesbedürfnis liegt es auch im Interesse des Kindes, daß der nichtsorgeberechtigte Teil sich von seiner Entwicklung überzeugen und bei etwaigem Versagen des Sorgeberechtigten geeignete Maßnahmen zur Abhilfe veranlassen kann.

Die bayrischen Oberrichter erwähnten einen weiteren Aspekt, der leicht in Vergessenheit gerät: Danach entspricht der fortdauernde persönliche Kontakt dem Kindesinteresse im Hinblick auf mögliche Änderungen der Sorgerechtsregelung und mit Rücksicht darauf, daß beim Tode des sorgeberechtigten Elternteils die elterliche Gewalt kraft Gesetz auf den anderen übergeht. Aus diesen Gründen, so folgern die Oberrichter, seien gerichtliche Anordnungen mit dem Ziel, den Umgang sicherzustellen und zu regeln, durch das in der Verfassung verankerte «Wächteramt des Staates» gedeckt.

Gegen diese Urteile, die ihr ja nicht das Kind nehmen,

sondern nur den gelegentlichen Kontakt zum leiblichen Vater gewährleisten wollten, rief Helga Ehrenfried, wie bereits gesagt, das Bundesverfassungsgericht in Karlsruhe an. Ihre Begründung: Die allgemeine Praxis führe, wie die Erkenntnisse der Fachpsychologie erwiesen, letztlich dazu, daß Kinder aus geschiedenen Ehen ständig zwischen den Eltern hin- und hergerissen und dadurch in ihrer Entwicklung schwer geschädigt würden.

Die Mutter fand große Worte: Sie fühle sich verpflichtet, ihren Sohn vor solchem Schaden zu bewahren, und müsse daher selbst darüber bestimmen können, ob und in welcher Weise dieser mit seinem Vater verkehren solle. Schließlich werde «auch ihre Menschenwürde verletzt», wenn sie genötigt werde, «wider ihre bessere Einsicht in das, was dem Kindeswohl diene», an Maßnahmen mitzuwirken, die das Kind zum bloßen Objekt machten und in zutiefst inhumaner Weise als Mittel zur Befriedigung der Interessen eines Dritten benutzten. Schließlich sei das Ansinnen, ihr Kind in Liebe zum anderen Elternteil zu erziehen, schlechterdings unzumutbar.

Helga Ehrenfrieds Ansicht ging erkennbar davon aus, daß der geschiedene Ehepartner keinerlei Rechte mehr besitzt. Damit kam sie allerdings beim Bundesverfassungsgericht in Karlsruhe nicht durch. Zunächst einmal definierten die Verfassungsrichter, was unter dem im Grundgesetz verankerten Elternrecht zu verstehen ist.[1]

«Die Eltern haben danach das Recht und die Pflicht, die Pflege und Erziehung ihrer Kinder nach ihren eigenen Vorstellungen frei ... zu gestalten. Die freie Entscheidung der Eltern darüber, wie sie dieser Elternverantwortung gerecht werden wollen, ist durch ein Grundrecht gegen staatliche Eingriffe geschützt, soweit solche Eingriffe nicht durch das Wächteramt der staatlichen Gemeinschaft gedeckt ... sind.»

Übersetzt heißt das: Geschützt sind die Eltern gegen ungebetene Eingriffe, sozusagen gegen staatliche Überraschungsangriffe. Beim Streit der geschiedenen Eltern um die Kinder ist jedoch das Gegenteil der Fall. Recht und Gesetz sehen vor, daß sie sich vergleichen und dem Familiengericht einen Vorschlag machen. Wenn sie allerdings streiten, um das Sorgerecht kämpfen, womöglich sogar noch um das Umgangsrecht, übertragen sie die Schlichtung dem Gericht.

In der Praxis bedeutet das: Der Staat greift nicht ein, sondern er wird von zerstrittenen Eltern um den Eingriff gebeten. Denn vorher haben Eltern quasi den Offenbarungseid geleistet, daß sie selbst nicht mehr in der Lage sind, sich wenigstens über das Wohl ihres Kindes zu einigen.

So sehen es auch die Verfassungsrichter. Ihrer Ansicht nach steht das im Grundgesetz verankerte Elternrecht beiden Eltern gemeinsam zu. Die Verfassungsnorm gehe von dem Regelfall aus, «daß das Kind mit den durch die Ehe verbundenen Eltern in einer Familiengemeinschaft zusammen lebt und Vater und Mutter das Kind gemeinsam pflegen und erziehen».

Laut Bundesverfassungsgericht sagt das Grundgesetz nichts darüber, wie die Elternrechte und -pflichten zu verteilen sind, wenn die Ehe durch Scheidung aufgelöst wird und eine gemeinsame Wahrnehmung der Elternverantwortung durch beide Eltern in der bisherigen Weise nicht mehr möglich ist.

An Eltern, die sich noch nicht völlig verhärtet haben, erging aus Karlsruhe eine höchstrichterliche Ermahnung: Es ergebe sich «aus der fortbestehenden Verantwortung gegenüber dem Kinde die Pflicht der geschiedenen Eltern, die regelmäßig mit der Scheidung für die Entwicklung des Kindes verbundene Schädigung nach Möglichkeit zu mildern und eine vernünftige, den Interessen des Kindes entsprechende Lösung für seine Pflege und Erziehung sowie seine weitere persönliche Beziehung zu den nunmehr getrennten Eltern zu finden».

Der Umkehrschluß: «Kommt eine solche Einigung nicht zustande, so folgt schon aus der allgemeinen Aufgabe des Staates, die Rechtsordnung und den Rechtsfrieden zu wahren, daß er befugt ist, selbst über den Ausgleich der widerstreitenden Interessen der Eltern zu entscheiden.»

In diesen grundsätzlichen Passagen war schon 1971 alles enthalten, was die Verfassungsrichter zu diesem heftig umstrittenen Thema zu sagen haben. Sie waren der Meinung, daß der Staat sein «Wächteramt» im Interesse des Kindes unbedingt wahrnehmen müsse. Dessen Wohl sei nämlich durch den Streit der geschiedenen Ehegatten gefährdet oder könne jedenfalls gefährdet werden.

Daraus folgt nach Ansicht der höchsten Instanz, daß jeweils für eine klare Regelung zu sorgen ist: «Die für einen solchen Konfliktsfall vom Gesetzgeber vorgesehene Regelung, daß die elterliche Sorge nunmehr regelmäßig einem Elternteil allein zustehen soll, während der andere nur das Recht behält, mit dem Kinde persönlich zu verkehren, ist verfassungsrechtlich nicht zu beanstanden.» Die Verfassungsrichter definierten beides, das Sorgerecht und das Umgangsrecht. Zum Sorgerecht heißt es: Es beruhe auf dem Gedanken, daß wegen der Trennung der Eltern und der zwischen ihnen bestehenden Spannungen nur einer von ihnen befugt sein soll, die notwendigen Entscheidungen über die Pflege und Erziehung des Kindes zu treffen und die entsprechenden Elternfunktionen tatsächlich wahrzunehmen. (Die Frage, wie zu verfahren ist, wenn Einigkeit besteht, daß beide ihr Sorgerecht auch nach der Scheidung gemeinsam ausüben wollen, stand damals noch nicht zur Debatte.)

Gleichzeitig betonten die Verfassungsrichter in ihrer Grundsatzentscheidung jedoch einen Aspekt, den Helga Ehrenfried partout nicht wahrhaben wollte: die Bedeutung des Umgangsrechts. Danach soll die Bindung und Verbindung des Kindes zu dem anderen Elternteil fortbestehen und entsprechend berücksichtigt werden. Das Verkehrsrecht ermöglicht dem nichtsorgeberechtigten Elternteil, sich von dem körperlichen und geistigen Befinden des Kindes und seiner Entwicklung durch Augenschein und gegenseitige Aussprache fortlaufend zu überzeugen, die verwandtschaftlichen Beziehungen zu ihm aufrechtzuerhalten und einer Entfremdung vorzubeugen.

Wechselseitiger Respekt

Nach dem Urteil des höchsten deutschen Gerichts, das Behörden und Familiengerichte bindet, erwachsen beide Rechtspositionen der geschiedenen Partner aus dem natürlichen Elternrecht und der damit verbundenen Elternverantwortung. Sie müßten im Verhältnis zueinander respektiert werden. «Ebenso wie der nichtsorgeberechtigte Elternteil nicht in das Erziehungsrecht des anderen eingreifen darf, muß der Sorgeberechtigte den persönlichen Verkehr des Kindes mit dem Nichtsorgeberechtigten zulassen und ermöglichen.» Helga Ehrenfried irre, wenn sie glaube, hier liege ein unzulässiger Eingriff in das Elternrecht vor.

Die Verfassungsrichter erteilten im übrigen der offenbar unbelehrbaren Frau eine Lektion, die sie so schnell nicht vergessen wird – und vielleicht wird diese Urteilspassage auch einmal ihr Sohn Mark zu Gesicht bekommen. Helga Ehrenfrieds Einwände beruhten, so das höchste Gericht, «letzten Endes auf einer grundsätzlichen unrichtigen Anschauung von ihrer eigenen Rechtsstellung und der ihres geschiedenen Ehemannes». Die Beziehungen eines Kindes zu seinen Eltern erschöpften sich nicht in der elterlichen Gewalt im Sinne des Bürgerlichen Rechts. Sogar Eltern, denen das Sorgerecht über ihre Kinder wegen eines Versagens entzogen worden sei, verlören damit noch nicht jeden Anspruch auf verfassungsrechtlichen Schutz. Ganz besonders böse waren die Karlsruher Richter über Helga Ehrenfrieds letzten Einwand, sie wolle nicht an einer Regelung mitwirken, die zur Befriedigung der Interessen eines Dritten diene. Wörtlich sagt das Gericht dazu: «Entgegen der

Auffassung der Beschwerdeführerin ist ihr geschiedener Ehemann im Verhältnis zu dem Sohn somit nicht ‹Dritter›, sondern familien- und verfassungsrechtlich nach wie vor dessen Vater.»

Selbst ein Grundsatzurteil wie dieses, an das sich – strenggenommen – jedermann zu halten hat, vermag kaum mehr, als Orientierungspunkte zu setzen. Anders als in allen anderen Rechtsbereichen sind im Familienrecht der Durchsetzbarkeit auch von höchstrichterlichen Urteilen Grenzen gesetzt. Wenn ein Elternteil den Richterspruch bösartig und hartnäckig sabotiert, müßte der andere sein Recht mit Zwangsmitteln durchzusetzen versuchen.

Zwangsmaßnahme heißt: er müßte das Kind, das ohnehin massiv gegen ihn beeinflußt wurde, am Besuchstag mit dem Gerichtsvollzieher abholen lassen. Damit würde er aber in erster Linie sein eigenes Kind bestrafen – und nur am Rande die Rechtsfeindlichkeit des anderen Elternteils. Andere Sanktionsmöglichkeiten gibt es kaum: Ob das angedrohte Zwangsgeld gegen Renitenz ein wirksames Mittel ist, hängt von der wirtschaftlichen Lage des einzelnen ab. Die Exfrau, die in zweiter Ehe mit einem Arzt oder Anwalt verheiratet ist und selbst hohe Prozeßkosten nicht gescheut hat, um das Kind total vom Vater zu isolieren, würde wohl auch jedes Zwangsgeld mit der linken Hand bezahlen.

Aus formaljuristischer Sicht müßte ein Antrag, dem uneinsichtigen Rechtsbrecher das Sorgerecht zu entziehen, sogar Erfolg haben. Wenn einer sein Kind auf unverantwortliche Weise gegen den anderen Elternteil aufhetzt, sind zumindest Zweifel an seiner Erziehungsfähigkeit erlaubt. Doch jede noch so gerechtfertigte Bestrafungsaktion scheitert letztlich doch am Kindeswohl. Wenn der Familienrichter Vor- und Nachteile gegeneinander abwägt, wird er fast immer zu dem Schluß kommen, daß aus Gründen der Erziehungskontinuität alles für eine Beibehaltung der jeweiligen Lebensumstände spricht – das Kind bleibt da, wo es ist, es sei denn, es würde selbst fortstreben und auch alt genug sein, um diesen Wunsch zu artikulieren.

Auch die Verfassungsrichter haben diesen unlösbaren Widerspruch gesehen – so liest sich denn auch eine Passage des Urteils wie ein unausgesprochenes Eingeständnis der richterlichen Ohnmacht. Es könne nicht unberücksichtigt bleiben, verlautbaren die Verfassungsrichter zaghaft, «daß gerichtliche Verkehrsregelungen und ihre zwangsweise Durchsetzung nicht selten für das Kind die schon infolge der Trennung der Eltern eingetretenen Schwierigkeiten vermehren». Auch die höchste Instanz machte in diesem Zusammenhang die Einwände der Fachwelt aktenkundig. Gegen jede Art von Zwang hätten viele Ärzte, Pädagogen und Jugendpsychologen «im Interesse einer störungsfreien Entwicklung des Kindes» ernste Bedenken angemeldet.

Fehlende Durchsetzbarkeit

Die Mahnungen, die das höchste Gericht in diesem Zusammenhang an unvernünftige Eltern richtete, haben mehr moralischen als juristischen Wert. Es ist nach Ansicht der Verfassungsrichter nicht zu übersehen, daß die Schwierigkeiten für das Kind – etwa im Zusammenhang mit dem Umgangsrecht – dadurch entstehen, daß die beteiligten Erwachsenen nicht bereit sind, «die gegebene Situation zu akzeptieren». Im Gegenteil: Sie tragen «ihre Differenzen auf dem Rücken des Kindes» aus, «anstatt die mit dem Scheitern ihrer Lebensgemeinschaft für das Kind unvermeidlich verbundenen Nachteile durch ein verständiges Zusammenwirken möglichst gering zu halten».

Bei den Schlußfolgerungen aus dieser Erkenntnis haben die Verfassungsrichter schließlich das Handtuch geworfen. Sie blieben bei einem unverbindlichen Einerseits-Andererseits – sei es, weil sie das Dilemma der fehlenden Durchsetzbarkeit sahen, sei es, weil sie es nicht sehen wollten. Die hohen Herren sprachen zwar die «Problematik» an, ließen dabei aber offen, ob sie damit den Elternkampf bis aufs Messer meinen.

Nach dem Spruch aus Karlsruhe liegt es «trotz dieser

Problematik» grundsätzlich im Interesse des Kindes, «auch die Beziehungen zu dem nichtsorgeberechtigten Elternteil durch den persönlichen Verkehr zu pflegen». Diesen Umgang einzuschränken oder ganz zu unterbinden halten die Richter nur ausnahmsweise für «veranlaßt» – «wenn nach den Umständen des Einzelfalls der Schutz des Kindes dies erfordert, um eine Gefährdung seiner körperlichen oder seelischen Entwicklung abzuwehren». Und umgekehrt: Wenn der Kontakt zum nichtsorgeberechtigten Elternteil abreißt, kann sich dies ebenso schädlich auf die Entwicklung des Kindes auswirken.

Steine statt Brot! Wenn der sorgeberechtigte Elternteil den Verkehr des Kindes mit dem anderen so sabotiert, daß der Gerichtsvollzieher bemüht werden müßte, helfen die verfassungsrichterlichen Leerformeln nichts. Einerseits liegt der Kontakt zum abwesenden Elternteil nach höchstrichterlichem Ratschluß im Interesse des Kindes, eine Verhinderung könnte sogar schädlich sein, andererseits soll das Kind vor seelischen Schäden geschützt werden. Im Umkehrschluß heißt dies: Dem Familienrichter sind die Hände gebunden. Der Elternteil, der eine Schädigung des Kindes kaltblütig riskiert, ist unangreifbar – weil der Richter nicht mit gleicher Münze heimzahlen darf.

Strenggenommen, muß sich der Staat, wenn es Eltern so weit kommen lassen, weise Selbstbeschränkung auferlegen. Im Idealfall kann der Richter, der das «Wächteramt» wahrnimmt, die Rechte des Kindes mit Vorrang behandeln, aber auch noch die Interessen der Eltern im Auge behalten. Im Konfliktsfall hat er nur an das Kind zu denken. Die Eltern können sich nicht beschweren, denn sie haben ihre Familienangelegenheiten freiwillig aus der Hand gegeben.

Nicht nur die Juristen, auch die Psychologen sagen den ums Sorgerecht streitenden Eltern unmißverständlich, daß der Staat erst eingreift, wenn Vater und Mutter Konkurs angemeldet haben. Die einschlägigen Gesetze entsprechen etwa nach Ansicht Anna Freuds und ihrer Mitautoren «der Reaktion der sozialen Gemeinschaft auf die Fähigkeit oder

Unfähigkeit einer Familie, gesunde Entwicklungsbedingungen für ihre Kinder herzustellen».[2] Die angelsächsischen Wissenschaftler bedauern, daß überall (auch in der Bundesrepublik) vorerst von Amts wegen nur das körperliche Wohlergehen garantiert wird, nicht aber das psychische Wohl.

Wenn die Eingriffsmöglichkeiten des Staates zu weit gehen, kann andererseits das Elternrecht zu kurz kommen. Gegen die Berücksichtigung des psychischen Wohls in einem wohlverstandenen wissenschaftlichen Sinn, wie von Anna Freud angestrebt, ist nichts einzuwenden. Doch in Diktaturen wird der «Kindeswohl»-Begriff gelegentlich mißbraucht – nach dem Motto: Wer seine Kinder nicht im Sinne der Staatsideologie erzieht, hat sein Elternrecht verwirkt.

Der Staat als Zensor

Eine solche Zerreißung von Familien aus politischen Gründen, wie sie auch auf deutschem Boden passiert ist, unterbindet Artikel 6 des Grundgesetzes. Dort heißt es in den Absätzen 2 und 3: «Pflege und Erziehung der Kinder sind das natürliche Recht der Eltern und die zuvörderst ihnen obliegende Pflicht. Über ihre Betätigung wacht die staatliche Gemeinschaft. Gegen den Willen der Erziehungsberechtigten dürfen Kinder nur auf Grund eines Gesetzes von der Familie getrennt werden, wenn die Erziehungsberechtigten versagen oder wenn die Kinder aus anderen Gründen zu verwahrlosen drohen.»

Diese Vorschrift ist nach Ansicht des Bundesverfassungsgerichts auf Grund der Erfahrungen in der nationalsozialistischen Zeit entstanden. Sie wendet sich gegen «die Wegnahme der Kinder von ihren Eltern zum Zwecke einer staatlichen Zwangserziehung, wie sie in totalitären Staaten üblich ist (Staatsjugend, Zwangsinternate, Schulungslager)».[3]

Nicht nur das: Verhalten, das von der Norm abweicht, kann – wie die Erfahrungen der NS-Zeit beweisen – zu Zwangsmaßnahmen gegen unangepaßte Eltern führen. So wurde während des Dritten Reichs einer Mutter vom Landgericht Torgau das Sorgerecht für ihre Kinder entzogen. Der Vorwurf gegen sie: «Verwerfliche Gesinnung», die sie «durch ihren hartnäckigen Verkehr mit dem Juden L. bewiesen» habe.[4] Den Kindern könnten bei ihrem Alter «die rasseschänderischen Beziehungen» ihrer Mutter nicht verborgen geblieben sein.

Wörtlich hieß es in dem damaligen Urteil: «Abgesehen davon aber erscheint eine deutsche Mutter, die durch ihren Verkehr mit einem Juden zu einer Zeit, in der eine aufklärende Propaganda ihr das Verbrecherische ihrer Handlungsweise zum Bewußtsein hat bringen müssen, eine schamlose Gesinnung an den Tag gelegt hat, nicht würdig und nicht fähig, deutsche Kinder zu deutschen Menschen zu erziehen.» Diese Gesinnung rechtfertigte es nach Ansicht der NS-Richter, der Mutter die gesetzliche Vertretung der Kinder zu entziehen. Sie hielten die Frau für eine unwürdige Mutter: Bei ihrer Einstellung zu den «rassenpolitischen Zielen der Staatsführung» und zu deren Bestrebungen, das sittliche Niveau des Volkes zu heben, bestehe die Gefahr, daß sie in erster Linie eigensüchtige Ziele bei der Erziehung ihrer Kinder verfolgen werde.

Schon das Grundgesetz verbietet solchen politischen Zugriff auf die Familie. Doch gelegentlich – etwa wenn Eltern total versagen – muß der Staat auch in einer Demokratie eingreifen. Anlaß für das Bundesverfassungsgericht, sich mit dem Problem zu beschäftigen, waren mehrere Adoptionsprozesse. In einem Fall wurde das Problem besonders deutlich, es ging um die Adoption zweier Kinder im Alter von fünf und sechs Jahren, deren Mutter bei der Geburt des jüngeren Kindes gestorben war. Der Vater war elfmal wegen verschiedener Delikte bestraft (wegen Diebstahls, Betruges und Notzucht an einer einundsiebzigjährigen Frau). Mit Rücksicht auf die längeren Haftzeiten hatte das Vormundschaftsgericht festgestellt, daß die elterliche Gewalt des Vaters ruhe. Das Jugendamt war zum Vormund bestellt worden. Die Kinder sollten von ihren Pflegeeltern adoptiert werden, doch der Vater verweigerte seine Einwilligung – zu Unrecht.

Denn das Bundesverfassungsgericht erklärte in dieser Sache, die Grundrechtsgarantie hebe den Vorrang der Eltern bei der Erziehung und Pflege der Kinder hervor. Jedoch lasse schon das Wort «zuvörderst» erkennen, daß neben den Eltern auch der Staat die Funktion eines Erziehungsträgers mit entsprechenden Pflichten habe. Darüber hinaus lege die Verfassungsvorschrift dem Staat die Pflicht auf, über die Pflege und Erziehung der Kinder durch die Eltern zu wachen. Wörtlich: «Das so umgrenzte Elternrecht ist ein Grundrecht im klassischen Sinne, das den Eltern ein Abwehrrecht gegen staatliche Eingriffe gewährt, soweit diese nicht durch das ‹Wächteramt› gedeckt sind.»[5]

In dem Verfassungsverbot «Trennung von der Familie» sehen die Richter vor allem die tatsächliche Trennung, und zwar «die Wegnahme» des Kindes von seinen Eltern. Anders gelagert sind danach Adoptionsfälle. Hier ist nämlich «regelmäßig die tatsächliche Trennung des Kindes von den Eltern vorausgegangen» – sei es, daß den Eltern schon die elterliche Gewalt, das Personensorgerecht oder das Aufenthaltsbestimmungsrecht entzogen worden ist – sei es, daß nach einer Verwirkung der elterlichen Gewalt Jugendamt und Vormundschaftsgericht für eine anderweitige Unterbringung des Kindes gesorgt haben. Mit anderen Worten: die Verfassungsgarantie soll vor allem intakte Familien schützen. Wörtlich: «Die Verfassung macht dies durch die Verknüpfung des Rechts zur Pflege und Erziehung mit der Pflicht zu dieser Tätigkeit deutlich. Diese Pflichtbindung unterscheidet das Elternrecht von allen anderen Grundrechten.»

Der Grundrechtsschutz darf nach diesem Urteil für die Pflege und Erziehung beansprucht werden, nicht aber für das Gegenteil: «Die Vernachlässigung des Kindes.» Und dies ist nicht nur ein juristisches Problem. Was etwa die bereits genannten angelsächsischen Forscher Goldstein-Freud-Solnit über die Folgen sagen, erinnert fatal an vulgärchristliche Prognosen, nach denen sich die Sünde bis ins zweite und dritte Glied vererbt. Die Opfer unverläßlicher Elternbeziehungen «behandeln ihre Kinder, wie sie selbst behandelt worden sind». Sie setzten damit «eine Tradition fort, die der nächsten Generation von Kindern nicht weniger abträglich ist als der Zukunft der menschlichen Gesellschaft»[6].

Auch gesellschaftliche Notwendigkeiten werden zur Begründung vernünftiger Kindeswohlentscheidungen herangezogen: «Kinder, die ohne eine gesunde Elternbeziehung aufgewachsen sind, werden selbst schlechte Eltern. Jede Entscheidung, die das verhütet, gewinnt für die Gemeinschaft einen guten Vater oder eine gute Mutter für die nächste Generation.»[7]

4
«Die umgekehrte Gleichberechtigung»

Wer ist zur Erziehung besser geeignet?

Begründen Alter und Geschlecht des Kindes Vorrechte für den einen oder anderen Elternteil? – Richter müssen ihrer «Amtsermittlungspflicht» genügen. – Juristen und Psychologen rügen Benachteiligung des Vaters. – «Biologische» müssen nicht auch «psychologische» Eltern sein. – Bundesverfassungsgericht: Ein Primat der Mutter besteht nicht von vornherein.

Als sich der Diplom-Ingenieur Sandor Luka, ein eingewanderter Ungar, von seiner Frau Brunhilde trennte, war die gemeinsame Tochter Elisabeth-Piroschka gerade drei Jahre alt. Die Ehe wurde erst fünf Jahre nach der Trennung geschieden. Aber die Eltern stritten jahrelang, vor und nach der Scheidung, um das Sorgerecht für ihr Kind. Elisabeth war – mit Ausnahme einer zweimonatigen Unterbrechung – stets bei der Mutter. Die unteren Gerichtsinstanzen in Würzburg hatten zu ihren Gunsten entschieden. Am Schluß wurde sogar das Bayerische Oberste Landesgericht in München[1] mit der Sache befaßt.

Der Elternkrieg hatte insgesamt acht Jahre gedauert. Als das Bayerische «Oberste» entschied, war Elisabeth zehn Jahre alt. Ihr Fall ist sogar in die Rechtsgeschichte eingegangen. Die Kommentare verzeichnen, daß sich die Münchner Oberrichter eingehend zu der Frage geäußert haben, ob «Erfahrungsgrundsätze», die für eine bessere Erziehungseignung von Vater oder Mutter sprechen, bei der Sorgerechtsentscheidung herangezogen werden können.

Der Prozeß Luka contra Luka ist aber auch aus einem anderen Grund bedeutsam: Wer die Begründungen für die gegensätzlichen Entscheidungen des Würzburger Gerichts und des «Obersten» in München auf sich wirken läßt, muß wiederum erkennen: Mit scheinbar schlüssigen Argumenten läßt sich das eine wie auch das andere Ergebnis rechtfertigen – ein weiteres Indiz gegen das fragwürdige Unterfangen, menschliche Beziehungen juristisch fassen zu wollen.

Die Würzburger Richter hatten der Mutter das Sorgerecht für Elisabeth-Piroschka übertragen und diese Entscheidung sorgfältig und ausführlich begründet. Nach ihrer Ansicht sind beide Eltern «erziehungsbereit und -geeignet». Doch die Mutter habe dies in der Vergangenheit auch schon bewiesen. Sie bemühe sich nach Kräften, das Kind gut zu versorgen. Als ausgebildete Kindergärtnerin wisse sie auch, wie sie die Erziehung des Mädchens zu gestalten habe. So achte sie einerseits darauf, daß Elisabeth ihren Pflichten in der Schule nachkomme, andererseits werde das Mädchen aber auch nicht überfordert und habe genügend Freizeit zum Spielen.

Was die Richter da zu Papier gebracht haben, beweist freilich nur einmal mehr, daß zwischen dem Elternteil, der das Kind betreut, und dem zu kurz gekommenen keine Chancengleichheit besteht. Derjenige, der schon den Vorzug hat, das Kind bei sich zu haben, darf nun obendrein mit Fakten auch noch seine Eignung unter Beweis stellen. Was der eine belegen kann, muß der andere behaupten – und dies hat nicht dieselbe Überzeugungskraft.

Nachlassen in der Schule

Im konkreten Fall war schließlich, wie immer, die Frage zu prüfen: Wer kann das Kind tagsüber am besten betreuen? Nach Meinung der Würzburger Richter sprach auch die Tatsache, daß die Mutter einer Ganztagsbeschäftigung nachgeht, nicht gegen das Votum zu ihren Gunsten. Brunhilde Luka habe das Mädchen in einem Seminar-Schülerhort untergebracht und mithin dafür gesorgt, daß ihre Tochter während der schulfreien Zeit beaufsichtigt und betreut werde. Der Vater, der selbst tagsüber berufstätig sei, könnte im übrigen keine andere Lösung anbieten. Insoweit bestehe zwischen Vater und Mutter kein Unterschied.

Als weiterer Streitpunkt, mit dem sich die Richter befassen mußten, stand ein Vorwurf des Vaters zur Diskussion. Er wandte gegen die Erziehungseignung seiner Exfrau ein, daß die Tochter ganz erkennbar in der Schule nachgelassen habe. Die Tatsache war nicht bestreitbar. Doch für das Manko machten die Richter beide Eltern verantwortlich. Sie stützten sich dabei auf Erkenntnisse, die der Psychologische Beratungsdienst der Stadt Würzburg bei der Beurteilung des Mädchens gewonnen hatte. Ihr Nachlassen in der Schule habe psychische Ursachen und beruhe «nicht auf mangelnder Förderung seitens der Mutter». Merksatz der Amtspsychologen: «Erfahrungstatsache ist, daß ein Kind unter dem Scheitern einer Ehe leidet, daß sein seelischer Schmerz über den Verlust der Geborgenheit in einer intakten Familie zu einer psychischen Verunsicherung führt, die Unkonzentriertheit und Leistungsstörungen zur Folge haben kann.»

Aus dem allgemeinen Satz folgte ein spezieller Befund, den sich die Richter zu eigen machten. Die Psychologen hatten herausgefunden, «daß die Diskrepanz zwischen der intellektuellen Leistungsfähigkeit des Kindes und seinen schulischen Leistungen in der Tat auf eine durch den Wechsel zwischen Vater und Mutter verursachten Desorientiertheit zurückzuführen» sei. Den Erkenntnissen des gerichtsbekannten und offenbar allseits geschätzten Jugendamts-Psychologen folgend, kamen die Würzburger Richter zu dem Schluß, «daß das Absinken der schulischen Leistungen des Kindes» nicht «gegen die Erziehungseignung und Erziehungsbereitschaft der Mutter» ins Feld geführt werden könnte – «ebensowenig wie irgendein anderer Umstand».

So werden stets mit buchhalterischer Akribie Grammgewichte verteilt. Auch in Sachen Luka gegen Luka bemühten sich die Richter, das Für und Wider einer Entscheidung zugunsten des Vaters oder der Mutter gegeneinander abzuwägen. Sie plädierten nicht nur für die Mutter, sondern hielten grundsätzlich auch Sandor Luka zur Erziehung seiner Tochter geeignet. Er sei auch zur Übernahme der Verantwortung bereit, «was sich überzeugend aus seinen Darlegungen im Verfahren» ergebe. Wenn, wie in diesem Fall, die Waage ziemlich austariert ist, versuchen die Richter ihre Fragestellung weiter zu präzisieren:

▷ «Bei Gleichwertigkeit der Erziehungseignung und Erziehungsbereitschaft beider Elternteile muß danach gefragt werden, welche sonstigen Umstände – immer unter Voranstellung des allein maßgebenden Kindeswohls – für oder gegen die Übertragung der elterlichen Sorge auf Vater oder Mutter sprechen.»

Für den Entscheid zugunsten der Mutter, der dann schließlich bei dieser Güterabwägung herauskam, zählten die Richter zwei ausschlaggebende Gründe auf. Sie hielten – übereinstimmend mit dem Befund des Psychologischen Beratungsdienstes – für wesentlich, daß sich Elisabeth «seit mehreren Jahren ganz überwiegend bei der Mutter aufgehalten» habe. Brunhilde Luka sei «daher die Bezugsperson, bei der sich das Kind geborgen wisse und der es vertraue».

Die Richter fürchteten, daß bei einer Übertragung des Sorgerechts auf den Vater für die Tochter «nicht nur ein Wechsel der Bezugsperson», sondern auch «ein völliger Umbruch in den Lebensverhältnissen» die Folge wäre – und solche Konsequenzen mochten sie nicht verantworten. Begründung: Angesichts des psychologischen Befundes müßten «Entwicklungsstörungen befürchtet werden, wenn das Kind nicht in den nächsten Jahren bei der Mutter verbliebe».

Fragwürdige Alltags-Theorien

Kern der Würzburger Überlegungen war jedoch die Anwendung eines sogenannten Erfahrungssatzes, der landauf, landab immer noch Familienrechtsentscheidungen beeinflußt, ohne daß dies freilich mit derselben Offenheit zugegeben wird wie im Fall Luka. Ihre Entscheidung stütze sich maßgeblich auf die Erwägung, so die Würzburger Richter, «daß Mädchen in aller Regel erfahrungsgemäß bei der Mutter besser aufgehoben seien als beim Vater». Für die Abwägung bedeutet diese Würzburger Version: Wenn die äußeren und persönlichen Verhältnisse bei Vater und Mutter gleichwertig sind, muß nach Ansicht der Richter diesem Gesichtspunkt vorrangige Bedeutung zugemessen werden.

Jedes Gericht muß sich davor hüten, daß solche «Alltags-Theorien», wie Soziologen die Klischee-Weisheiten nennen, Grundlage von Urteilen werden. Im Sorgerecht sind solche Denkfehler besonders verhängnisvoll. Die Gefahr solcher Verallgemeinerungen, die – strenggenommen – manche Kindeswohlprüfung im Einzelfall überflüssig machen könnte, scheint jedenfalls den Würzburger Richtern nicht sonderlich bewußt geworden zu sein. Eine Gedankenverbindung zu dem Kind, zu Elisabeth Luka, um die es ganz konkret ging, tauchte nur einmal auf: Die Priorität der Mutter-Tochter-Bindung gelte, so der Beschluß, «jedenfalls» für ein zehnjähriges Mädchen.

Wie perfekt sich die Alltags-Theorie in den Köpfen der Würzburger Richter festgesetzt hatte, zeigte der nächste Gemeinplatz, der auf Elisabeth-Piroschka zutreffen kann, der aber nicht zutreffen muß: «Bei der Bewältigung der intimen körperlichen und seelischen Probleme, vor die ein Mädchen im Rahmen seiner pubertären Entwicklung gestellt» sei, sorgten sich die Richter, könne «die Mutter eher und besser helfen, als dies beim Vater möglich» sei.

Zunächst einmal hatte das Gericht sich nicht einmal die Mühe gemacht zu prüfen, ob Brunhilde Luka – von ihrer psychischen und intellektuellen Struktur her – der Aufgabe wirklich gewachsen wäre, die Tochter durch die schwierige Phase der Pubertät zu steuern. Zum anderen war aber selbst der Erfahrungssatz mehr als fragwürdig. Denn immer mehr junge Frauen – und nicht nur Feministinnen – berichten freimütig über Spannungen und Defizite im Verhältnis zur Mutter. Und die Quintessenz dieser Erfahrungen ist, daß Mütter ihre Töchter nicht nur gefördert, sondern gelegentlich auch geschädigt und deformiert haben.

Professor Reinhart Lempp, der berühmte Kinderpsychologe aus Tübingen, skizzierte die Bindungen, unter denen beispielsweise eine «unglücklich verheiratete Mutter die völlige Geborgenheit nicht gewähren»[2] könne. Danach sieht eine Konstellation so aus: Von der Mutter wird das Kind «als vom enttäuschenden Ehemann stammend innerlich abgelehnt». Noch gefährlicher ist eine andere Situation: Wenn nämlich «die Annahme des Kindes» an eine «bewußte oder unbewußte Bedingung» geknüpft wurde – sei es, um «die gefährdete Ehe zu kitten», sei es, um «Ersatz für die nicht ausfüllende Ehe zu bieten». Es liegt auf der Hand, daß bei einer so strukturierten Beziehung die Mutter nicht gerade eine ideale Bezugsperson abgibt, weder für Töchter noch für Kleinkinder, wie ein anderes weitverbreitetes Klischee nahelegt.

Die Überlegungen der Würzburger Richter, daß ein pubertierendes Mädchen «bei der Bewältigung der intimen ... Probleme» die Mutter nötig habe, krankt obendrein auch an der Absolutheit der These. Denn die Verallgemeinerung – angenommen, sie wäre zutreffend – unterschlägt die Bedeutung der vielfältigen anderen seelischen und geistigen Entwicklungsphasen in der Pubertät. Offen bleibt bei dieser oberflächlichen Betrachtung auch, welchen Platz in der Rangfolge die «intimen» neben den anderen Problemen einnehmen. Völlig unbeantwortet ist zudem die Frage, welche charakterlichen, intellektuellen und pädagogischen Qualitäten Eltern haben müssen, um ihren Kindern in dieser schwierigen Zeit zur Seite zu stehen.

«Einseitigkeit» des Befundes

Tatsächlich wurde denn auch die Würzburger These, daß Mädchen «in aller Regel erfahrungsgemäß» besser bei der Mutter als beim Vater aufgehoben seien, von der Münchner Beschwerde-Instanz kategorisch abgelehnt. Das Bayerische Oberste Landesgericht befand: «Den Vorderrichtern kann nicht in der Meinung gefolgt werden, daß ein Erfahrungssatz in dieser Richtung bestehe.» Dagegen setzten die Oberrichter ihrerseits eine prinzipielle These, die wiederum in Kommentaren, Urteilen und Anwaltsschriftsätzen als Quelle zitiert wird:

▷ Alter und Geschlecht des Kindes begründen kein Vorrecht des einen oder anderen Elternteils.

Nach Ansicht der Münchner Richter genügt auf keinen Fall die allgemeine Erwägung, daß die Mutter regelmäßig ein viel engeres Verhältnis zur Tochter habe als der Vater und sie im persönlichen Bereich besser unterstützen könne. Wörtlich: «Das wird zwar häufig, muß aber nicht immer zutreffen und bedarf in jedem Fall einer näheren Begründung!» Im Fall der zehnjährigen Elisabeth-Piroschka Luka reichte den Oberrichtern zum Beispiel der allgemein gehaltene Befund des Psychologischen Beratungsdienstes nicht aus.

Die Münchner Beschwerderichter rügten, daß «die Exploration des Kindes», also seine Befragung, wie aus den amtlichen Akten hervorgehe, nur nach Anhörung der Mutter stattgefunden habe. Darin liege eine gewisse «Einseitigkeit» des Befundes. Zugleich stolperten die Richter über einen Widerspruch. Im Gutachten sei die Rede von einer «durch den ständigen Wechsel zwischen Vater und Mutter bedingten Desorientiertheit» des Kindes. Aus den Unterlagen ergebe sich jedoch, daß Elisabeth in den acht Jahren nach Trennung der Eltern nur einmal zwei Monate lang beim Vater gewesen sei, im übrigen nur zu den verabredeten Besuchen. So kommen die Oberrichter zu dem Schluß: «Sie hat sich tatsächlich ständig bei der Mutter aufgehalten.» Auch sei eine Stellungnahme nicht berücksichtigt worden, die das für den Wohnsitz des Vaters zuständige Jugendamt abgegeben habe – mit dem ausdrücklichen Hinweis, das Kind habe sich beim Vater augenscheinlich wohl gefühlt.

Vor allem die mangelnde Durchschaubarkeit des Würzburger Gutachtens mochte die «Oberste» Instanz in München nicht so ohne weiteres durchgehen lassen. Gerügt wurde: Aus dem Befund sei nicht ersichtlich, warum das als «leicht irritierbar» bezeichnete Kind, «das zwischen den Eltern hin- und herpendle», nur von der Mutter betreut werden solle – «jedenfalls die nächsten drei Jahre»? Dies war, wie die Oberrichter monierten, im konkreten Fall nicht die einzige Unterlassungssünde der Vorinstanz: «Neben der (bislang unterlassenen) Anhörung beider Eltern hätte sich unter den gegebenen Umständen die förmliche Einholung eines psychologischen Sachverständigengutachtens angeboten!» Dies bedeutet im Ergebnis, daß den Münchner Oberrichtern, vorsichtig formuliert, die Befunde der Würzburger Beratungsstelle nicht ausreichten.

Ein weiterer Hinweis der Beschwerde-Instanz machte deutlich, daß Familienrichter nicht so ohne weiteres Anregungen der Prozeßbeteiligten in den Wind schlagen dürfen. «Die persönliche Anhörung der Eltern», so heißt es in der Begründung, «wäre um so mehr veranlaßt gewesen, als der Vater diese wiederholt angeregt» habe. In diesem Zusammenhang zitierten die Richter ganz konkrete Vorwürfe gegen die Mutter: «mangelnde Beaufsichtigung des Kindes, Täuschung über den Umfang der Berufstätigkeit». Mit diesen Hinweisen habe Sandor Luka «die für die Übertragung der elterlichen Sorge ganz besonders wesentliche Erziehungsfähigkeit der Mutter in Frage gestellt». Die Vorderrichter hätten sich, rügt das «Oberste», ersichtlich allein auf die Feststellungen des Jugendamtes gestützt, «ohne diese durch eigene konkrete Ermittlungen zu ergänzen». Solche Nachforschungen hält der Beschluß für unerläßlich, weil der Vater immer wieder behauptet hatte, «daß gerade die Irritierbarkeit des Kindes auf eine Beeinflussung durch die Mutter zurückzuführen sei».

Der Tenor des Bayerischen Obersten Landesgerichts in der Sache Luka gegen Luka lautete demgemäß: Da die Vorinstanz, «ohne eigene Ermittlungen zu pflegen, ausschließlich die Feststellungen des Jugendamtes Würzburg und den von diesem eingeholten psychologischen Befund maßgeblich seiner Entscheidung zugrunde gelegt» habe, müsse schon von einer Verletzung der «Amtsermittlungspflicht» gesprochen werden. Auf diesem Fehler könne die vom Vater angefochtene Entscheidung beruhen, «sie kann mithin keinen Bestand haben».

Verlängerter Schwebezustand

Derlei Grundsatzentscheidungen, die aus Gründen der Rechtsklarheit und der Rechtsfortbildung erforderlich sein mögen, lösen dennoch zwiespältige Gefühle aus. Für das Kindeswohl kann die weitere Verlängerung eines Schwebezustandes, der infolge des hartnäckigen Elternstreits schon acht Jahre angedauert hat, nicht förderlich sein. Auch der aufs neue mit dem Streit befaßte Familienrichter kann, selbst wenn er alle höchstrichterlichen Anregungen berücksichtigt, kaum zu dem Ergebnis kommen, daß es dem Wohle des Mädchens entspräche, wenn es aus seiner jahrelang bewährten Umgebung herausgerissen würde – es sein denn, es wollte dies selbst.

So kann ein Grundsatzurteil wie dieses, das nach jahrelangem Streit ergeht, mit Sicherheit nicht den konkreten Einzelfall sinnvoll lösen. Die Entscheidung kann jedoch für alle zukünftigen Parallelfälle als wesentliche Orientierungshilfe dienen. Auf zwei wesentliche Aussagen dieses Münchner Beschlusses berufen sich denn auch Rechtskommentare und Rechtsprechung – und die bleiben über den Fall hinaus aktuell. Beide sind auch auf Anhieb einsehbar: die These, daß Alter und Geschlecht des Kindes keine Vorrechte für Vater oder Mutter begründen, aber auch die Forderung, daß kein Familienrichter sich vor der Prüfung behaupteter Tatsachen drücken darf.

Im Zuge der Emanzipation, die nicht nur den Frauen gleiche Rechte beschert, sondern auch das Bewußtsein der Männer für ihren eigenen Nachholbedarf geschärft hat, ist die Forderung nach einer gleichmäßigen Behandlung von Männern und Frauen bei der Sorgerechtsverteilung immer stärker geworden – ein Trend, der auch in der Wissenschaft unterstützt wird.

So forderte der Göttinger Rechtsprofessor Uwe Diederichsen, einer der bekanntesten Familienrechtskommentatoren, es sei an der Zeit, im Bereich des Sorgerechts «die umgekehrte Gleichberechtigung zu verwirklichen»[3]. Der faktische Vorrang, den die meisten Familiengerichte immer noch der Mutter einräumten, entspräche nicht dem Grundgedanken der Eherechtsreform. In vielen Fällen werde zuwenig berücksichtigt, «daß von den beiden Eltern der Vater für die Entwicklung der Gefühlswelt des Kindes die förderlichere Persönlichkeit sein» könne. Dem erwerbstätigen Vater müsse gegebenenfalls zugute gehalten werden, «wenn er das Kind durch ihm nahestehende Personen – Eltern, Geschwister – betreuen ließe».

Schützenhilfe für derlei Überlegungen gab mittlerweile auch das Bundesverfassungsgericht. Die Richter in den roten Roben hielten grundsätzlich fest: «Ein Primat der nicht oder nur halbtags beschäftigten Mutter bei Sorgerechtsregelungen besteht daher nicht von vornherein.»[4] Um zu dokumentieren, daß dies mehr als eine unverbindliche Randbemerkung war, zitierten die Richter diesen prinzipiellen Aspekt vorsichtshalber noch einmal in einer zweiten Entscheidung.[5] Mit deutlichem Bezug zum Vater wurde in beiden Beschlüssen hervorgehoben: Bei der Sorgerechtsentscheidung sei zu berücksichtigen, «wenn das Kind zu einem Elternteil, der wegen einer ganztägigen Beschäftigung eine geringere Betreuungsleistung erbringen kann als der andere, dennoch eine stärkere innere Bindung entwickelt» habe. Oder anders: Das Kind kann auch mal dem berufstätigen Vater zugesprochen werden.

Aus der Sicht der Psychologen fügte der Kieler Mediziner Professor Hermann Wegener auf dem Dritten Deutschen Familiengerichtstag in Brühl[6] hinzu: Bei neueren wissenschaftlichen Beobachtungen sei das Ausbleiben «von Präferenzen für einen Elternteil schon im zweiten Lebensjahr» registriert worden. Das heißt also: Auch der Vater spielt eine Rolle. Der Professor regt deshalb an, daß trotz aller überkommenen Vorurteile «die Diskreditierung des Vaters als

Bezugsperson in den ersten Lebensjahren bald endgültig» abgebaut werden sollte. Laut Wegener bewirken diese neuen Erkenntnisse «in unserer gesellschaftlichen Wirklichkeit allerdings nicht eine grundsätzliche Gleichstellung der Eltern für die Versorgung von Säuglingen». Doch der Wissenschaftler erhofft sich wenigstens «eine Verringerung der Barrieren gegen die Zuweisung der elterlichen Sorge an den Vater auch schon für Kleinkinder» – jedenfalls «bei deutlich schlechterer Eignung der Kindesmutter».

Siebzehnjährige Stiefmutter?

Andere Experten registrierten sogar negative Auswirkungen der «Vaterabwesenheit»[7] – so Wassilios Fthenakis, Direktor des Münchner Staatsinstituts für Frühpädagogik, auf dem Familienrechtsforum in Stuttgart. Als weiteres Ergebnis wurden auf dem Forum Befunde festgehalten, die sich mit anderen Beobachtungen decken. Danach entwickeln Untersuchungen zufolge kleine Kinder, die dem Vater zugesprochen werden, sich genauso gut wie Kinder, die bei der Mutter bleiben.

Die Frage, ob das Kind auch dem Vater zugesprochen werden soll, sieht der Bochumer Psychologie-Professor Friedrich Arntzen mehr realitätsbezogen – nach dem Motto: Wer betreut dann das Kind? Arntzen hat nichts dagegen einzuwenden, wenn eine neue Partnerin des sorgeberechtigten Vaters die Aufgabe übernimmt – vorausgesetzt, daß «die Partnerschaft Stabilität verspricht»[8]. Er hat dabei offenbar im Auge, daß manche Väter nach einer Trennung zunächst die Partnerinnen wechseln. Und in speziellen Fällen hält der Psychologe Bedenken für ratsam: «Wenn zum Beispiel eine siebzehnjährige Schülerin in der Rolle der Partnerin fungiert, so kann die Betreuungssituation nicht als vertrauenerweckend gelten.»

Jene weitverbreitete Übung, Kleinkinder eher der Mutter als dem Vater anzuvertrauen, erklärt Arntzen ganz einfach:

Mütter von Kleinkindern seien eben seltener berufstätig als Väter. Zum Begriff «Kontinuität», der in jedem Sorgerechtsfall untersucht wird, trägt der Bochumer Professor vor: In der Mehrzahl der Fälle sei «die Mutter die Hauptbezugsperson» – «schon allein der Stundenzahl des Zusammenseins nach».

Wenn die Mutter nach der Scheidung wieder heirate, werde die für das Kind notwendige Kontinuität mehr gewahrt, als wenn der Vater eine neue Ehe eingehe. In diesem Fall nämlich müsse sich das Kind an die zweite Frau des Vaters als neue Bezugsperson gewöhnen, denn in der Regel werde «doch der Vater einer außerhäuslichen Tätigkeit nachgehen und die neue Ehefrau mehr zu Hause sein»[9].

Für zwei Eltern, von denen jeder meint, «die Stimme des Blutes» mache gerade ihn zum geeigneten Erzieher, müssen die Erkenntnisse, die das angelsächsische Forscherteam Joseph Goldstein, Anna Freud, Albert Solnit zu Papier gebracht hat, nachgerade schockierend sein: «Für das Kind selbst führen die physischen Tatsachen, von Zeugung und Geburt, nicht direkt zu einer Bindung an die Eltern.»

Oder anders: Auf Blutsbande allein kann sich keiner berufen, wenn er seinen Anspruch aufs Kind überzeugend darlegen will. Gefühlsbeziehungen entstehen nach den Beobachtungen Anna Freuds und ihrer Mitautoren zu denjenigen, die alle Bedürfnisse des Kindes nach Nahrung, Körperpflege, Zuneigung und Anregung erfüllten. Aus diesem Grunde unterscheiden die Familienforscher zwischen biologischen und psychologischen Eltern. Fazit: «Nur wo die biologischen Eltern selbst die Wünsche befriedigen, entsteht auf Grund der biologischen eine psychologische Beziehung, in der das Kind sich sicher, geschätzt und erwünscht fühlen kann.»[10]

So gesehen, können auch Dritte als Bezugspersonen fungieren. Es ist aber auch möglich, daß Vater oder Mutter, jeder für sich allein, die Rolle übernehmen. Ein Kind muß nach Meinung der angelsächsischen Autoren zumindest eine erwachsene Person lieben können und sich von ihr geliebt und geschätzt fühlen, um ein gesundes Selbstgefühl zu entwickeln.[11]

Wenn diese Psychologen-Thesen richtig sind, kann die staatliche Sorgerechtspraxis auch nicht ganz falsch sein. Sie geht davon aus, daß nunmehr einer der beiden Eltern, der mit der besseren Erziehungsfähigkeit und der engeren Bindung, das Kind stabilisieren soll. Selbst in diesem Punkt freilich müssen sich Eltern vor Selbstüberschätzung hüten. Solche Bezugspersonen können, wie die Gruppe um Anna Freud sagt, auch «faktische» Adoptiveltern sein. Die Beziehung zu ihnen entwickelt sich, «wann immer Eltern ihr Kind Bekannten oder Verwandten für längere Zeit zur Pflege übergeben» – egal, ob rechtlich verbindliche Vereinbarungen getroffen wurden oder nicht.[12]

Väter in der Minderheit

Weil in der Öffentlichkeit immer wieder vom Kampf zwischen Vater und Mutter die Rede ist, könnte leicht der Eindruck entstehen, es handele sich bereits um ein quantitatives Problem. So weit ist die Entwicklung der wechselseitigen Emanzipation indessen noch nicht. Theorie und Praxis, Anspruch und Wirklichkeit, klaffen hier weit auseinander. Die Zahl der Väter, die um ihr Kind kämpfen, ist letztlich doch relativ gering.

Professor Lempp erklärte bei seiner Anhörung vor dem Bundestag, es gäbe viele Eltern, bei denen ein Teil – «in der Regel der Vater» – das Sorgerecht auch in der Ehe gar nicht wahrnehme und sich praktisch gar nicht darum kümmere. Wörtlich: «Erst wenn ihm vom Gericht mit Brief und Siegel bestätigt wird, daß er nichts mehr zu sagen, sondern nur noch zu zahlen hat, dann wächst plötzlich das Interesse am Kind.»[13]

Insofern ist die Begriffswahl der Fachautoren aufschlußreich: Die einen gehen von der Gesetzesfiktion aus, tun so, als ob jeder der Sorgeberechtigte sein könne. Sie vermeiden ängstlich, von Vater und Mutter zu reden. Andere – wie die Frankfurter Familienrechtlerin Gisela Zenz – orientieren sich mehr an der Wirklichkeit (in 80 bis 90 Prozent der Fälle hat die Mutter das Sorgerecht). «Im folgenden» sei daher, schreibt Gisela Zenz in einer Abhandlung, «der Einfachheit halber vom Vater als Nichtsorgeberechtigtem die Rede, obwohl diese Rolle auch einmal der Mutter zufallen kann».[14]

Ähnliche Beobachtungen wie Professor Reinhart Lempp und Gisela Zenz machte die Karlsruher Oberlandesgerichtsrätin Anneliese Cuny. Sie präsentierte dazu eine aufschlußreiche Statistik. Danach waren während eines Kalenderjahres an einem Instanzgericht 138 Sorgerechtsbeschlüsse ergangen.[15] In 85 Fällen übernahm das Gericht einen von den Eltern formulierten gemeinsamen Vorschlag. In 42 Fällen hatte ein Elternteil das Sorgerecht für sich beansprucht, der andere Elternteil war dem nicht entgegengetreten. Dies bedeutete im Ergebnis, daß in 127 von 138 Fällen nicht um das Sorgerecht gestritten wurde – und das sind mehr als 90 Prozent. Anneliese Cuny: Dies bestätige die Vermutung des Gesetzgebers, «vernünftige Eltern wüßten am besten, was für ihr Kind nützlich» sei.

Aus der Tatsache, daß in 127 Fällen das Gericht nicht in einen Streit eingreifen mußte, besagt indessen nicht, daß gar nicht um das Sorgerecht gestritten wurde. In vielen Fällen dürfte der Streit auch vorverlegt gewesen sein. Normalerweise finden zunächst harte Kontroversen zwischen den Eheleuten statt, dann bemühen sie die Anwälte um einen Kompromiß, und schließlich nimmt auch der Familienrichter in vielen Fällen seine Schlichterfunktion wahr. Wenn sich die Partner bis zu diesem Zeitpunkt irgendwie einigen, schlägt sich der Streit statistisch jedenfalls nicht nieder.

Vorsicht ist ohnehin geboten. Die Zahlen von Anneliese Cuny stammen aus dem Jahre 1972, also noch aus der Zeit des alten Eherechts – es wäre mithin möglich, daß sich viele Väter, wie damals üblich, mit dem Verzicht auf das Sorgerecht aus der Ehe freigekauft haben. Dafür könnte die Tatsache sprechen, daß in 110 von 127 Fällen das Sorgerecht der

Mutter übertragen wurde, und dies sind über 80 Prozent. Anneliese Cuny zieht daraus einen Schluß: Im großen und ganzen seien die Beteiligten imstande, ihre Familienangelegenheiten selbst und einvernehmlich zu regeln. Auch die Oberlandesgerichtsrätin weist darauf hin, daß die Harmonie täuschen kann. Es dürfe nicht vergessen werden, «daß sehr häufig, wenn nicht immer, ein ganz erheblicher Aufwand an Zeit und Kraft der mit der Sache befaßten Anwälte und Richter nötig ist, um dieses Einvernehmen zu erzielen.»

Nach den Beobachtungen der Richterin zeigt sich indessen immer wieder, daß die Väter eben doch häufig nicht wüßten, wohin mit den Kindern. Anneliese Cuny fügt hinzu, «sofern sie (die Väter) nicht überhaupt interesselos sind» – ein skeptischer Eindruck, den sie mit Professor Lempp teilt.

So nüchtern die Juristin sonst auch formuliert, an einer Stelle konnte sie sich ein Stückchen Weiblichkeitspathos nicht verkneifen: Sie registrierte, wie sehr «die natürliche Bindung und das Verantwortungsgefühl bei den Müttern durchschlägt», und sie betonte, daß Mütter, «die mit den Kindern verbundene Last als selbstverständlich auf sich nehmen». Die Statistik jedenfalls, aus der Anneliese Cuny ihre mehr emotionalen Schlüsse zieht, ist zehn Jahre alt. Mittlerweile scheinen immer mehr Väter bereit zu sein, ebenfalls die mit den Kindern verbundene Last «als selbstverständlich auf sich zu nehmen».

Nabelschnur-Theorie

Eben in diese Richtung zielt ein Hinweis aus München. Die Justiz habe «die Wandlungen in der Familiensoziologie der letzten zwanzig Jahre noch kaum wahrgenommen»[16], rügte die «Interessen- und Schutzgemeinschaft unterhaltspflichtiger Väter und Mütter» (ISUV). Die Vereins-Publizisten wenden sich gegen die überlieferte Vorstellung, daß «eine Mutter einen Vater ersetzen» könne, «ein Vater eine Mutter aber nicht». Sie verweisen auf Väter, die heute vielfach «auch mit

Kleinkindern», «ja oft schon mit Säuglingen» verbunden seien, «von der Betreuung genausoviel wie ihre Frauen» verstünden. Manche Väter überträfen die Mütter sogar «oftmals an Geduld und pädagogischer Einsicht».

Mit Temperament wenden sich die ISUV-Repräsentanten gegen die «Nabelschnur-Theorie», die davon ausgehe, «daß Kinder der Mutter bereits durch Schwangerschaft und Geburt in einer besonderen Weise verbunden sind, wie keinem sonst». Und diese Behauptung, die durch Pflegeelternschaft und andere Erfahrungen widerlegt sei, wirke weiter und habe sich «verschiedentlich pseudo-wissenschaftlich artikuliert».

Fast programmatisch wirkt die ISUV-Liste von «Schäden und Mangelerscheinungen bei vatergetrennten Kindern» – eine Zusammenstellung wissenschaftlicher Beobachtungen, die freilich fürs Sorgerecht nur wenig beweisen. Denn ganz sicher ließe sich ohne Mühe das Gegenstück liefern, die Defizite bei «muttergetrennten» Kindern. Solche Untersuchungen legen allenfalls die fromme Schlußfolgerung nahe, daß Eltern, da Kinder beide brauchen, sich tunlichst nicht trennen sollten.

Argumentation und Engagement der ISUV lassen allerdings auch vermuten, daß sich in dem Interessen-Verein auch eine ganz bestimmte Väterauslese zusammengefunden hat. Von Familienrichtern der ersten Instanz, die den größten Überblick haben, ist denn auch immer wieder zu hören, daß die Frage, ob Väter um ihre Kinder kämpfen oder nicht, ein ausgesprochenes Schichtproblem sei. Danach kommen Angehörige der Unter- oder Mittelschicht, die mit dem klassischen Familienbild – der Mann geht arbeiten, die Frau bleibt zu Hause und versorgt die Kinder – großgeworden seien, im Normalfall gar nicht auf die Idee, ihre Kinder zu beanspruchen.

Die Sondersituation, in der dies nicht gilt, skizzierte der Stuttgarter Familienrichter Herbert Freund: «Ausnahmefall – der Mann hat eine Freundin, die vielleicht selbst Kinder hat und bereit ist, seine mit zu versorgen. Da sagt er: Prima, da spar ich den Unterhalt für meine Geschiedene.»

Freund und andere Familienrichter registrieren eine, freilich immer noch kleine, aber dennoch steigende Anzahl von Vätern, die bewußt und wohlüberlegt – aus Gründen des Kindeswohls nämlich – um ihr Kind kämpfen. Nach dieser Einschätzung läßt sich der Kreis auch eingrenzen: Es handelt sich in erster Linie um jüngere Väter mit relativ guter Ausbildung und dementsprechend relativ gutem Einkommen. Dies dürfte die Gruppierung sein, aus der ein Verein wie die ISUV letztlich auch seine Mitglieder rekrutiert.

Auch hier wiederum gibt es Ausnahmen von der Regel. Richter Freund erzählt zum Beispiel, er stelle immer wieder fest, «daß oft gar nicht sosehr die Väter, sondern die Großmütter beim Kampf ums Sorgerecht die treibende Kraft sind». Der Stuttgarter Familienrichter erinnert sich an einen Fall, der überraschend ausging. Er, so Freund, habe am Anfang der Verhandlung den Vater ganz spontan gefragt: «Ja, können Sie Ihr Kind überhaupt wickeln?» Der Vater beteuerte: «Selbstverständlich!» Darauf der Richter: «Bleiben Sie dabei, auch wenn ich das Kind hierher kommen lasse und Sie es bei mir auf dem Tisch wickeln sollen?» Erst in diesem Moment stellte sich dann heraus, wer eigentlich hinter dem väterlichen Anspruch aufs Sorgerecht stand: die Großmutter.

Solche Motivforschung ist für den Richter unentbehrlich, weil er, wenn er eine sinnvolle und vernünftige Entscheidung treffen will, alle Aspekte des konkreten Falles kennen muß. Im Endeffekt könnte es, um bei der Oma im Hintergrund zu bleiben, ja durchaus zum Wohle des Kindes sein, wenn es wirklich vom Vater und dessen Mutter betreut wird.

5
Wunsch nach Dauerzuständen

Was Geschwistertrennung, Prozeßdauer und Sorgerechtsänderungen bewirken

Junge zum Vater, Mädchen zur Mutter. – Liste der Kindeswohl-Faktoren. – Neun Monate kindlicher Zerrissenheit. – Lösungen, bei denen die Eltern «am wenigsten betroffen sind». – Zu lange Verfahren. – Spannungsverhältnis zwischen Kindeswohl und Rechtsanspruch. – Herausgabeverlangen kann trotz Urteils mißbräuchlich sein. – Psychologen gegen Sorgerechtsänderungen.

Als die Oberlandesrichter entschieden, waren Joachim Maschke zehn Jahre und Katrin Maschke neun Jahre alt. Ihre Eltern, ein sechsundvierzigjähriger Fachhochschul-Professor und eine neununddreißigjährige Heimleiterin, hatten zunächst vereinbart, daß Katrin bei der inzwischen nach Niedersachsen verzogenen Mutter bleibe, Joachim beim Vater, der nach wie vor bei Karlsruhe lebte. Die Vereinbarung funktionierte anfangs sehr gut. «Die Familie kam, wie das Familiengericht später registrierte, «des öfteren, im Durchschnitt alle drei bis vier Wochen einmal, zusammen.»

«Gerichtshängig», wie die Juristen sagen, wurde der Fall erst, als Katrin anläßlich eines Besuches – es war im Februar – den Wunsch äußerte, beim Vater und Bruder zu bleiben. Nunmehr beanspruchten Vater und Mutter jeweils das Sorgerecht für beide Kinder. Der Familienrichter erster Instanz entschied etliche Monate später, im September, und er ging davon aus, daß sich Katrin «in den schulischen wie familiären Bereich gut eingelebt» habe, daß ein erneuter Wechsel nur schädlich wäre und «daß beide Kinder sich in der derzeitigen Umgebung wohl fühlten». Einstweilige Anordnung: beide Kinder zum Vater!

Gegen diesen Beschluß legte die Mutter Beschwerde ein, die vom OLG bereits zwei Monate später, im Dezember desselben Jahres, entschieden wurde.[1] Die Oberlandesrichter kamen zu einer Lösung, die der anfänglichen Vereinbarung zwischen den Eheleuten entsprach – Joachim zum Vater, Katrin zur Mutter. Die Begründung des Gerichts, die weit über den Einzelfall hinausging, erregte Aufsehen – zum einen, weil die Zuweisungen der Kinder auf eine, was die Gründlichkeit anbelangt, vorbildliche Weise erläutert wurden, zum anderen, weil die Richter zum erstenmal das Spannungsverhältnis zwischen Kindeswohl und Elternrecht zur Sprache brachten. Der Beschluß fand in Rechtslehre und Rechtsprechung weite Beachtung.

Die OLG-Entscheidung, Joachim beim Vater zu lassen, enthielt keine überraschenden Momente, denn es wurde keine Veränderung propagiert. Der Junge sei entsprechend der ursprünglich zwischen den Eltern geschlossenen Übereinkunft in der Ehewohnung geblieben – auch nach dem damaligen Auszug von Mutter und Schwester. «Die Trennung seiner Eltern hat für ihn», so hält der Beschluß fest, «keinen Umzug, keinen Wechsel der Schule und keinen Wechsel seiner Freunde und Bekannten zur Folge gehabt.» Trotz der häufigen Kontakte mit der Mutter sei «seit nunmehr zwei Jahren der Vater die beherrschende Bezugsperson». Nach Ansicht der Oberlandesrichter lag die Übertragung des Sorgerechts auf ihn «daher auch im Interesse der Gleichmäßigkeit der Erziehung».

Joachim hatte indessen auch Momente, in denen er zwischen den Eltern hin- und herschwankte – eine Tendenz, die gerade dann zu beobachten ist, wenn beide Eltern Wärme und Geborgenheit ausstrahlen. Für Richter, die ausloten sollen, wie stark die Bindung der Kinder zum jeweiligen Elternteil ist, wird die Aufgabe durch derlei Gefühlsschwankungen nicht leichter.

Im Fall Maschke registrierten die Karlsruher Oberlandesrichter zunächst den Sachverhalt: Joachim fühle sich «auch sehr stark zu seiner Mutter hingezogen». Während eines

Weihnachtsurlaubes habe er sogar – wie er und seine Mutter in einer «Anhörung» bestätigt hätten – die Frage aufgeworfen, «ob er nicht ganz bei der Mutter bleiben könne». Es spricht für die Mutter, daß sie Joachim über die Gründe der von den Eltern vereinbarten «Verteilung» der beiden Kinder aufklärte. Danach hatte auch die Mutter nicht mehr den Eindruck, «daß er endgültig zu ihr möchte». Vor dem Jugendamt und vor Gericht erklärte Joachim dann ausdrücklich, daß er beim Vater bleiben wolle.

Taktvolle Juristen

Soweit es um den Jungen ging, fiel den Oberlandesrichtern das Votum erkennbar nicht schwer. Doch sie fanden in ihrer Begründung differenzierte Zwischentöne, und damit gelang ihnen fast so etwas wie eine Ehrenrettung der eigenen Zunft – der Nachweis, daß sich Juristen mitunter taktvoll ausdrücken können: «Der Vater ist auch – ebenso wie es die Mutter wäre – zur Erziehung des Jungen voll geeignet.» So ein Einschub ist vermutlich Balsam auf die Seele desjenigen, der juristisch den kürzeren zieht – und er wirkt, was die Aufgabe gerade von Familienrichtern ist, besänftigend, genauer: streitschlichtend. Und schließlich schmälert das Zugeständnis, der andere wäre auch als Erzieher geeignet, keineswegs die Gründe, die dann den Ausschlag geben. Es wäre schade, wenn solches Einfühlungsvermögen auf Väter mit Titel beschränkt bliebe.

Im konkreten Fall hieß das: Joachim habe sich während der zweijährigen Zeit «seiner Zuordnung zum Vater in jeder Hinsicht gut entwickelt». Als Professor an einer Fachhochschule sei der Vater auch zeitlich in der Lage, «sich persönlich ausreichend um das Kind zu kümmern, weil er seine berufliche Tätigkeit in recht erheblichem Maße zu Hause ausüben kann».

Die fast akribische Begründung verrät nicht nur Sorgfalt, sondern auch das erkennbare Bemühen, möglichst keinen der von der Rechtsprechung und der Psychologie entwickelten Faktoren zur Bestimmung des Kindeswohls auszulassen: weder das «Förderungsprinzip» (Vater «voll geeignet») noch den Gesichtspunkt der «Kontinuität» (kein Umzug, kein Wechsel), nicht die «Bindung» («beherrschende Bezugsperson») und auch nicht den «Betreuungsaspekt» («kann sich persönlich ausreichend um das Kind kümmern»).

Aus der OLG-Liste können Eltern, die das Sorgerecht beanspruchen, und Anwälte, die sie vertreten, viel für die eigene Strategie lernen.

Den behutsamen Umgang mit den Eltern setzten die Oberlandesrichter auch beim zweiten Teil ihres Sorgerechtsbeschlusses in dieser Sache fort. Sie brachten dem Vater dasselbe Einfühlungsvermögen entgegen wie anfangs der Mutter. «Auch Katrin wäre beim Vater gut aufgehoben; besser für sie ist es jedoch, wenn sie zur Mutter kommt.»

Für diesen Teil der Entscheidung fiel die Begründung den Richtern ersichtlich schwer, wohl aus zwei Gründen: weil ein Wechsel zu rechtfertigen war und weil das Votum von der Absicht beeinflußt wurde, Aspekte des Elternrechts neu zu beleben. Gleichwohl liest sich der Gerichtsentscheid wie eine Chronik, die neun Monate kindlicher Zerrissenheit widerspiegelt: Katrin war nach der Trennung ihrer Eltern eineinhalb Jahre mit der Mutter zusammengewesen, die in Niedersachsen den Posten einer Heimleiterin an einem Gymnasium übernommen hatte. Am Ende von drei Ferientagen, die sie in ihrer Heimatgemeinde bei Karlsruhe verbracht hatte, äußerte das Mädchen den Wunsch, beim Vater zu bleiben.

In ihrem Beschluß versuchen die Richter, den tatsächlichen Ablauf mit den Faktoren «Bindung» und «Kontinuität» zur Deckung zu bringen. Durch den Umzug zum Vater, so konstatierte das OLG, sei die «kontinuierliche, für ein Kind dieses Alters besonders wichtige Beziehung zur Mutter» unterbrochen worden. Dem Verlust stand indessen auch ein Gewinn gegenüber: die Rückkehr des Mädchens «in die frühere eheliche Wohnung» und «in ihre alte Klasse» – und zudem mußte Katrin auch nicht auf Zuwendung verzichten, denn «das gute Vertrauensverhältnis zwischen ihr und dem

Vater» bestand nach wie vor. Als Minuspunkt registrierten die Oberlandesrichter dagegen, «daß Katrin nunmehr ohne Mutter in eine ihr zwar nicht fremde, aber nach der relativ langen Zeit in H. (achtzehn Monate in Niedersachsen) doch auch nicht mehr voll vertraute Umgebung hineinversetzt worden ist».

Flucht aus dem Alltag

Mit der Frage nach den Ursachen für die wechselnden Stimmungen des Mädchens tastete sich das OLG an seine eigenen Bewertungen heran. Der Wunsch zum Vater ging, so gaben die Richter zu bedenken, «nicht erkennbar darauf zurück, daß Katrin etwa in irgendeiner Hinsicht von ihrer Mutter vernachlässigt worden wäre oder sich bei ihr nicht wohl gefühlt hätte». Die weitere Deutung fiel weniger sicher aus, die Richter formulierten vorsichtig: Der Umzugswunsch Katrins «dürfte» ausgelöst worden sein durch die monatlichen, offenbar harmonischen Familientreffen. Dort habe sie «den Vater und das Zusammensein auch mit ihm immer mehr oder weniger in Feiertagsstimmung» erlebt. Dagegen sei das Leben mit der Mutter – «wie es nicht anders sein konnte» – «mehr durch die Notwendigkeiten des Alltags bestimmt» gewesen.

Geweckt wurden die Wünsche Katrins während eines Ski-Urlaubs, den der Vater mit beiden Kindern verbrachte. Er kümmerte sich in diesen Tagen ganz intensiv um das Mädchen, besuchte sie etwa zwei Wochen nach den Ferien am Wohnort der Mutter, nahm sie, wie das OLG betonte, «eigenmächtig» mit, um seine eigene Schwester für drei Tage zu besuchen. Dort kam er dann zu dem Entschluß, «die Vereinbarung, wonach Katrin bei der Mutter bleiben solle, zu kündigen». Der OLG-Beschluß hält die entscheidende Besprechung der Familie fest: «Das hat er der Mutter im Beisein der Kinder bei seiner Rückkehr auch gesagt, und seitdem war Katrin, wie die Mutter es ausdrückt, ihr gegenüber ‹rebellisch›.»

Bei der weiteren Zusammenfassung der Ereignisse schimmert der Wunsch der Oberlandesrichter, den eigenen Entscheid zu rechtfertigen, ein wenig durch. Die Darstellung ist nicht mehr wertfrei: «Nachdem ihr Wunsch, beim Vater zu sein, erfüllt war und Katrin eine gewisse Zeit die Alltagssituation in P. (Wohnort des Vaters) erlebt hatte», so das OLG, «mußte es notwendigerweise zu einer realeren Betrachtung bei ihr kommen.» Ob das eine «realere Betrachtung» des Mädchens oder einfach «Ausdruck seiner Überforderung» war, bleibt zumindest die Frage.

Der Wunsch Katrins, beim Vater zu bleiben, datierte vom Februar. «Schon am Ende der Osterferien» brachte sie nach den Feststellungen des Gerichts «gegenüber der Mutter zum Ausdruck, daß sie gern wieder zu ihr ziehen wolle». Sie wiederholte diese Aussage in den Pfingstferien gegenüber einem Mitarbeiter des Jugendamtes, bekräftigte ihre Absicht auch gegenüber dem Vater und dem Bruder und äußerte sich auch «bei ihrer gerichtlichen Anhörung ganz eindeutig in diesem Sinne».

Den Eindruck kindlicher Stimmungsschwankungen, der sich geradezu aufdrängt, versuchen die Oberlandesrichter zu entkräften. Man könne den Wunsch des Kindes, wieder zur Mutter zu kommen – so der Beschluß –, «nicht einfach damit abtun, Katrin wolle immer gerade zu dem Elternteil, bei dem sie sich nicht befindet». Diese These begründen die Richter so: Als Katrin den Wechsel zum Vater gewünscht habe, sei ihr das Alltagsleben in dessen Nähe nicht bekannt gewesen. Nunmehr wolle sie zur Mutter, obwohl sie jetzt «zusammen mit ihrem nur ein Jahr älteren Bruder» wohne und obwohl sie «in der Klasse, die sie auch zur Klassensprecherin gewählt hat, gut integriert sei».

Problem der Geschwistertrennung

Das weitere OLG-Argument legt freilich allzusehr eine Erwachsenen-Denkweise zugrunde. Die Richter meinen, Katrin müsse angesichts dieses laufenden Verfahrens damit rechnen, «daß eine Entscheidung für die Mutter angesichts des Hin und Her in absehbarer Zeit nicht mehr abgeändert wird». Bei ihrem früheren Wunsch, zum Vater zu ziehen, habe sie «noch nicht eine derartige Verbindlichkeit der damals von ihr angestrebten Änderung zu spüren» brauchen. Verhaltenspsychologen würden den Richtern hier wohl widersprechen. Die Erfahrung, wie leicht sich eigene Wünsche durchsetzen lassen, dürfte nachhaltiger wirken als die Einsicht, daß dies womöglich nur einmal geht – jedenfalls bei einem neunjährigen Kind.

Da die Richter die Wünsche des Kindes nun einmal ernst nehmen, war es auch folgerichtig, Pluspunkte zugunsten der Mutter zusammenzutragen: Katrins bereits nach zwei Monaten Aufenthalt beim Vater geäußerter Wunsch, zur Mutter zurückzukehren, lasse erkennen, «daß die emotionale Beziehung dieses Kindes zu seiner Mutter» fest verankert sei und daß die Mutter trotz des Aufenthaltswechsels «von Katrin noch immer als der für ihre Entwicklung und Erziehung wichtigere Elternteil empfunden» werde. Obwohl sich Katrin nun etliche Monate beim Vater aufgehalten habe, entspreche dennoch die Übertragung des Sorgerechts auf die Mutter, so meinen die Oberlandesrichter, «mehr der Kontinuität ihrer – umfassend verstandenen – Erziehung». Angesichts dieser Überlegungen halten die Richter auch den neuerlichen Schulwechsel nicht für einen Hinderungsgrund. Dies sei nicht gerade günstig, zumal Katrin nicht zu den überdurchschnittlichen Schülern gehört. Doch sie habe den ersten Schulwechsel «sehr gut bewältigt». Es könne daher erwartet werden, daß auch die Rückkehr in ihre niedersächsische Schulklasse sie «nicht zurückwirft».

Unabhängig davon, ob jeder einzelne Aspekt der Karlsruher OLG-Entscheidung den Leser überzeugt: das Bemühen der Richter, sich mit allen nur erdenklichen Gesichtspunkten des Falles auseinanderzusetzen, ist beispielhaft. So widmeten sie eine eingehende Güterabwägung dem Problem der Geschwistertrennung, das in der Literatur, in der Rechtsprechung, aber auch in Diskussionen zwischen Eltern eine wesentliche Rolle spielt:

Für die Kinder sei die entscheidende Belastung, heißt es im Beschluß, «daß die Eltern auseinandergegangen sind». Das Zusammensein der Geschwister könne das Fehlen eines Elternteils nicht ersetzen. Dem Gesichtspunkt, Geschwister beieinander zu lassen, werde «man vielleicht dann mehr Rechnung zu tragen haben, wenn die Eltern schwierig sind oder die Umgebung, in der die Kinder leben müssen, als wenig geeignet angesehen werden muß».

In solchen Fällen einer «wenig günstigen Allgemeinsituation» könne die Geschwistergemeinschaft «einen gewissen zusätzlichen Halt» bieten. So lägen die Verhältnisse im konkreten Fall aber nicht. Katrin habe bei ihrer Anhörung zum Ausdruck gebracht, daß eine Trennung vom Bruder sie kaum belasten würde, Joachim halte einen Umzug der Schwester im Interesse der Mutter für «gerecht».

Obwohl am Schluß versteckt, dürften die Abwägungen zwischen Kindeswohl und Elterninteressen den wahren Kern dieser Entscheidung ausmachen – auch deshalb, weil sich nur wenige Obergerichte bislang an dieses heiße Eisen herangewagt haben. Zunächst machten die Richter klar, daß auch die Inanspruchnahme des «nunmehr» 46 Jahre alten Vaters zu berücksichtigen sei: Wenn er neben seiner vollen Berufstätigkeit nicht für Joachim, sondern «auch noch für die ein Jahr jüngere Katrin die umfassende Sorge zu übernehmen» hätte, wäre er «besonders stark belastet». Es liege auch im Interesse der Kinder, daß «die Belastung beider Eltern mit der Erziehung und Betreuung» ausgewogen sei.

Kernbereich der Eltern

Der unterlegene Elternteil wird die Fürsorge, die ihm das Gericht zuteil werden läßt, möglicherweise als lästig empfinden. Doch der Aspekt der möglichen Belastung war nur ein Steinchen im Mosaik dieser Grundsatzentscheidung. Es sei prinzipiell zu berücksichtigen, so die Oberlandesrichter, daß jede Sorgerechtsregelung «notwendigerweise in das in Artikel 6 Absatz 2 des Grundgesetzes geschützte natürliche Elternrecht, die Elternverantwortung, in schwerwiegendem Maße eingreift». Die gerichtliche Entscheidung habe also nicht nur Auswirkungen für das Kind, an dessen Wohl sie – primär – orientiert ist, sondern «auch auf die Eltern, weil ihre Lebensgestaltung im allgemeinen ganz entscheidend geprägt ist durch die oft über Jahre hin gemeinsam verantwortete Sorge für die Kinder». Wenn dem Vater oder der Mutter das Sorgerecht genommen werde, verliere der betreffende Elternteil «damit gleichzeitig eine zum Kernbereich des menschlichen Lebens gehörende Aufgabe». Leitsatz des OLG:

▷ «Es erscheint daher geboten, unter mehreren für die Kinder nahezu gleich günstigen Lösungen diejenige zu wählen, bei der die Eltern am wenigsten betroffen sind.»

Oder anders: Die Oberlandesrichter wünschen, daß «die Belastungen beider Elternteile durch den Eingriff in die Elternverantwortung (Artikel 6 Absatz 2 des Grundgesetzes) möglichst ausgewogen sind». Sie gehen davon aus, daß mitunter «die Prognose hinsichtlich des Kindeswohls» bei den verschiedenen Alternativen nur um «Nuancen unterschiedlich» sei, «eine wirklich überzeugende Begründung also nicht mehr gesehen werden» könne.

Im Streitfall, so der Beschluß, «wäre es für die Mutter sicher besonders hart, wenn sie die elterliche Sorge über beide Kinder verlieren würde». Es sei vielmehr «eine ausgewogene Entscheidung», wenn jedem ein Kind zugesprochen werde, so wie sie es selbst bei ihrer Trennung ursprünglich vereinbart hätten.

Der OLG-Beschluß mag im konkreten Einzelfall vernünftig und sinnvoll sein. Fragwürdig bleibt, ob die empfohlene Doppelgleisigkeit, Kindeswohl und Elterninteressen miteinander vereinbaren zu wollen, sich in der Praxis realisieren läßt. Die Gefahr, daß dabei Begründungen hingebogen werden, liegt auf der Hand. Familienrichter, männliche wie weibliche, können leichter in die Rollen von Vätern und Müttern als in die von Kindern schlüpfen. So gesehen, war eine Idee von Anna Freud und ihren Mitautoren vielleicht ganz vernünftig, nämlich den Scheidungskindern einen eigenen Anwalt als Interessenvertreter zur Seite zu stellen.[2]

Ermessen des Richters

Andererseits wiederum verhindert der Zwang, sich zwischen zwei nahezu gleich geeigneten Elternteilen entscheiden zu müssen, weil nur einer das Sorgerecht erhalten kann, mitunter eine zutreffende und redliche Einschätzung der Personen. Erst in einer ganz spezifischen Situation – wenn etwa zwei Kinder da sind und sich eine Aufteilung auf jeweils einen Elternteil anbietet – wird deutlich, daß es im Bereich des Sorgerechts absolute Qualifikationen oder feststehende Prioritäten nicht geben kann. Bei einer wirklich am Kindeswohl orientierten Betrachtung können Richter sehr wohl zu dem Ergebnis kommen, daß sich Vater und Mutter für jeweils ein Kind als Erzieher oder Bezugsperson am besten eignen – eine Lösung, die dem ohnehin lädierten Selbstbewußtsein von Scheidungseltern sicher besonders wohltut.

Derlei Streicheleinheiten für die Eltern hatte der Gesetzgeber gewiß nicht im Sinn. Doch die Frage der Geschwistertrennung spielte bei den Bundestagsberatungen zum neuen Sorgerecht keine geringe Rolle, wie die amtliche Begründung eingehend darlegt.[3]

Fazit des Rechtsausschusses: «Eine zusätzliche Regelung, nach der die elterliche Sorge für mehrere Kinder aus einer geschiedenen Ehe regelmäßig einem Elternteil übertragen werden soll, wird nicht vorgeschlagen.» Die Familienrichter würden, so vermuteten die Abgeordneten, «auch ohne ausdrückliche Vorschrift bedenken, daß im allgemeinen das gemeinsame Aufwachsen und die gemeinsame Erziehung von Geschwistern dem Wohl des einzelnen Kindes» diene.

Da jede Sorgerechtsentscheidung unter diesem Gesichtspunkt zu treffen ist, wird nach Meinung der Parlamentarier stets zu prüfen sein, «in welchem Maß eine Trennung der Geschwister von diesen als belastend empfunden würde». Zu ergänzen ist, daß ein gesetzliches Gebot die Entscheidungsfreiheit von Eltern und Kindern unnötig eingeengt hätte. Schließlich ist auch eine einverständliche, von der ganzen Familie beschlossene Aufteilung der Kinder denkbar.

Ihren Verzicht, hier regelnd einzugreifen, begründeten die Bundestagsabgeordneten mit dem Hinweis, «daß in manchen Fällen angesichts der Verhältnisse auch eine andere Regelung (gemeint ist: Geschwistertrennung) angebracht sein» könne – ein klares Votum für die Ermessensfreiheit des Familienrichters. Wie einfühlsam und differenziert so eine Begründung aussehen kann, hatten die Karlsruher Oberlandesrichter demonstriert.

Sorgerecht als Eilsache

Die meisten Verfahren – vor allem aber die, in denen es um Grundsätzliches geht – haben einen Nachteil: sie dauern zu lange. So schätzt die «Interessen- und Schutzgemeinschaft unterhaltspflichtiger Väter und Mütter» (ISUV): Ein durchschnittliches Verfahren in der ersten Instanz dürfte mit neun bis zwölf Monaten anzusetzen sein; in einem komplizierten, in dem noch nicht mal eine psychologische Untersuchung angesetzt sei, in dem aber von einer Seite mit Verschleppungstaktik gearbeitet werde, müsse man «durchaus mit anderthalb Jahren» rechnen.[4]

Der Verein beklagt in diesem Zusammenhang eine «Kurzsichtigkeit des Gesetzgebers»: Die Zuständigkeit des Familiengerichts richte sich nach dem Wohnsitz der Kinder, sodaß der häufige «Ortswechsel des Elternteils, der mit dem Kind zusammen wohnt», das Verfahren entsprechend «streckt». Aus der Beobachtung der ISUV ergibt sich ferner, daß bei speziellen Begutachtungen – «seien sie jugendpsychiatrischer oder psychologischer Art» – noch ein weiteres Jahr hinzugerechnet werden kann.

Derlei Zeitabläufe sind aus der Sicht der Psychologen kaum zu vertreten – zumindest nicht bei kleineren Kindern. Deshalb sollte für Eltern und Richter zum unerläßlichen Grundwissen – gleichsam zur Allgemeinbildung – gehören, was die psychologische Wissenschaft über die Zeitbegriffe von Kindern und Jugendlichen herausgefunden hat. Anna Freud und ihre Mitautoren haben in ihrer Studie, die mittlerweile zum Standardwerk geworden ist, festgehalten: Kinder leben ganz in der Gegenwart «und messen den Zeitablauf nach der Dringlichkeit ihrer Triebregungen und Gefühlsansprüche»[5]. Den Richtern empfehlen die internationalen Autoren, ihre Entscheidungen namentlich dann, wenn es sich um Kleinkinder handelt, als Eilsache zu behandeln und auch sonst die Zeitbegriffe der jeweiligen Altersstufen im Auge zu behalten.

Was sie dazu sagen, ist präzise und nachvollziehbar: «Was für das Kleinkind einige Tage sind, ist dann für die meisten Kinder unter dem Alter von fünf Jahren eine Abwesenheit der Eltern von zwei oder mehr Monaten oder für das jüngere Schulkind eine Abwesenheit von einem halben Jahr.»[6] Erst die Jugendlichen in fortschreitender Pubertät entwickelten dasselbe Verhältnis zur Zeit wie die Erwachsenen.

Wenn man also aus diesen medizinischen Daten folgert, daß die Bedeutung der elterlichen Abwesenheit abhängig ist von ihrer Dauer, ihrer Häufigkeit und von dem Entwicklungsstand des Kindes, liegen für Eltern zwei Überlegungen nahe: Je älter das Kind bei der Trennung ist, desto größer ist für denjenigen, der nur das Umgangsrecht zugesprochen erhält, die Chance, eine intensive Beziehung zu seinem Kind aufrechtzuerhalten. Je kleiner das Kind ist, desto schneller wird es den Abwesenden vergessen.

Für Richter bedeutet das: Im Fall von Kleinkindern etwa müssen sie – und sei es im Wege einer einstweiligen Verfügung – ihre Entscheidung innerhalb weniger Tage treffen. Entscheidungen dürften jedenfalls nicht so lange dauern, «daß das Kind in haltlose Unsicherheit gestürzt wird»[7]. Und bedauerlicherweise eignen sich derlei Erkenntnisse auch zur Manipulation: Derjenige, der recht behalten will, kann sich solches Psychologenwissen auch strategisch zunutze machen.

Überholte Tatsachen

Lange Verfahrensdauer führt aber auch zu wirklichkeitsfremden Gerichtsentscheidungen. Professor Reinhart Lempp, Leiter der Abteilung für Kinder- und Jugendpsychiatrie an der Universitäts-Nerven-Klinik Tübingen, hatte mit seiner Mitarbeiterin Doris Röcker so einen Mammutprozeß beobachtet. Ein nicht sorgeberechtigter Vater, dem es gelungen war, seine beiden fünf- und siebenjährigen Töchter anläßlich eines Besuchs bei sich zu behalten, blieb dennoch im Prozeß über drei Instanzen ohne Erfolg. In einem weiteren Verfahren ordneten die Gerichte – juristisch folgerichtig – an, daß der Vater die Kinder an die Mutter herausgeben müsse. Lempp: «Inzwischen waren die Kinder jedoch so lange schon beim Vater und seiner zweiten Frau aufgewachsen, daß sie sich dort gut eingelebt hatten und ihrerseits keinerlei Tendenzen zeigten, zu der . . . Mutter zurückzukehren.»[8]

Ein Lehrbuch-Beispiel für das Spannungsverhältnis zwischen Kindeswohl und Rechtsanspruch. Lempp-Röcker pointieren diesen Gedanken sogar: Das allgemeine Rechtsempfinden habe «in solchen tragischen Fällen wohl hinter dem Kindeswohl zurückzutreten».

Das eigentliche Problem, das der Fall beleuchtet, liegt aber in dem Unvermögen, das Kindeswohl überhaupt für längere zeitliche Dauer zu ergründen. Die Vorteile, die der Wechsel des Kindes vom einen zum anderen Elternteil gestern noch haben mochte, können sich heute völlig anders darstellen.

Lempp-Röcker heben diesen Umstand besonders hervor: «Der Faktor Zeit ist auch dafür verantwortlich, daß gerade in Sorgerechtsverfahren die zweite und dritte Instanz gar nicht mehr über die gleichen Sachverhalte und die gleiche Situation zu entscheiden haben wie die erste Instanz, da die Situation des früheren Urteils den späteren nicht mehr zugrunde gelegt werden kann.»

Auch die Gerichte haben diese Problematik inzwischen erkannt. So entschied das Oberlandesgericht Düsseldorf in einem Grundsatzurteil: «Die Anordnung gegenüber dem nichtsorgeberechtigten Elternteil, das Kind an den sorgeberechtigten Elternteil heauszugeben, setzt eine erneute am Kindeswohl orientierte sachliche Prüfung voraus.»[9]

Ganz sicher ist diese Entscheidung im Endergebnis richtig, aber sie macht zugleich den ganzen Sorgerechtsprozeß zur Farce. Von den drei Gesichtspunkten, die nach Ansicht der Oberlandesrichter im sogenannten Herausgabe-Verfahren zu berücksichtigen sind, hat nur noch einer eine lockere Beziehung zu dem jeweils vorliegenden, immerhin rechtskräftigen Sorgerechtsurteil. Es sei zu prüfen, meinen die OLG-Räte, «ob die grundsätzlich für die Zukunft gebilligte Übersiedlung des Kindes zum sorgeberechtigten Elternteil aufgeschoben werden muß, weil sie im gegenwärtigen Zeitpunkt dem Kindeswohl schaden würde».

Dieser Gedanke – aufgeschoben ist nicht aufgehoben – mag gerade noch angehen. Kinder, um die jahrelang prozessiert worden ist, lassen sich vermutlich nur schwer von einem Tag auf den anderen verpflanzen – nur weil plötzlich ein Gerichtsurteil auf dem Tisch liegt. Doch die weiter verordnete Pflicht, das Ganze zum zweitenmal zu prüfen, nun unter dem Gesichtspunkt, ob das einmal für richtig Erkannte vielleicht doch schädlich ist, wirkt schizophren. Zu erwägen ist nach Ansicht der Oberlandesrichter nämlich, «ob das Herausgabeverlangen des sorgeberechtigten Elternteils wegen Gefährdung des Kindeswohls mißbräuchlich ist».

Im Umkehrschluß bedeutet dies: Wenn einer um das Sorgerecht gestritten und wenn er den Prozeß – offenbar doch mit guten Gründen – sogar gewonnen hat, kann die Berufung auf das erfolgreiche Urteil dennoch mißbräuchlich sein. Oder anders: Das am Kindeswohl orientierte Urteil schadet, wenn es verwirklicht wird, dem Kindeswohl. Konsequenter kann sich die Justiz eigentlich nicht ad absurdum führen – und sei es nur, daß sie auf diese Weise einräumt, der Überforderung im Familienrecht nicht gewachsen zu sein.

Noch fragwürdiger ist möglicherweise der dritte OLG-Hinweis, daß vor der Übergabe des Kindes von dem einen Elternteil an den anderen – jedenfalls im andauernden Streitfall – untersucht werden sollte, ob «neue wesentliche, das Kindeswohl nachhaltig berührende Umstände eingetreten sind, die die Abänderung der Sorgerechtsentscheidung notwendig machen». Wenn man vom Psychogramm der Eltern ausgeht, die bereits über zwei oder drei Instanzen ums Sorgerecht gestritten haben und nun wegen der Herausgabe des Kindes eine neue Prozeßserie beginnen, kann solche Rechtsprechung nur Unheil heraufbeschwören: «Neue Umstände» werden Eltern, die das Kindeswohl nur noch im Munde führen, bis zur Volljährigkeit der Betroffenen geltend machen.

Da können die Kinder von Glück sagen, daß in der Rechtsprechung wenigstens die Hürden für Sorgerechtsänderungen hoch angelegt worden sind. Das Oberlandesgericht Stuttgart[10] faßte die Kriterien so zusammen:

▷ «Eine solche Änderung (des Sorgerechts) kann weder mit Interessen eines beteiligten Elternteils noch mit einem entsprechenden Wunsch des Kindes begründet werden. Voraussetzung dafür sind solche triftigen und das Wohl des Kindes nachhaltig berührenden Gründe, die die mit einer Änderung verbundenen Nachteile deutlich überwiegen.»

Solche Grenzziehungen machen wenigstens deutlich, daß die Chancen für Änderungsanträge ziemlich gering sind.

Wer glaubt, die Sorgerechtsfrage immer wieder von neuem aufrollen zu können, bringt Unsicherheit über den Exehepartner und über das eigene Kind, kann aber kaum mit Erfolg rechnen. Angesichts solcher Gefahren werden die nachdrücklichen Warnungen von Fachleuten erst richtig verständlich. Die angelsächsischen Familienexperten Goldstein-Freud-Solnit plädierten dafür, daß ebenso wie bei der Adoption «auch die Übertragung der elterlichen Sorge endgültig und keinen Änderungen unterworfen sein» sollte.[11]

Die Autoren beklagen, daß sich die gerichtlichen Verfahren zu sehr nach den Bedürfnissen der Erwachsenen richten. Ihrer Ansicht nach führt namentlich die Tatsache, daß Sorgerechtsentscheidungen geändert werden könnten, zu unbefriedigenden Ergebnissen. Der benachteiligte Elternteil fühlt sich womöglich aufgefordert, «auf Grund veränderter Umstände» eine Überprüfung der bisherigen Regelung zu verlangen. Das Fehlen einer endgültigen Lösung und die darauf folgende Möglichkeit einer Korrektur der gerichtlichen Entscheidung widersprechen, so meint die Gruppe um Anna Freud, «dem kindlichen Bedürfnis nach Dauerzuständen».

Bei dem humanen Engagement der Dreiergruppe ist zu unterstellen, daß sie ihr Prinzip nicht zu Tode reiten wollen. Denn zumindest im Mißbrauchsfall – etwa bei Quälereien – muß eine Korrektur von Amts wegen möglich sein.

6
Förderungs- und Kontinuitätsprinzip

Was beim Sorgerecht alles vorausgesetzt wird

Jugendamt verbreitete Gerüchte. – Arbeitszeit der Eltern kann entscheidend sein. – Wer betreut das Kind tagsüber? – Ausschlaggebend sind: Persönlichkeit, erzieherische Eignung und die Möglichkeit, das Kind zu versorgen und zu beaufsichtigen. – Welche emotionalen Beziehungen bestehen zwischen dem Kind und dem jeweiligen Elternteil? – Stetigkeit der Entwicklung und Erziehung. – Umzug als «schmerzliche» Trennung. – Über die «Umstürze» in der Welt des Kindes.

Jan Peters war gerade drei Jahre alt, als das Berliner Kammergericht über sein weiteres Schicksal entschied. Den Ausschlag gab, wie so oft im Recht, ein abstrakter Begriff. Die Rede war vom «Förderungsprinzip», das in allen Sorgerechtsprozessen eine entscheidende Rolle spielt. Danach erhält derjenige Elternteil die elterliche Sorge, von dem das Kind für den Aufbau seiner Persönlichkeit die meiste Unterstützung erwarten kann – so Professor Uwe Diederichsen in dem BGB-Standard-Kommentar «Palandt».[1]

Gerhard Peters, Jans Vater, ist Hauswart in Berlin. Elfriede Peters, die Mutter, arbeitet als Angestellte bei einer Bundesbehörde. Auf Grund einer mündlichen Verhandlung hatte der Familienrichter erster Instanz dem Vater für die Dauer des Scheidungsverfahrens das Sorgerecht für Jan übertragen. Die zweite Instanz, das Oberlandesgericht, verhandelte über die sofortige Beschwerde der Mutter. Die Entscheidung: «Unter Berücksichtigung der gesamten Verhältnisse und unter Abwägung des Für und Wider sieht der Beschwerdesenat die Übertragung der Personensorge auf die Antragstellerin als die Regelung an, die dem Kindeswohl am besten entspricht.»[2]

Besonders in diesem Verfahren zeigte sich, von welchen – teilweise haarsträubenden – Zufällen Sorgerechtsentscheidungen abhängig sein können. Im Bericht des Jugendamtes war von einer Alkoholgefährdung der Mutter die Rede – ein Verdacht, der, wie nun das Oberlandesgericht feststellte, «durch nichts gerechtfertigt» war. Nicht nur das: Die im Bericht der Behörde geäußerten bloßen Vermutungen hätten, so rügten die Oberlandesrichter, «auch die fachliche Kompetenz des Jugendamtsvertreters überschritten». Dieser mußte knapp einen Monat später in der mündlichen Verhandlung sogar einräumen, daß er seine ursprünglich geäußerten Bedenken selbst nicht mehr als stichhaltig ansehe.

Nachdem der Verdacht ausgeräumt war, stellte das Familienobergericht sogar fest, die Mutter sei bei ihrer Behörde als eine ruhige und zurückhaltende Mitarbeiterin bekannt, die ihren Aufgaben pünktlich und zuverlässig nachkomme und sich bei einwandfreier Führung auch ihren Vorgesetzten gegenüber stets korrekt und höflich verhalten habe – Charakteristika, die allerdings mehr über das Personalakten-Denken der Richter aussagen als über die Erziehungsfähigkeit der Mutter. Gleichzeitig wird jedoch erwähnt, daß nach den Recherchen des Jugendamtes «an der bisherigen Erziehung des Kindes durch die Mutter ebenfalls nichts zu bemängeln» sei, «was gegen ihre Eignung als Personensorgeberechtigte angeführt werden könnte».

Genau besehen, war dies reines Wortgeplänkel. Den wirklichen Kerngedanken, der unterschwellig in vielen Sorgerechtsurteilen eine Rolle spielt, sprachen die Berliner Kammergerichtsräte erfreulicherweise ganz offen aus: «Weiter war zu berücksichtigen, daß es sich bei dem Kind der Parteien noch um ein Kleinkind handelt, das zur Überzeugung des Beschwerdesenats in aller Regel am besten bei der Mutter aufgehoben ist.»

Natürlich erkannten auch die Berliner Richter, daß es im konkreten Fall nur um die Regelung eines Einzelfalles gehen darf. Sie formulierten deshalb vorsichtig, daß «bestimmte Grund- und Erfahrungssätze jedenfalls als Orientierungshilfen zu beachten» seien. Dennoch stützten sie sich auf eine These, die mal stimmen mag, mal aber auch ganz falsch sein kann. «Bei der Frage nach der Vertrautheit eines Kleinkindes mit einem Elternteil» habe, so der Beschluß, «die Mutter schon auf Grund gefühlsmäßiger Bindungen einen Vorsprung vor dem Vater». Diesen scheinbaren Erfahrungssatz wollten die Richter auch im vorliegenden Fall anwenden, obwohl der nun gerade nicht typisch war.

Denn in dieser Ehe war Gerhard Peters der Elternteil, der «das Kind seit seiner Geburt überwiegend betreut» hat. So konnte das Urteil nicht umhin, wenigstens einzuräumen, es sei «glaubhaft gemacht, daß das Kind am Vater hängt und vom Vater stets liebevoll betreut» worden sei. Gleichwohl waren die Richter der Meinung: Auch diese Umstände rechtfertigten nicht die Schlußfolgerung, daß Bezugsperson des Kindes ausschließlich der Vater sei.

Mit dem Beweis für diese These tat sich das Gericht schwer: Peters selbst habe eingeräumt, daß er bei Streitigkeiten mit seiner Frau einmal die Beherrschung verloren und sie derartig geschlagen habe, daß sie aus der Nase blutend zu einer Nachbarin geflüchtet sei. Mit diesem Hinweis dokumentierten die Richter ein Fehlverhalten, das manchen Rückschluß auf die Ehe erlauben mag, das aber zur Frage, wie eng die Beziehung zwischen Vater und Sohn ist, nichts aussagt.

Eine weitere Wertung des Gerichts könnte gerade selbstkritische Eltern warnen, sich differenziert zu äußern. Gerhard Peters hatte, was vor allem Einfühlungsvermögen verrät, vor Gericht eingeräumt, daß Jan unter den zerrütteten Eheverhältnissen seelisch leide. Die reflektierte Einsicht kehrte sich gegen den Vater: «Das wäre ganz sicher nicht der

Fall», urteilten die Richter, «wenn das Kind gefühlsmäßig nicht auch sehr enge Beziehungen zu seiner Mutter hätte.» Solche logischen Schnitzer sind immer ärgerlich, im Familienrecht sind sie folgenschwer. Schließlich sagt die Tatsache, daß ein Kind unter den Zerwürfnissen der Eltern leidet, nichts über seine Beziehung zum einzelnen Elternteil.

Der Sorgerechtsbeschluß in Sachen Peters gegen Peters machte vor allem deutlich, daß Rechtsbegriffe wie Versatzstücke verwendet werden können. Weil nach herrschender Ansicht das «Förderungsprinzip» beachtet werden muß, wird die Frage oft nur formal gestellt und oft genug auch formal beantwortet. Auch die Kammergerichtsräte fragten mehr rhetorisch, «von welchem Elternteil das Kind unter Berücksichtigung der gegenwärtigen Verhältnisse und der zukünftigen Entwicklung für den Aufbau seiner Persönlichkeit die meiste Unterstützung erwarten kann». Sie behaupteten dann schlichtweg, daß die «Absichten und Möglichkeiten der Mutter» denen des Vaters vorgezogen werden müßten. Ein Behauptungssatz wie dieser täuscht vor, daß das Förderungsprinzip tatsächlich eine Rolle gespielt hätte.

In Wahrheit verraten solche Drahtseilakte nur, daß es verläßliche Kriterien nicht gibt und daß die Richter zwischen Realität und Ideologie lavieren, um zu beweisen, daß sie nicht leichtfertig entscheiden, sondern sich Gedanken gemacht haben. Der Fall Peters hatte insofern auch repräsentative Bedeutung, als er die tatsächliche Situation vieler Unterschicht- und Mittelschichtfamilien widerspiegelte. Gerhard und Elfriede Peters waren, wie viele Eltern, berufstätig und daher nicht in der Lage, das Kind während der Arbeitszeit persönlich zu betreuen. Weil dies für beide galt, blieb dem Gericht nichts weiter übrig, als die zusätzlichen Aspekte auf die Goldwaage zu legen. Im Fall Peters etwa kamen die Richter zu dem Schluß, daß Jan in den Abendstunden und an den Wochenenden besser bei der Mutter aufgehoben sei. Denn: Sie habe geregelte Arbeitszeiten und könne das Kind in ihrer regelmäßigen Freizeit ungestört betreuen und fördern.

Die Möglichkeiten des Vaters wurden erkennbar weniger wohlwollend beurteilt. Die Verhältnisse bei ihm seien, so das Gericht, ungünstiger als bei der Mutter. Auf Grund seiner Tätigkeit als Hauswart – Peters betreut ein Hochhaus mit Nebengebäuden und entsprechenden technischen Anlagen – müsse er stets, auch außerhalb seiner üblichen Arbeitszeiten, mit einer Inanspruchnahme rechnen, möglicherweise auch für zeitaufwendige Tätigkeiten. Wörtlich: «Es ist deshalb nicht gewährleistet, daß er seinem Kind kontinuierlich die Zuwendung entgegenbringen kann, die es für eine gedeihliche Entwicklung braucht.»

Spielfreudiges Kind

Ein weiterer Faktor der richterlichen Güterabwägung war: Während der Vater Jan tagsüber der Obhut einer älteren Mieterin überlasse, wolle ihn die Mutter in einen Kindergarten geben. Auch dies müsse als förderndes Moment angesehen werden. Nach dem Bericht des Jugendamtes sei Jan ein spielfreudiges Kind. Falls die Mutter ihre Kindergartenpläne realisiere, könne eine bessere Förderung erwartet werden, als wenn er seine Zeit in der Gesellschaft einer älteren Mieterin verbringe. Der Vater werde voraussichtlich nicht einmal in der Lage sein, sich während der Freizeit ausreichend um sein Kind zu kümmern.

Begründungen wie diese lassen betroffene Eltern und neugierige Leser gleichermaßen unbefriedigt. Sie sind allenfalls hinzunehmen, wenn man die Faustregel gelten läßt, daß in Sorgerechtssachen eine zügige Entscheidung besser ist als abwartendes Nachdenken.

Im Fall Peters wird der Lotterie-Charakter des Familienrechts besonders offenkundig: Hätte nicht die Alltagstheorie – Kleinkind gehört zur Mutter – im Vordergrund gestanden, wäre jede andere Lösung auch zu begründen gewesen. Wenn überhaupt ein Mann sein Kind betreuen kann, dürfte es ein Hauswart sein. Gerade seine Arbeit ist so eng mit der Wohnung verbunden, daß er sich im Zweifelsfall besser um das Kind kümmern kann als die tagsüber abwesende Mutter. Im übrigen hätte die sogar vom Gericht festgestellte Tatsache, daß Gerhard Peters das Kind seit seiner Geburt überwiegend betreut hat, eigentlich für ihn sprechen müssen.

Solange ein Kind keinen Schaden nimmt, ist mit den Richtern schlecht richten. Sie müssen eine Vielzahl von Faktoren prüfen, und deren Bewertung ist zumeist Ansichtssache. Nach der Marschroute, die der angesehene und umfangreiche «Münchner Kommentar» den Familienrichtern gibt, müssen sie «unter Voranstellung des Kindeswohls die Verhältnisse beider Elternteile» untersuchen und gegeneinander abwägen. Wörtlich:

▷ «In Betracht zu ziehen sind Persönlichkeit und erzieherische Eignung, die innere Einstellung zu dem Kind und das Maß der Bereitschaft eines jeden Elternteils, das Kind zu sich zu nehmen und für seine Versorgung, Erziehung und Beaufsichtigung Verantwortung zu tragen.»[3]

Schon über die erzieherische Eignung freilich läßt sich streiten. Der Bochumer Psychologie-Professor Friedrich Arntzen etwa definiert die Erziehungsfähigkeit so: Es komme weniger «auf bewußte Ziele der Erziehung» an. Diese hätten ohnehin nur wenige Eltern. Wichtig sei, «daß genügend ‹Wärme› vermittelt werden» könne und daß weder zu weit gehende Nachgiebigkeit noch zu harte Strenge die Erziehung zu einem selbständigen, lebenstüchtigen und damit auch belastbaren Menschen gefährden.[4]

Wenn mehrere Betreuungs-und Bezugspersonen aufeinanderstoßen und miteinander konkurrieren, bereitet die Prüfung des Förderungsprinzips den Richtern schier unüberwindliche Schwierigkeiten – so in einem Fall, den das Oberlandesgericht Hamm zu entscheiden hatte. Die grundsätzlichen Anmerkungen der Oberlandesrichter in dieser Sache haben Eingang in alle Kommentare gefunden.[5]

Hauptperson in diesem Streit war die fünfjährige Isabelle Schucht. Ihr Vater, Rolf Schucht, ein vermögender Handelsvertreter für Textilien, war nach einem ehelichen Zwist aus der Wohnung ausgezogen und hatte Quartier in der unmittelbaren Nachbarschaft genommen. Das Haus gehört ihm. Er unterhält dort sein Büro. Außerdem wohnt seine zweiundsechzigjährige Mutter dort. Die Haushälterin Berta Suhr betreute das Kind, das sich während des Prozesses ebenfalls beim Vater aufhielt. Berta Suhr war früher zweimal wöchentlich als Putzfrau im ehelichen Haushalt beschäftigt worden, später nur noch einmal wöchentlich.

Veronika Schucht, Isabelles Mutter, ist nicht berufstätig. In ihrem Haushalt lebt die elfjährige Tochter Julia aus erster Ehe. Auch sie beschäftigt ein Kindermädchen dreimal wöchentlich. Feststellungen des Gerichts: «Die wirtschaftlichen Verhältnisse der Eltern sind ausgezeichnet.» Der Familienrichter erster Instanz holte zwei Sachverständigengutachten ein. Anschließend übertrug er das Sorgerecht für Isabelle dem Vater – vorerst für die Dauer des Scheidungsverfahrens.

Gleich geeignete Eltern

Beide Elternteile waren nach Ansicht des Richters zur Erziehung des Kindes gleich geeignet. Die wechselseitigen Beschuldigungen der Eltern erschienen ihm nicht stichhaltig. So hatte sich seiner Ansicht nach der Vorwurf des Vaters, die Mutter vernachlässige das Kind, ebensowenig bestätigt wie derjenige der Mutter, Rolf Schucht dulde und unterstütze ein auf Selbstbefriedigung gerichtetes sexuelles Verhalten des Kindes in seiner Gegenwart. Nach den Feststellungen wäre auch die Unterbringung und Betreuung des Kindes bei beiden Elternteilen gleich gut gewährleistet.

Den Ausschlag gaben schließlich die vom Sachverständigen festgestellten größeren emotionalen Beziehungen Isabelles zu ihrem Vater. Gegen diese Entscheidung des Familienrichters legte Veronika Schucht Beschwerde ein – mit Erfolg. Denn das Oberlandesgericht in Hamm entschied tatsächlich zu ihren Gunsten. Zur Begründung stützten sich die Richter zunächst einmal auf den Katalog von Fragen, der mittlerweile zum Repertoire jeder seriösen Entscheidung gehört: Persönlichkeit und erzieherische Eignung der Eltern, ihre Bereitschaft, Verantwortung für das Kind zu tragen, die Möglichkeiten der Betreuung und Unterbringung. Wenn beide alles aufweisen, muß das Gericht weiterforschen und neue Gewichte fürs Abwägen suchen.

Nach Meinung der Oberrichter in Hamm gehört zu diesen Entscheidungskriterien, die mehr an der Person der Eltern orientiert sind, zwingend eine weitere Grundsatzfrage: Welche emotionalen Beziehungen bestehen zwischen Kind und Eltern? Denn nach den Erkenntnissen der modernen Psychologie und Verhaltenslehre, so das OLG, könnten schwere Krisen oder neurotische Störungen die Folge sein, wenn derartige Beziehungen abgebrochen würden.

Der Beschluß aus Hamm versuchte, den Abwägungsvorgang sichtbar zu machen: Alle Beweisaufnahmen hätten ergeben, heißt es, daß die äußeren Verhältnisse, die sozioökonomischen Umstände, die das Kind bei beiden Elternteilen antreffen würde, «gleichwertig sind». Das gelte auch für die charakterliche Eignung. Die auf diesem Gebiet liegenden gegenseitigen Vorwürfe der Parteien hätten sich nicht bewahrheitet. So seien die Anschuldigungen gegen den Vater ebenso übertrieben wie behauptete «übertriebene Aushäusigkeit der Mutter».

Die Auseinandersetzungen der Eltern hakte der Senat einfach ab. Auch der Behauptung, Rolf Schucht habe seine Frau beschimpft, sogar tätlich angegriffen – und dies sogar im Beisein der Kinder –, mochte der Senat keine wesentliche Bedeutung beimessen. «Der Fall unterscheidet sich insoweit nicht von jenen, in denen Ehegatten ihre Streitigkeiten auf dem Rücken der Kinder beziehungsweise vor diesen austragen. Erzieherische Ungeeignetheit ist daraus, solange gewisse Grenzen nicht überschritten werden, nicht herzuleiten.»

Vor allem hielten die Richter für wesentlich, wo – neben der Stärke der emotionalen Beziehungen des Kindes zu dem jeweiligen Elternteil – die erzieherische Kontinuität und künftige Entwicklung am besten gewährleistet sei. Der Familienrichter hatte besonders starke Bindungen Isabelles zum Vater, zur Halbschwester Julia und zur Putzfrau Berta Suhr festgestellt. An dieser Entscheidung rügten die Oberrichter, offenbar habe Rolf Schucht das Sorgerecht deshalb erhalten, weil in seinem Haushalt der Bindungswunsch des Kindes zu zwei dieser drei Personen befriedigt werden könne. Dies sei nicht überzeugend.

Prinzipiell hielten die Oberrichter fest: Die Folgen des unvermeidbaren scheidungsbedingten Bindungsabbruchs dürften nicht durch Abzählen der Personen, «sondern nur unter Berücksichtigung der Wertigkeit der betreffenden Beziehungen für die zukünftige Entwicklung des Kindes beurteilt werden». Der unterschiedliche Grad der Zuneigung des Kindes zu beiden Elternteilen könne «für sich allein» kein Entscheidungsmaßstab sein. Etwas anderes könne nur gelten, «wenn das Kind einen Elternteil völlig ablehnt». So liege der Fall hier aber nicht.

Der rote Faden

Der Versuch, die stärkere Bindung des Kindes zum Vater wegzudiskutieren, war offenkundig. Die Mutter wurde krampfhaft aufgewertet. Auch nach Auffassung des Sachverständigen, so beteuerten die Richter, bestünden durchaus emotionale Beziehungen Isabelles zur Mutter. Zwar wurde eingeräumt, daß die Bindungen «zum Vater die stärkeren» seien, gleichzeitig aber betont, daß der Unterschied «graduell mit wissenschaftlichen Methoden nicht meßbar» sei. Außerdem halte der Sachverständige die Verstärkung der bestehenden Bindungen an die Mutter für durchaus möglich. Der rote Faden war unübersehbar: Die Argumentation, die fast wie eine Selbstbeschwichtigung wirkt, ging zielstrebig auf ein bestimmtes Ergebnis zu – auf das Votum zugunsten der Mutter.

Mangels guter Gründe wurde die Entscheidung denn auch mit einer unbekümmerten Hauruck-Logik begründet: Der

Senat ging zwar davon aus, daß Isabelle eine stärkere Bindung an den Vater als an die Mutter hat. Doch dann kam das große Aber: «Dieser Umstand ändert nichts daran, daß die Gesamtsituation des Kindes bei der Mutter die bessere ist.»

Für dieses überraschende Ergebnis beriefen sich die Richter auf ein Schweigen des Sachverständigen. Der habe nämlich wiederholt darauf hingewiesen, daß er nur den gegenwärtigen Zustand beurteilen könne. Weitere Auskünfte betrachtete er – wie die meisten psychologischen Gutachter – «als nicht in seiner Aufgabenstellung inbegriffen». Vor allem weigerte sich der Psychologe, so das Gericht, «eine Prognose für die Zukunft dahingehend zu treffen, welcher Elternteil der Entwicklung des Kindes am besten gerecht werden kann».

Die Schlußfolgerung, die das OLG aus dem Schweigen zog, blieb im dunkeln. Sie kann indessen nur bedeuten, daß die Richter das Gegenwärtige, das ihnen wenig in den Kram paßte, nicht zur Kenntnis nahmen und daß sie sich, mangels Vorausschau, für die Zukunft nicht mit lästigen Fakten abplagen wollten.

So verschlungen sich der psychologische Teil der Begründung ausnimmt, so unkompliziert – allerdings auch ein wenig vordergründig – wirken die Gedanken zum Tageslauf des Kindes. Die Anhörung der Eltern habe gezeigt, daß Isabelle im Haushalt des Vaters weitgehend von Berta Suhr versorgt werde. Sie wasche das Kind, ziehe es an, bereite das Essen und beschäftige sich mit dem Mädchen, sofern es nicht mit anderen Kindern draußen spiele. Die zweiundsechzigjährige Großmutter habe keine Bedeutung für das Kind – «weder in der Betreuung noch emotional». Isabelle habe auf die Gutachter-Frage, mit wem sie spielen wolle, erklärt: «Mit Berta Memory.»

Die große Zuneigung des Kindes zum Vater beruht nach Überzeugung des Oberlandesgerichts jedenfalls nicht darauf, daß er ständig mit dem Kind zusammen ist. Dazu sei er wegen seiner Berufstätigkeit wochentags auch kaum in der Lage. Berta Suhr vertrete weitgehend Mutterstelle an Isabelle. «Das gilt besonders bei Erkrankungen und anderen

Ereignissen, die die sofortige Betreuung verlangen.» Zumal in Zeiten, in denen der Vater als Textilvertreter auf Messen weile oder zu Kollektionsvorlagen unterwegs sei, könne er sich nicht um das Kind kümmern.

«Ungeachtet der guten Beziehungen des Kindes zu Berta Suhr» kamen die Oberrichter zu dem Schluß: Es sei nicht einzusehen, warum die Betreuung einer Fremden überlassen werden solle, «wenn die Mutter dafür zur Verfügung steht und auch emotionale Beziehungen zur Mutter grundsätzlich vorhanden sind». Der Senat war davon überzeugt, daß die Mutter geeignet ist, «selbst wenn sie auf Grund ihrer gesellschaftlichen Verpflichtungen häufiger als üblich außer Hause sein mag».

Selbst wenn die Mutter, so heißt es entschuldigend, in dieser Beziehung früher gewisse Fehler gemacht haben sollte, so ließen sie sich beheben. Von «übermäßiger Aushäusigkeit» könne jedenfalls nicht die Rede sein. Es bedarf keiner großen Phantasie, sich vorzustellen, wie das Verhalten der Mutter qualifiziert worden wäre, wenn ihr das Sorgerecht hätte verweigert werden sollen – als eine mit der Kindererziehung unvereinbare Vergnügungssucht.

Am ehesten nachvollziehbar sind die Ausführungen des Senats zur Bedeutung der Halbschwester Julia. Sie komme vor allem, außer den Eltern, als förderungsfähige Person in Betracht. Julia mache auf den Senat einen ausgeglichenen und zufriedenen Eindruck, «was nicht zuletzt auch für die Erziehungsfähigkeiten der Antragstellerin als ihrer Mutter spricht».

Bindung an Schwester

Auch der Sachverständige habe darauf hingewiesen, wie wichtig die Beziehung zwischen Isabelle und Julia sei. Zwischen beiden bestünden enge emotionale Bindungen wie zwischen echten Geschwistern. Der Aufrechterhaltung dieser Beziehung «zum Zwecke der Förderung Isabelles im Sinne eines Modellernens» komme für die Zukunft größte Bedeutung zu.

Den Beziehungen Isabelles zu Berta Suhr mochte der Senat keine übermäßige Bedeutung beimessen. Frau Suhr habe schon zu Zeiten, als sie im gemeinsamen Haushalt der Eheleute tätig gewesen sei, längere Zeiten pausiert. Isabelle habe «den gänzlichen Abbruch der Beziehungen ohne erkennbare Beeinträchtigung hingenommen». Ein bißchen schnell kam das OLG zu dem Ergebnis, daß die Beziehungen des Mädchens zu Berta Suhr gegenüber demjenigen zu engsten Familienangehörigen «nachrangig» seien.

Solange andere tragende Bindungen vorhanden sind, wollte der Senat nicht von einem Fall «der sogenannten faktischen Elternschaft von Pflegeeltern» ausgehen. Auch mit diesem Zitat würde juristisch trickreich versucht, einen möglichen Einwand formal abzufangen. «Faktische Elternschaft» ist nämlich ein Begriff, den die Psychologen in die familienrechtliche Diskussion eingeführt haben, um nachzuweisen, daß warmherzige Fremde dem Kind näherstehen können als kaltschnäuzige Eltern. Statt sich inhaltlich mit der Frage auseinanderzusetzen, ob Berta Suhr für Isabelle vielleicht eine «faktische» Mutter ist, zitierten die Richter den Begriff, offenbar um zu zeigen, daß sie ihn kennen, aber sie wendeten ihn nicht an.

Vorrangig sah das Gericht Bindungen «in der Person des Vaters, der Halbschwester Julia und, wenn auch graduell gemindert, zur Mutter». Das Förderungsprinzip, das laut Rechtslehre und Rechtsprechung im Rahmen der Regelung der elterlichen Sorge ein bedeutsames Entscheidungskriterium darstellt, hielt das Gericht in der Person von Frau Suhr nicht garantiert. Auch wenn sie sich mit großer Zuneigung um das Kind kümmere, fehlten ihr doch «als Haushaltsangestellte die intellektuellen Fähigkeiten». Sie könne den Erfordernissen, die Anlagen des Kindes optimal zu entwickeln, nicht gerecht werden. Der Sachverständige bezeichne ihr Verhalten «als unterschichten-spezifisch».

Kennzeichnend sei ihr Eingeständnis, die im vorliegenden

Verfahren abgegebene eidesstattliche Versicherung nicht selbst abgefaßt zu haben, «weil sie sich dazu im Schriftlichen nicht sicher genug fühlte».

Kennzeichnend könnte allerdings auch sein, daß den Richtern die Phantasie für eine naheliegende Frage abging, ob die Frau nicht vielleicht – wie auch mancher gebildete Bürger – Angst vor dem Rotwelsch der Juristen hatte. Es mag offenbleiben, wie einer zu qualifizieren ist, der sich nicht traut, Juristendeutsch zu schreiben.

Der Senat zum Beispiel fühlte sich, um bei der Formulierung zu bleiben, «im Schriftlichen sicher». Das liest sich dann so: «Es erscheint dem Senat nicht angemessen, die aufgezeigten Möglichkeiten bei der Mutter zugunsten der Aufrechterhaltung der emotionalen Beziehungen zu einer Hausangestellten als neben dem Vater zentraler Betreuungsperson abzubrechen.»
Ins Deutsche übersetzt, vielleicht auch in die unterschichtspezifische Sprache von Berta Suhr, bedeutet das Wortungetüm: Eine oberflächliche Mutter (deren «aufgezeigte Möglichkeiten» gering sind) ist einer warmherzigen Hausangestellten (trotz einer «emotionalen Beziehung») vorzuziehen. Der Vater wird ohnehin zur Nebenfigur degradiert.

Die letzte Güterabwägung ging blitzschnell: Wenn aber die Wahl zu treffen sei, «zwischen den gegebenen zeitlichen, betreuerischen und entwicklungsfördernden Möglichkeiten beim Vater einerseits und den bei der Mutter aufgezeigten andererseits», müsse die Entscheidung zugunsten der Mutter fallen – und zwar auch dann, wenn die emotionale Bindung des Kindes zu ihr weniger stark als zum Vater sei.

Folgenschwere Umzüge

Mit dem Hinweis auf die «entwicklungsfördernden Möglichkeiten» sollte erkennbar auf das «Förderungsprinzip» angespielt werden – also an den einen der beiden Schlüsselbegriffe im Sorgerecht; der andere findet sich im sogenannten Kontinuitätsgrundsatz. Danach soll das Kind zum Beispiel «bei gleich guten Verhältnissen» bei dem Elternteil bleiben, bei dem es bisher war.[6] Zum Gedanken der Stetigkeit gehört sicher auch die Güterabwägung, ob dem Kind ein Umzug oder Ortswechsel zugemutet werden sollte.

Mit jeder Scheidung und jedem Sorgerechtsstreit taucht schließlich die Frage auf, ob die Kinder in der alten Wohnung bleiben oder mit einem der beiden Eltern umsiedeln sollen. Was solcher Wechsel bedeutet, haben die angelsächsischen Autoren Goldstein-Freud-Solnit skizziert. Kinder empfinden danach jeden «einfachen Umzug von einer alten in eine neue Wohnung als eine schmerzliche, ihnen auferlegte Trennung von gewohnten und vertrauten Dingen»[7].

Wie alle Begriffe im Familienrecht kann auch der Kontinuitätsgrundsatz nur im Verhältnis zu anderen Kriterien gesehen und eingesetzt werden. So hatte das Oberlandesgericht Hamm abzuwägen, ob die dreijährige Melanie, die nach der Trennung ihrer Eltern bei der Oma väterlicherseits gelebt hatte, der inzwischen wiederverheirateten Mutter zugesprochen werden konnte. Den Vater beschrieb das Gericht so: «Ein noch jungenhafter, nicht genügend ausgeglichener Mensch, der zwar väterlich-liebevoll an Melanie hängt, die Erziehung des Kindes jedoch der Großmutter überläßt.»[8] Im Familiengeschehen spiele er lediglich die Rolle eines älteren Bruders von Melanie.

Dagegen bringe die Mutter eine hohe Bereitschaft mit, «elterliche Aufgaben zu übernehmen». Ihr neuer Mann wirke «in seiner Art ruhig». Bei seiner erkennbaren Sympathie für das Kind könne davon ausgegangen werden, «daß er seine Ehefrau bei der Erziehung Melanies verständnisvoll unterstützt». Bei ihrer Entscheidung, das Sorgerecht der Mutter zu übertragen, setzten sich die Oberlandesrichter eingehend mit den von der Rechtsprechung entwickelten Abwägungskriterien auseinander.

Zwar laufe ihre Entscheidung, heißt es in der Begründung, «dem Grundsatz der Erziehungskontinuität zuwider, nach dem die Erziehung möglichst einheitlich und gleichmäßig verlaufen und daher jeder unnütze Wechsel vermieden werden soll». Bei einer Trennung der Eltern stellt ein Wechsel der häuslichen Umgebung nach Ansicht des Gerichts eine zusätzliche Belastung für das Kind dar. Nach der ständigen Rechtsprechung etwa des Oberlandesgerichts Hamm entspricht es daher dem Wohle des Kindes, «bei gleicher Erziehungseignung der Eltern das Kind in seiner bisherigen Umgebung zu belassen».

Gleich günstige Verhältnisse

Wie sehr aber alle entwickelten Grundsätze des Sorgerechts – so auch das Kontinuitäts- oder Stetigkeitsprinzip – als Teil eines Ganzen zu betrachten sind, zeigt die weitere Begründung in der Sache «Melanie»: Ein Verbleib des Kindes in seiner bisherigen Umgebung, also bei Oma, setze «gleich günstige Verhältnisse, insbesondere eine gleiche Erziehungseignung beider Elternteile voraus». Das sei hier nicht der Fall. Ein Wechsel müßte nur dann unterbleiben, «wenn es beim Kind zu schwerwiegenden Störungen in der Entwicklung führen würde». Nach den Feststellungen der Sachverständigen sei jedoch zu erwarten, «daß Melanie den Umgebungswechsel verkraften wird, ohne dabei seelischen Schaden zu nehmen».

Der Tübinger Psychologie-Professor Reinhart Lempp weist auf einen besonderen Aspekt des Kontinuitätsgrundsatzes hin: auf den «Faktor Zeit».[9] Wenn ein Kind eine gewisse Zeit lang mit einer erwachsenen Person zusammen lebe und dabei ein halbwegs positives Verhältnis entstehe, «dann ist diese Beziehung auch für seine weitere Entwicklung bedeutsam und muß bei der Entscheidung über diese weitere Entwicklung berücksichtigt werden». Lempp räumt ein, daß am Anfang eine Aufenthaltsveränderung des Kindes möglich sei, vielleicht sogar dem Wunsch des Kindes entspreche. «Aber schon ein halbes Jahr später darf sie im selben Fall dem Kinde nicht mehr zugemutet werden, weil das Kind inzwischen neue Bindungen entwickelt hat, die man nicht mehr lösen kann, ohne das Kind in unverantwortbarer Weise zu belasten.»

Auf die möglichen Schäden, die sich zumeist allerdings nur durch eine Versöhnung der Eltern wirklich vermeiden ließen, machen auch Anna Freud und ihre Mitautoren nachdrücklich aufmerksam: «Wo Umstürze in der Umwelt gleichzeitig mit dem Umstürzen in der Innenwelt vor sich gehen, wird die Entwicklung aufgehalten oder gerät auf Abwege.»[10] Schärfer läßt sich die Situation von Kindern bei der Scheidung ihrer Eltern kaum beschreiben. Tatsächlich treffen die «Umstürze in der Umwelt» – das sind die Disharmonien zwischen Vater und Mutter, oft auch Orts-, Wohnungs- und Schulwechsel – meistens zusammen mit den «Umstürzen in der Innenwelt»: mit einer abrupten oder allmählichen Zerstörung des Elternbildes, aber auch mit dem Zwang, zwischen den beiden entscheiden zu müssen und dabei einem weh zu tun.

Störungen treten in jeder Altersphase auf: Das Kleinstkind bis zu achtzehn Monaten reagiert auf jede Änderung in seiner Pflege «mit Nahrungsverweigerung, Darmstörung, Schlafstörung und Schreien», Kinder bis zu fünf Jahren verlieren leicht die Möglichkeit, «sich sprachlich zu verständigen». Kinder im Schulalter empfinden die Folgen der Erschütterung «vor allem in bezug auf die Identifizierung mit den elterlichen Vorschriften, Verboten und sozialen Idealen» – mindestens bei häufigem Wechsel der Bezugspersonen hindern «die erlebten Enttäuschungen jede neue Gefühlsbeziehung».

7

«Restbestandteil des Elternrechts»

Wenn auch der Umgang verboten wird

Uneinsichtiger Vater erhält Ultimatum. – Zeitweiliger oder dauernder Ausschluß des Besuchsrechts ist statthaft. – Dürfen sich Kinder gegen den Kontakt wehren? – Der Richter muß Aufklärungsarbeit leisten. – Wie der Gesetzgeber Manipulation und Entfremdung verhindern will. – Psychologen-Forderung: Absolute Verfügungsgewalt für den Sorgeberechtigten. – Wer sein Kind nicht sieht, hat Anspruch auf «Auskunft».

Die Warnung des Berliner Kammergerichts klang unmißverständlich: «Von dem Verhalten des Vaters wird es abhängen, ob wenigstens nach dem (vom Gericht festgesetzten Ultimatum) ein persönlicher Verkehr mit Michael stattfindet. Voraussetzung dazu ist in jedem Falle, daß der Vater glaubhaft durch Wort und Tat darauf verzichtet, sein Kind als Kampfmittel gegen seine geschiedene Ehefrau und deren jetzigen Ehemann einzusetzen.»[1]

So streng müssen Richter nur selten mit Eltern umspringen. Der Kontakt des Nichtsorgeberechtigten mit seinem Kind gilt als «Restbestandteil seines Elternrechts»[2]. Deshalb wird das «Recht zum persönlichen Umgang mit dem Kind» in Paragraph 1634 des Bürgerlichen Gesetzbuches (BGB) ausdrücklich definiert:

▷ «Ein Elternteil, dem die Personenfürsorge nicht zusteht, behält die Befugnis zum persönlichen Umgang mit dem Kinde. Der Elternteil, dem die Personensorge nicht zusteht, und der Personensorgeberechtigte haben alles zu unterlassen, was das Verhältnis zum anderen beeinträchtigt oder die Erziehung erschwert.»

Das Gebot im zweiten Satz der Vorschrift hatte der Berliner Vater mißachtet. Die Kammerrichter hatten es mit einem Fall zu tun, in dem sich die familiären Verwicklungen häuften. Das Sorgerecht für Michael war der Mutter übertragen worden. Sie hatte ebenso wie der Vater des Kindes neu geheiratet. Der jetzige Ehemann der Mutter war vor ihrer Scheidung ein Geschäftsfreund von Michaels Vater. Das führte zu schweren Auseinandersetzungen, die bis in die Zeit vor dem Gerichtstermin ausgetragen wurden. Die Eltern untereinander führten zahlreiche Zivilprozesse. Feststellung im Urteil: «Die Auseinandersetzungen sind, wie keiner der Beteiligten in Abrede stellt, von ungewöhnlicher Heftigkeit und Härte.» Das Kammergericht machte sich seine Entscheidung nicht leicht, kam aber dann doch zu dem Schluß, daß dem Vater – jedenfalls vorläufig – der Kontakt zu seinem Sohn untersagt werden müsse. In der Begründung heißt es:

«Es wäre nun dem Wohle des Kindes in hohem Maße abträglich, stellte man es jetzt – wenn auch nur an den Besuchstagen – mitten hinein in das Spannungsfeld der aufs ärgste miteinander verfeindeten Lager. Einer solchen Zerreißprobe sollte die Seele des sensiblen, aufgeweckten, in häuslicher Harmonie mit Mutter und Stiefvater lebenden Jungen zur Zeit nicht ausgesetzt werden.»

Problematisch schien den Richtern außerdem, daß der Vater erkennbar Michaels Mutter bestrafen wollte. Daraus hatte der Mann vor dem Kammergerichtssenat keinen Hehl gemacht. Für die Richter ergab sich aus seinen Äußerungen, «daß er, der Vater, das hier vorliegende Verfahren letztlich als den Teil einer Gesamtstrategie sehe, die sich gegen seine frühere Ehefrau, Michaels Mutter, richte».

Druck auf die Gegenseite

Der Vater drohte, für das ihm durch die Scheidung und die folgenden Verfahren angetane Unrecht wolle er Genugtuung. Die Kammerrichter faßten seine Äußerungen so zusammen: «Erst komme die vermögensrechtliche Auseinandersetzung, die den anderen Teil ruinieren werde. Dann werde er, der Vater, sich das Besuchsrecht holen.» Und zuletzt wolle er dann das Sorgerecht erkämpfen. Er habe die Absicht, bei Besuchen des Jungen der aus seiner Sicht negativen Entwicklung «gegenzusteuern» und ihn dann nach seinen Vorstellungen «aufzubauen».

Aus diesen unverblümten Absichtserklärungen zog der Senat den Schluß, daß es dem Vater nur vordergründig um einen persönlichen Kontakt zu seinem Sohn gehe und daß er hintergründig Druck auf die Gegenseite ausüben wolle. «Dem entspricht die Art, wie er argumentiert: Von Gefühlen für das Kind war nicht viel die Rede, um so mehr aber von ihm durch die Gegenseite angetanen Unrecht.» Er wolle das Umgangsrecht «in den Dienst der Unrechtsbeseitigung stellen» – und dies in der unverhohlenen Absicht, dabei «das Sorgerecht der Mutter auszuhöhlen und es dann ganz an sich zu reißen». Wer so etwas vorhabe, rügen die Richter, würde das Umgangsrecht mißbrauchen und dem Wohl des Kindes schweren Schaden zufügen.

Der erkennende Senat hielt mit seiner Empörung nicht zurück: Es sei zu erwägen gewesen, ob die festgestellten Umstände und Motive nicht bereits einen dauernden Ausschluß des Umgangsrechts rechtfertigen würden. Doch das Gericht habe «von dieser auf besonders schwere Fälle beschränkten, äußersten Maßnahmen abgesehen». Denn ein Sinneswandel auf seiten des Vaters könne für den Fall, daß die noch laufenden Prozesse beendet und die damit verbundenen Erregungen abgeklungen seien, nicht ausgeschlossen werden.

Das Berliner Kammergericht brachte die Möglichkeiten der fraglichen Vorschrift im Bürgerlichen Gesetzbuch (BGB) auf einen kurzen Nenner. «Hiernach» könne «nur dreierlei» geschehen:

Erstens: die nähere Regelung des persönlichen Umgangs,
zweitens: dessen zeitweiliger Ausschluß oder
drittens: dessen dauernder Ausschluß.

Da die gerichtlichen Auseinandersetzungen zwischen den Eltern nach deren Auskunft noch etwa zwei Jahre dauern würden, entschlossen sich die Kammerrichter zur Lösung zwei und befristeten den Ausschluß des Umgangsrechts auf diesen Zeitraum.

Grundlage des obergerichtlichen Beschlusses war allein das offenkundige Fehlverhalten des Vaters. Andere Gründe, die in Prozessen, bei denen es um Kontakte geht, oft zur Sprache kommen, mochten die Kammerrichter nicht gelten lassen. Sie waren der Ansicht, daß sich ein Umgangsverbot, weder zeitweilig noch dauernd, nicht rechtfertigen lasse mit dem Hinweis, daß «durch jahrelange Nichtausübung des persönlichen Umganges» eine Entfremdung zwischen Vater und Sohn entstanden sei. Denn ein Ausschluß, so folgerte der Senat, «würde die Entfremdung noch verstärken und einen Zustand herbeiführen», der den im BGB niedergelegten Absichten des Gesetzgebers zuwiderlaufe.

Fazit des Berliner Kammergerichts: Grundsätzlich sollte es auch in Fällen, «in denen der persönliche Kontakt schon vor Jahren zum Erliegen gekommen» sei, weder dem Kind noch dem nichtsorgeberechtigten Elternteil verwehrt bleiben, «völlig neu zu beginnen und wenigstens den Versuch einer Wiederannäherung zu machen». Wenn Entfremdung der einzige Grund gewesen wäre, hätten die Richter nach eigenem Bekunden keinen Moment «gezögert», die Beziehungen zwischen Vater und Sohn wiederherzustellen.

Voraussetzung wäre zwar, daß der Sohn den Vater sehen will – eine Bindung, die schon vor Inkrafttreten der Sorgerechtsreform am 1. 1. 1980 in der Rechtsprechung zunehmend eine Rolle spielte. Durch die seitdem gültige «Anhörungspflicht» hat der Kindeswille besonderes Gewicht erhalten. Der Bundesgerichtshof, der aus Gründen der Zuständigkeit nur selten in Sorgerechtssachen zu Wort kommt, mußte sich in einem Grundsatzfall mit der Frage auseinandersetzen, welche Bedeutung es hat, wenn sich Kinder gegen den Kontakt mit einem Elternteil wehren.[3]

Die Kinder waren dreizehn, sechzehn und siebzehn Jahre alt. Sie erklärten, daß sie ihren Vater vorläufig nicht sehen wollten. Ihre Begründung: Sie befürchteten, erneut in den Konflikt der Eltern hineingezogen zu werden, wenn es wieder zu Kontakten mit dem Vater komme. Nach Ansicht der Richter ist dieser Verdacht auch nicht unbegründet, weil der Vater, wie sich aus seinen Reden und seinem früheren Verhalten ergebe, bestrebt sei, den Kindern seinen Standpunkt klarzumachen und sie über tatsächliche oder vermeintliche Unrichtigkeiten aufzuklären.

Die Familienrichter der unteren Instanzen waren diesen Argumenten der Kinder gefolgt und hatten erklärt: Eine solche Aufklärung sei für die weitere Entwicklung der Kinder jedenfalls zur Zeit weniger wichtig als die Ruhe, die sie benötigen, um Abstand zu gewinnen. Sie müßten die Chance haben, sich aus den zwischen den Eltern fortbestehenden Auseinandersetzungen, denen sie noch nicht gewachsen seien, heraushalten zu können.

Die Vorinstanz ließ dahingestellt, ob die Mutter in der Vergangenheit immer zum Wohle der Kinder gehandelt habe. Für ausschlaggebend hielten sie, daß sich die Kinder nunmehr bei der Mutter wohl fühlten und sich ihre Entwicklung stabilisiert habe. Die Kinder besäßen auch die Reife, die Fragen des Kontaktes mit dem Vater «eigenverantwortlich abwägen zu können». Bei ihrer Anhörung habe sich gezeigt, daß sie in der Lage seien, das Problem mit vernünftigen Erwägungen zu prüfen und sich auch Gegenargumenten nicht zu verschließen. Doch sie könnten «ernsthafte Gründe für ihre Haltung» vorbringen, und sie stützten sich «dabei auf Erlebnisse in der Vergangenheit», die sie «ersichtlich noch nicht verarbeitet hätten».

Vom Bundesgerichtshof wurden die Tatsachenfeststellungen und Rechtsansichten der Vorinstanzen insgesamt gebilligt. Als Grundsatz hielt der BGH fest: Nach Paragraph 1634 des Bürgerlichen Gesetzbuches darf das Umgangsrecht eines

Elternteils für eine bestimmte Zeit oder auf Dauer ausgeschlossen werden, wenn dies zum Wohl des Kindes erforderlich ist. Ein solcher Ausschluß kommt allerdings nur ausnahmsweise in Betracht. Denn es liegt nach herrschender Rechtsmeinung grundsätzlich im Interesse des Kindes und dient daher seinem Wohl, auch die Beziehungen zu dem anderen Elternteil durch den persönlichen Verkehr zu pflegen. Wörtlich: «Der Ausschluß des persönlichen Verkehrs eines Elternteils darf daher nur angeordnet werden, um eine Gefährdung der körperlichen oder seelischen Entwicklung des Kindes abzuwenden.»

Bedeutsam für einen Ausschluß, erläutern die Bundesrichter, sei stets, «ob die Einstellung des Kindes auf subjektiv beachtlichen oder verständlichen Beweggründen beruht». Eine «gewaltsame Durchsetzung» des Umgangsrechts wird nach höchstrichterlicher Ansicht «mit seinem Zweck im allgemeinen ebenso unvereinbar sein wie mit dem Persönlichkeitsrecht des Kindes». Zu prüfen sind nach dem höchstrichterlichen Urteil mehrere Faktoren.

Erstens: Die Frage, ob die Persönlichkeit des Kindes «bereits so weit fortgeschritten ist», daß ein seinem Willen zuwiderlaufendes Umgangsrecht «eine Gefährdung seiner Entwicklung bedeuten könnte».

Zweitens: Die Frage, welche Gründe das Kind zu seiner Stellung veranlassen und ob sie aus der Sicht des Kindes berechtigt erscheinen.

Wenn diese Kriterien erfüllt sind, ist die Aufgabe des Familienrichters nicht etwa beendet. Er ist laut BGH grundsätzlich verpflichtet, «dem Kind die Bedeutung des Umgangsrechts für den durch den Ausschluß betroffenen Elternteil und für das Kind selbst vor Augen zu führen und das Kind zu einer eigenständigen Prüfung seiner ablehnenden Stellung zu veranlassen».

Spezielle Gedanken über den Sinn des Umgangsrechts hatte sich auch der Bundestag bei der Neuregelung der elterlichen Sorge gemacht. Der Rechtsausschuß hielt fest: «Die fortlaufende Pflege familiärer Bindungen» diene nicht nur den Interessen des nichtsorgeberechtigten Elternteils, sondern beuge auch «der grundsätzlich nicht wünschenswerten Entfremdung zu dem Kind vor».[4]

Zwei Gründe werden angeführt. Erstens: Der eine Elternteil solle neben der Personensorge nicht auch noch «die natürlichen Beziehungen zu seinem Kind verlieren» – also Bewahrung minimaler Elternrechte. Zweitens: Außerdem könne dieser Elternteil, wenn der andere sterbe, «wieder Inhaber der elterlichen Sorge werden» – er wäre damit quasi Erzieher in permanenter Wartestellung.

Fronten nicht verschärfen!

Auch aus den weiteren Abschnitten der amtlichen Begründung geht klar hervor: Die Abgeordneten wollten die Gefahr, daß Kinder manipuliert werden könnten, soweit wie möglich ausschließen. Obwohl durch die Anhörungspflicht und andere Passagen im neuen Recht der Kinderwille stark verankert wurde, fand sich der Ausschuß nicht dazu bereit, auch noch ein Veto der Kinder gegen das Umgangsrecht in das Gesetz aufzunehmen – selbst nicht für ältere Kinder.

Zur Erläuterung zog der Ausschuß die Familienrechtsprechung des letzten Jahrzehnts heran. Danach war der Sorgeberechtigte verpflichtet, «die kindlichen Gefühle gegenüber dem umgangsberechtigten Elternteil zu stärken, kraft seiner Autorität auf die Besuche des Kindes bei diesem hinzuwirken und den Widerstand des Kindes durch geeignete erzieherische Mittel – unter Umständen sogar durch Einsatz von Zuchtmitteln – zu überwinden». So drakonische Prinzipien gehören mittlerweile der Vergangenheit an. Daß mit Drohungen und Gewalt nichts zu bewirken ist, hat sich auch bis zum letzten Familiengericht herumgesprochen.

Doch der Grundgedanke des Gesetzgebers ging in eine andere Richtung, nämlich auf keinen Fall durch schiefe Formulierungen die Fronten zu verschärfen. Kinder sollten «nach der einmütigen Auffassung des Rechtsausschusses», so die Begründung, «nicht durch eine ausdrückliche Regelung im Gesetz in die Lage gebracht werden, über das Recht seines Vaters oder seiner Mutter, mit ihm Umgang zu haben, entscheiden zu müssen».

Es wird eigens darauf hingewiesen, daß der Rechtsprechung, die zum Beispiel den Willen älterer Kinder für beachtlich hält, nicht der Boden entzogen werden solle. Doch die Abgeordneten wollten die Beachtung oder Nichtbeachtung kindlichen Widerstandes auch weiterhin dem Ermessen des Familienrichters überlassen. Eine gesetzliche Vorschrift, die dem Kind Schiedsrichterfunktion zuweist, würde, so fürchteten sie, manchen Sorgeberechtigten dazu verleiten, «das Kind gegen den anderen Elternteil einzunehmen und so das Kind zur Rache zu mißbrauchen».

Nach Ansicht der Parlamentarier wäre die in solchen Fällen eintretende Entfremdung für die Entwicklung des Kindes ungünstiger als «der vom Kind ungewollte oder nicht vorbehaltlos bejahte Umgang» mit dem anderen Elternteil. Den inneren Wünschen und Widerständen des Kindes kann nach dieser Ansicht auf andere Weise Rechnung getragen werden.

Falls wirklich eine so «unüberwindbare und tiefe Abneigung des Kindes gegen den Umgangsberechtigten» bestehe, daß das Kindeswohl gefährdet erscheine, könne sich das Familiengericht durch Anhörung des Kindes selbst ein Bild machen. Fazit der amtlichen Begründung: «Im übrigen wäre es im Hinblick auf das Elternrecht bedenklich, das Umgangsrecht von vornherein vom Belieben des Kindes abhängig zu machen.»

Was der Gesetzgeber als Gefahr ansieht, nämlich, daß der eine Elternteil das Kind gegen den anderen manipuliert oder daß der Umgang ins Belieben des Kindes gestellt wird, begreifen Anna Freud und ihre Mitautoren als Realität – und zwar als eine Realität, die als gegeben hingenommen werden muß. Sie ziehen daraus unbequeme Folgerungen. Ihre Forderung:

▷ «Sobald die Entscheidung über die Übertragung gefallen ist, sollte es dem begünstigten Elternteil vorbehalten sein, alle weiteren Maßnahmen der elterlichen Sorge selbst zu treffen. Besuchsrechte des anderen Elternteils sollten nicht vom Gericht festgesetzt werden, sondern von dem Elternteil je nach dem Bedarf des Kindes geregelt werden.»[5]

Umstrittenes Vorrecht

Die drei angelsächsischen Fachleute – Goldstein, Freud, Solnit – halten ohnehin jede Art von Umgangsrecht für fragwürdig. Für sie sind «die Störungen und Umwälzungen», die solchen gerichtlichen Beschlüssen folgen, «ein Beweis dafür, wie oft das Recht seiner eigenen Absicht, dem Wohl des Kindes zu dienen, widerspricht»[6].

Mindestens dann, wenn die Eltern sich nur noch feindlich gegenüberstehen, entwickelt das Kind Loyalitätskonflikte, die letzten Endes die positive Einstellung zu beiden Eltern stören. Das Kind kann keinen Nutzen aus der Beziehung zu den Eltern ziehen, so die Gruppe um Anna Freud, solange die Erwachsenen selbst nicht eine positive Beziehung zueinander haben. Wer nicht ständig mit dem Kind lebt, hat auch wenig Aussicht, «als Vorbild für Identifizierung zu dienen» – «eine Rolle, die auf täglichem, ununterbrochenem Zusammenleben» beruht. Die Autoren plädieren deshalb dafür, daß die Entscheidung über den Umgang des Kindes mit dem anderen Elternteil dem Sorgeberechtigten vorbehalten bleiben soll.[7]

Obwohl sich der Gesetzgeber diese Ideen nicht zu eigen gemacht hat, spielen sie in der wissenschaftlichen Diskussion nach wie vor eine Rolle, beeinflussen Gutachter und Gerichte. Daran wird deutlich, daß sich Denkfiguren, obwohl sie keinen Eingang ins Gesetz gefunden haben, dennoch im Einzelfall durchsetzen können. Eltern, denen das Umgangsrecht streitig gemacht wird, und Anwälte, die sie vertreten, müssen die Argumente dieser Schule mindestens kennen, wenn sie sich mit ihnen auseinandersetzen wollen.

Für diese Idee, den einmal ausgewählten Sorgeberechtigten zum alleinigen Sachwalter zu machen und ihm gleichsam ein Bestimmungsmonopol einzuräumen, hat sich auch Spiros Simitis stark gemacht. Simitis, Rechtsprofessor in Frankfurt und einer der gescheitesten deutschen Juristen, argumentiert in sich schlüssig: Der Sorgeberechtigte kenne die konkreten Lebensbedingungen des Kindes am besten, er könne sie daher auch nachhaltig beeinflussen. «Solange er den Kontakt zum nichtsorgeberechtigten Elternteil bejaht, wird er auch alles tun, um ihn zu begünstigen. Lehnt er ihn aber – aus welchen Gründen auch immer – ab, so bleibt die Beziehung zum Kind davon nicht unberührt.»[8]

Simitis' Überlegungen sind auch vor dem Hintergrund psychologischer Alltagserfahrungen zu sehen. Unbestritten ist, daß jeder auf seine Weise Kinder beeinflußt, der eine direkt und massiv, der andere versteckt und subtil. Psychologen und Pädagogen weisen immer wieder darauf hin, daß selbst derjenige Elternteil, der den anderen vor dem Kind niemals erwähnt, mit dieser Art des totalen Verschweigens auch Manipulation betreibt.

Simitis analysiert als Muster einen Sorgerechtsbeschluß, der höchstrichterlich entschieden wurde – so korrekt und abgewogen, wie es Recht und Gesetz gebieten. Doch auch in einem solchen Fall kann es passieren, daß die Sorgeberechtigung an eine Mutter fällt, die alle Kränkungen, die sie je erlitten hatte, nicht vergessen, die auch ihre «feindseligen Gefühle» gegenüber dem Exmann nicht aufgeben wollte. – Kurzum: eine Frau, die nicht imstande war, ihre negativen Erfahrungen irgendwann einmal zu verarbeiten. In dem geschilderten Fall war dabei die Auseinandersetzung um die Besuche beim Vater nichts weiter als eine Fortsetzung des Ehekrieges mit anderen Mitteln.

Laut Simitis waren die Besuche des Kindes «Anreiz genug, den Streit mit dem Vater neu aufleben zu lassen». Diese Mutter wird, wie auch der Bundesgerichtshof erkannte, immer wieder versuchen, «ihre persönliche Situation ins Spiel zu bringen». So etwas gibt es nicht selten, daß einer – selbst wenn er alles hat – nicht Ruhe geben kann. Eben deshalb fordert Simitis eine Lösung, «die den Kindern diese zusätzliche Belastung erspart». Seine Konsequenz klingt unbarmherzig: «Hat man sich einmal dafür entschieden, die Kinder der Mutter zu überlassen, dann muß auch alles vermieden werden, was sich, über die Auflösung der Ehe hinaus, nachteilig auf sie auswirkt.» Daraus folge, daß die Gerichte nicht eingreifen, sondern zurückstehen sollten. Ein widersprüchliches Verhalten des Gesetzgebers und der Rechtsprechung kann Simitis für seinen Standpunkt reklamieren: Manche Mütter können kraft Gesetzes den Umgang des Kindes mit dem Vater tatsächlich dulden oder unterbinden – die Mütter nichtehelicher Kinder.

Stetigkeit und Einheitlichkeit

Simitis möchte – aus Gründen des Kindeswohls – diese Prinzipien auch auf geschiedene Eltern anwenden. Stetigkeit und Einheitlichkeit der Erziehung, jene Grundsätze, denen auch die höchstrichterliche Rechtsprechung Vorrang einräume, sind seiner Meinung nach nur zu verwirklichen, wenn die Entscheidung über den Umgang beim Sorgeberechtigten bleibt. Wörtlich: «Man mag dies aus der Perspektive des anderen Elternteils bedauern. Man kann aber nicht umhin, eine Wahl zwischen seinen Interessen und denen des Kindes zu treffen. Mit einem Kompromiß ist es nicht getan.»

So logisch die Thesen von Simitis auch immer sein mögen, sie gehen an der Wirklichkeit vorbei, weil sie nicht durchsetzbar sind. Bevor die Begünstigung des einen und die totale Entmachtung des anderen Recht werden sollte, müßte ein Heer von Betroffenen vergewaltigt werden. Nicht nur die Bürger, auch die Gesetzesmacher und die Gesetzesanwender sind Väter und Mütter. Und sie alle wissen oder ahnen, daß die Rechtsgewißheit (richtige oder falsche Entscheidung?) bei Sorgerechtsbeschlüssen minimal ist.

Oder anders: Die Entscheidung hängt zumeist am seidenen Faden. Deshalb würde der Beschluß des Familienrichters eine aberwitzige Dimension erhalten, wenn mit dem Sorgerecht die Befugnis verbunden wäre, daß der ohnehin begünstigte Elternteil den Kontakt zwischen dem Kind und dem anderen ein für allemal unterbinden kann. So eine Lösung hätte zudem einen negativen erzieherischen Effekt: Viele Sorgeberechtigte würden überhaupt erst auf dumme Gedanken gebracht. Jedenfalls könnte die Regelung, dem einen Elternteil solche Übermacht zu verleihen, den Mißbrauch förmlich herausfordern. Wie viele verwundete Ehepartner würden sich die Möglichkeit entgehen lassen, den anderen für tatsächliche oder vermeintliche Verfehlungen im nachhinein wirksam zu bestrafen?

Ob der Kerngedanke, der dem angelsächsischen Vorschlag zugrunde liegt, wirklich zutrifft, ist die Frage. Es sei nicht Aufgabe des Staates, so Anna Freud und ihre Mitautoren, die von den Eltern selbst gefährdete Liebesbindung zum abwesenden Elternteil entweder zu unterbrechen oder zu erhalten. «Solche Aufgaben können nur von den Eltern selbst erfüllt werden.»[9] Es liegt auf der Hand, daß diese Forderung utopisch ist. Wenn die Eltern diese Aufgaben tatsächlich erfüllen könnten, müßten sie sich nicht um Schlichtung an das Familiengericht wenden.

Es sieht fast so aus, als ob Zustände, wie sie sein sollten, verwechselt werden mit der Wirklichkeit, wie sie nun mal ist. Aber manches Wünschenswerte ist eben nicht machbar, und das Kindeswohl läßt sich nicht wie ein Reagenz am Labortisch herstellen. Tatsächlich ist das Kindeswohl – ebenso wie andere menschliche Beziehungen auch – einem Parallelogramm der Kräfte ausgesetzt, nicht nur im Fall der Scheidung, sondern auch während des Hochs und Tiefs einer normalen Durchschnittsehe. Der Staat hat darüber zu wachen, daß Kinder nicht zwischen Erwachsenen zerrieben werden. Er kann von dieser Aufgabe nicht befreit werden, indem er einem der beiden Kontrahenten, Vater oder Mutter, eine unbegrenzte Allmacht verleiht.

Die Psychologen-Ansicht, daß Kinder zuallererst Ruhe

brauchen, notfalls auch unter Verzicht auf jeglichen Kontakt zum anderen Elternteil, ist unter Wissenschaftlern nicht unumstritten. Professor Friedrich Arntzen, Leiter des Instituts für Gerichtspsychologie in Bochum, weist darauf hin, daß bei einer Untersuchung 82 Prozent der befragten Scheidungskinder den Wunsch geäußert hätten, daß die Eltern wieder zusammenziehen. Arnzten folgert: Darin äußere sich «implizite eindeutig auch der Wunsch, mit beiden Eltern Kontakt zu halten»[10].

Wenn Besuche unterbunden würden, so erklärt der Bochumer Psychologe, bleibe «bei diesen Kindern eine ungestillte Sehnsucht nach dem abwesenden Elternteil».

Der Ansicht von Goldstein-Freud-Solnit oder Simitis, die dem Sorgeberechtigten erlauben wollen, den Umgang des Kindes mit dem anderen Elternteil zu verbieten, widerspricht Arntzen: Nach seinen Beobachtungen kann die ungestillte Sehnsucht nach dem Abwesenden «stärkere und schädlichere psychische Auswirkungen haben als die vorübergehenden Beunruhigungen, zu denen es anfangs bei Besuchen kommt, die der sorgeberechtigte Elternteil nicht wünscht». Die «Streichung» eines vertrauten Menschen aus dem eigenen Leben bringe «einschneidende Frustrationsgefühle» mit sich.

Wandel in der Pubertät

Zumindest für Besuchskontakte spricht nach Ansicht von Arntzen die sachliche Wahrscheinlichkeit, «daß die erzieherischen Einflüsse einer männlichen und einer weiblichen Person sich gut ergänzen». Zugleich bestätigt der Wissenschaftler eine Erfahrung, von der auch Familienrichter berichten: daß sich nämlich gerade bei den Scheidungskindern in der Pubertät ein Wandel vollzieht, den kluge Eltern vorhersehen und bei ihrem Verhalten berücksichtigen sollten.

Zu beobachten ist jedenfalls, daß in der Pubertät oft eine Entfremdung zwischen dem Kind und dem sorgeberechtigten Elternteil eintritt. Die Spannungen können dann so groß sein, daß dieses Kind keinen Rat mehr von dem annimmt, bei dem es lebt. Arntzen: «Es ist sehr bedauerlich, wenn dann kein zweiter Elternteil zur Verfügung steht, mit dem der Heranwachsende gewisse Fragen besprechen kann.»

Für viele Familienrichter gehört es inzwischen fast zur Routine, besonders jene Eltern, die sich in Aggressionen gegen den Expartner verrannt haben, eindringlich darauf hinzuweisen, daß sich Kinder in der Pubertät sehr schnell zu dem anderen Elternteil hingezogen fühlen könnten.

Namentlich aber aus Gründen des Kindeswohls besteht eine innere Notwendigkeit zu einer möglichst optimalen Eltern-Kooperation. Einmal, weil das Scheidungspaar die Verantwortung dafür trägt, daß die gemeinsamen Kinder wie Halbwaisen aufwachsen. Zum anderen sollten die beiden den Kontakt des Kindes zum jeweils anderen wenn schon nicht fördern, so doch wenigstens nicht sabotieren – aus einem wichtigen Grund, den Arntzen hervorhebt: «Auch in der intakten Familie wechselt ja phasenweise die Bevorzugung von Vater und Mutter bei der Ratsuche in Problemsituationen.» Deshalb sollte die Verbindung zwischen dem Kind und dem nichtsorgeberechtigten Elternteil gepflegt werden. Man könne nicht davon ausgehen, «daß eine Beziehung dann, wenn sie gebraucht wird, sich auch prompt herstellen läßt».

Und mitunter wird die Beziehung von einem Tag auf den anderen «gebraucht» – dann nämlich, wenn der Sorgeberechtigte tot ist. Das Frankfurter Oberlandesgericht mußte so einen tragischen Fall entscheiden.[11] Der Richter – zuständig ist ausnahmsweise ein Vormundschaftsrichter, kein Familienrichter – hatte das Sorgerecht für die zweijährige Susanne auf den Vater übertragen, nachdem die Mutter plötzlich verstorben war. Die Großeltern mütterlicherseits klagten dagegen durch alle Instanzen. Tatsächlich gab es in diesem Fall die Komplikation, vor der Arntzen gerade warnen wollte. Der Vater hatte «nicht nachhaltig auf seinem Besuchsrecht bestanden» – und zwar deshalb nicht, weil ihm das Jugendamt empfohlen hatte, «von Besuchen bei seinem Kind Abstand zu nehmen». Doch die Oberlandesrichter wollten diesen Umstand, der eine Übersiedlung des kleinen Mädchens zum Vater erschwert, nicht zu dessen Lasten werten. Auszulegen war der Paragraph 1681 des Bürgerlichen Gesetzbuches (BGB):

▷ «Ist ein Elternteil gestorben, so steht die elterliche Sorge dem anderen Teil allein zu. War der verstorbene Elternteil sorgeberechtigt, so hat das Vormundschaftsgericht die elterliche Sorge dem überlebenden Elternteil zu übertragen, es sei denn, daß dies dem Wohle des Kindes widerspricht.»

Im Fall der zweijährigen Susanne konnte es mithin nur darum gehen, ob ihre Zuordnung zum Vater womöglich dem Kindeswohl widerspricht. Die Oberlandesrichter hoben zunächst einmal hervor, daß auch mit der Reformierung des Sorgerechts «das natürliche Vorrecht der genetischen Eltern zur Pflege und Erziehung ihrer Kinder nicht aufgegeben worden» sei. Dabei stützt sich der Frankfurter Beschluß auf einen Erfahrungssatz, nämlich «daß die Rechtsordnung den Interessenwiderstreit zwischen leiblichen Eltern und Pflegeeltern oder Verwandten häufig zugunsten der Eltern entscheidet».

Behutsame Übergangslösung

Bezogen auf die konkrete Frage, was mit der kleinen Susanne geschehen soll, meinte das OLG: «Dieses natürliche Vorrecht der Eltern» habe nur im «Ausnahmefall» zurückzutreten, etwa dann, «wenn die Unterbringung des Kindes bei den Eltern auf keinen Fall verantwortet werden kann». Damit soll zum Beispiel der Gefahr vorgebeugt werden, daß «ein Aufenthaltswechsel des Kindes voraussichtlich und mit ziemlicher Sicherheit zu schweren und bleibenden körperlichen oder seelischen Schäden führt».

Die Richter fanden keinen Anhaltspunkt dafür, «daß es sich bei Susanne um ein kränkliches und besonders sensibles Kind mit seelischen Besonderheiten handelt»; allerdings verkannten sie auch nicht «die Schwierigkeiten, die mit dem Aufenthaltswechsel verbunden sind». Susannes Übersiedlung muß deshalb nach dem Vorschlag des Gerichts «durch nach und nach verlängerte besuchsweise Kontakte des Kindes mit dem Vater und seiner Familie vorbereitet werden».

Im Interesse des Kindes sollen beide Seiten Entgegenkommen und Großzügigkeit zeigen. Die Annäherungen zwischen Vater und Kind dürften einerseits «von den Großeltern nicht erschwert werden». Andererseits werde der Vater Susanne «nicht ohne eine – notfalls vom Vormundschaftsgericht zu regelnde – Übergangslösung herausverlangen können».

Der automatische Wechsel im Todesfall, so selten er vorkommen mag, macht deutlich, wie wichtig die Kontakte des Kindes zum nichtsorgeberechtigten Elternteil sind. So sieht es auch der Gesetzgeber. Und weil es nicht zu umgehen war, daß der persönliche Umgang aus wichtigem Grund auch mal «eingeschränkt oder ausgeschlossen werden kann», wurde «zum Ausgleich dafür» ein Auskunftsrecht ins Bürgerliche Gesetzbuch (Paragraph 1634 Absatz 3) aufgenommen:

▷ «Ein Elternteil, dem die Personensorge nicht zusteht, kann bei berechtigtem Interesse vom Personensorgeberechtigten Auskunft über die persönlichen Verhältnisse des Kindes verlangen, soweit ihre Erteilung mit dem Wohle des Kindes vereinbar ist. Über Streitigkeiten, die das Recht auf Auskunft betreffen, entscheidet das Vormundschaftsgericht.»

Über die Frage, wann etwa ein «berechtigtes Interesse» vorliegt, haben sich die Bundestagsabgeordneten bei der Beratung der Sorgerechtsreform Gedanken gemacht.[12] Laut amtlicher Begründung dürfte ein Auskunftsinteresse zumindest in drei Fällen berechtigt sein:

Erstens: «Wenn diesem Elternteil ein Recht zum persönlichen Umgang nicht zusteht.»

Zweitens: Wenn «das Kind sowohl einen persönlichen als auch einen brieflichen Kontakt zu ihm ablehnt».

Drittens: «Wenn der Elternteil wegen des jugendlichen Alters des Kindes und zu großer räumlicher Entfernung weder persönlich noch durch Schriftverkehr mit dem Kind sich von dessen Wohlergehen und dessen Entwicklung überzeugen kann.»

Denkbar ist ein zusätzliches Auskunftsinteresse des Nichtsorgeberechtigten, selbst wenn er Kontakte zum Kind hat – beispielsweise im Fall von Krankheit. Wenn sich die Idee des

Göttinger Rechtsprofessors Uwe Diederichsen durchsetzt, statt der üblichen vierzehntägigen Besuche ein seltenes Umgangsrecht, dafür aber in längeren «Zeitblöcken» zu gestatten, könnte ein Auskunftsinteresse für die dazwischenliegenden Perioden entstehen.

Die amtliche Begründung erläutert auch, wann eine Auskunft eventuell «dem Wohl des Kindes widerspricht»: «Dies trifft zum Beispiel dann zu, wenn der Elternteil, dem der persönliche Umgang versagt worden ist, Auskünfte über den Aufenthalt des Kindes oder die von diesem besuchte Schule oder Lehrstelle verlangt – Informationen, die es ihm ermöglichen sollen, einen dem Kindeswohl abträglichen Kontakt herzustellen.» Ganz energisch widersprachen die Abgeordneten einem Auskunftsverbot, das nur im Interesse des sorgeberechtigten Elternteils liegt. Sie hatten dabei den Fall vor Augen, «in denen das Kind nach Wiederverheiratung der Kindesmutter in eine Stieffamilie eingegliedert» ist und das Kind vom leiblichen Vater total abgeschirmt werden soll. In diesem Fall wäre nach Ansicht des Bundestages eine Beschränkung «nicht angemessen».

Über den «Inhalt» der Auskunft, über ihren «Umfang» oder über die «Häufigkeit» schweigt sich das Gesetz aus. Die Art und Weise der Auskunftserteilung» sei, so meinen die Kommentatoren, dem sorgeberechtigten Elternteil überlassen. «Er entscheidet über Ausführlichkeit und Inhalt», heißt es etwa im «Münchner Kommentar» zum Bürgerlichen Gesetzbuch.[13] Doch das Recht auf Übermittlung von Schulzeugnissen und auf Übersendung von Fotografien des Kindes wird zum Beispiel allgemein bejaht. Zum Inhalt des Auskunftsanspruchs rechnen generell die «persönlichen Verhältnisse des Kindes»: «Gesundheitszustand, allgemeine Entwicklung, schulische Fortschritte». Der Tübinger Rechtsprofessor Joachim Gernhuber brachte das Problem auf einen kurzen Nenner[14]: «Praktisch wird die Pflicht vornehmlich für jene Lebensumstände, die das Kind nicht selbst darstellen kann, und für jene Zeiten, in denen persönliche Begegnungen nicht möglich sind.»

8

Der Sorgeberechtigte am längeren Hebelarm

Väter leben vom Wohlwollen der Mütter

Welchen Einfluß darf der Vater nehmen? – Bekommt der Umgangsberechtigte die Zeugnisse zu sehen? – Europäische Menschenrechtskommission billigt deutsche Sorgerechtspraxis. – Besuchskontakte: seltener und dafür länger. – Warum eine siebentägige Ferienreise mit dem Vater gestrichen wurde. – Psychologen halten «schweres Unrecht» gegen Eltern für unvermeidbar. – Vater und Mutter müssen sich wenigstens noch die Hand geben. – Die Rolle der Großeltern. – Was passiert, wenn Mütter mit den Kindern auswandern?

Dem Münchner Steuerbevollmächtigten Arnold Xander wäre fast eine familienrechtliche Pioniertat gelungen – ein Umgangsrecht mit garantiertem Einfluß. Als seine geschiedene Frau Brigitte für die beiden Kinder – Alexander, siebzehn, und Christiane, dreizehn – das Sorgerecht beantragte, stimmte Arnold Xander zu, stellte jedoch eine Bedingung: die Übertragung dürfe nur unter bestimmten Bedingungen und Auflagen erfolgen. Nach Anhörung des Stadtjugendamtes München verkündete der Familienrichter einen für beide Teile erträglichen Beschluß.

Die Mutter erhielt zwar das Sorgerecht, doch ihr wurden zugleich zwei Verpflichtungen auferlegt: Erstens: «Für die Bestimmung des ständigen Wohnsitzes oder des nicht nur vorübergehenden Aufenthalts jedes der beiden Kinder ist die vorherige schriftliche Zustimmung des Vaters einzuholen.»

Zweitens: «Die Mutter ist verpflichtet, dem Vater alle Zeugnisse, einschließlich der Schulzeugnisse, beider Kinder ohne schuldhaftes Zögern in Fotokopie zu übersenden.»

Der Beschluß hätte, wenn er rechtskräftig geworden wäre, Geschichte machen können. Doch dem Vater reichten die

Zugeständnisse nicht, er legte Beschwerde ein und riskierte damit das ganze Arrangement. Arnold Xander beantragte beim Oberlandesgericht München, daß er als Vater «auch bei der Entscheidung über die Ausbildung und Berufswahl der beiden Kinder mitzuwirken berechtigt ist». Ihm schwebte vor, «daß in Fragen der Ausbildung, insbesondere bei Änderungen gegenüber dem bisherigen Zustand, seine Zustimmung erforderlich ist, und daß ihm bei der Entscheidung über die Berufswahl der Kinder das Recht einer getrennten Besprechung mit ihnen zusteht».

Xanders Grundüberlegung hatte durchaus etwas für sich: Sein Ziel sei nicht etwa, so der Vater, daß «ihm allein und mit absoluter Durchsetzungsmöglichkeit» das Recht zur Entscheidung in diesen Fragen eingeräumt werde. Vielmehr sei es sein Wunsch, «in diesen wichtigen Fragen so gestellt zu werden, als ob die Ehe nicht geschieden ist».

Ob Arnold Xander mit einem weiteren Hinweis auf die Schulnoten seiner Kinder gut beraten war und ob er sich damit nicht selbst disqualifiziert hat, bleibt die Frage. Jedenfalls hatte er sich dem OLG gegenüber zu der Behauptung verstiegen, daß nach den Jahreszeugnissen die schulischen Leistungen der Kinder «besorgniserregend schlecht» seien. Dies zwinge zu dem Schluß, daß die Mutter «offenkundig bei der Erziehung ihrer Kinder völlig versagt» habe.

Das OLG reagierte mit einer deutlichen Zurechtweisung: Xanders Vorwürfe seien «wenig stichhaltig»[1]. Tatsächlich lag Christianes Notendurchschnitt bei 2,63, der Alexanders bei 2,92. Daher fiel es der Mutter auch nicht schwer, von hoher Warte zu argumentieren: Beide Kinder wollten das Abitur machen. Gegenwärtig sei keine Zustimmung oder Mitwirkung des Vaters in den «angesprochenen Bereichen erforderlich». Damit nicht genug – Brigitte Xander stellte sich nun auch auf die Hinterbeine. Sie bestritt dem lediglich umgangsberechtigten Vater die Befugnis, an der Erziehung der Kinder beteiligt zu werden. Auf Grund des ihr übertragenen Sorgerechts, so die Mutter, stehe ihr allein in Fragen der Ausbildung und Berufswahl die Entscheidung zu.

So befanden auch die Oberlandesrichter, und sie drückten das juristisch so aus: «Am Grundsatz der Unteilbarkeit der elterlichen Gewalt wird festgehalten.» Nach diesem Prinzip soll die elterliche Sorge nach der Scheidung «einem Elternteil in vollem Umfang» übertragen werden. Eine Zerlegung oder Abspaltung einzelner Rechte oder Befugnisse sei – «soweit die Aufteilung zwischen den beiden Eltern in Frage steht» – nicht zulässig.

Arnold Xander hatte doppeltes Pech: Die Oberlandesrichter wiesen nicht nur seinen Antrag zurück, sondern erklärten darüber hinaus auch jene Rechte für null und nichtig, die ihm in dem erstinstanzlichen Beschluß großzügig gewährt worden waren. Warum die Entscheidung so hart ausfiel, wird sich nie aufklären lassen, weil die inneren Motive von Richtern stets im dunkeln bleiben. Doch die neugierige Frage, welche Rolle Arnold Xanders Ungeschicklichkeit gespielt haben mag, drängt sich geradezu auf. Mit der Mischung aus Arroganz, Uneinsichtigkeit und Selbstüberheblichkeit, die dem Exehepartner jede Erziehungsfähigkeit abspricht und selbst leicht nachprüfbare Fakten (wie den Notendurchschnitt) leugnet, hat sich schon mancher selbst ein Bein gestellt.

Den Antrag des Vaters, bei der Entscheidung über die Ausbildung und Berufswahl «ein Mitspracherecht eingeräumt zu erhalten», erklärte das Oberlandesgericht für unbegründet; jedenfalls soweit der Vater unter Mitsprache versteht, daß «in diesem Bereich Entscheidungen der Mutter von seiner Zustimmung abhängig gemacht» werden müßten. Bei diesem Wunsch, mit seinen Kindern über deren Zukunft reden zu dürfen, hatte sich Arnold Xander sowieso vor lauter Formalismus den Blick für die Wirklichkeit verstellt. Deshalb machten ihn die Oberlandesrichter darauf aufmerksam, daß eine gerichtliche Entscheidung hierüber «überflüssig» sei. Denn er habe während der genehmigten Besuchskontakte ausreichend Gelegenheit, über diese und andere Probleme mit seinen beiden Kindern zu reden.

Auch der weitere Richterspruch erging zu Lasten des Vaters: Wenn im familiengerichtlichen Verfahren Beschwerde eingelegt werde, wie im konkreten Fall von Arnold Xander, unterliege nicht nur der beanstandete Teil, sondern der gesamte erstinstanzliche Beschluß der Überprüfung durch das Beschwerdegericht. So kam es, daß der Vater auch die beiden bereits gewährten Vergünstigungen verlor. Einmal hielt es das OLG für nicht statthaft, daß der sorgeberechtigte Elternteil, hier also die Mutter, verpflichtet wird, erst eine schriftliche Zustimmung des Vaters einzuholen, wenn sie mit den Kindern den Wohnsitz wechseln will.

Zur zweiten Anordnung stellten die Oberlandesrichter fest: «Auch die Verpflichtung der Mutter, dem Vater unverzüglich alle Zeugnisse der Kinder in Fotokopie zu übersenden, stellt eine Einschränkung des ihr im Rahmen der Erziehung und Beaufsichtigung der Kinder allein eingeräumten Entscheidungs- und Ermessensbereichs dar.»

Es ist nach dieser Ansicht zunächst einmal Sache des Sorgeberechtigten, zu beurteilen und zu entscheiden, «in welcher Weise er den anderen Teil von schulischen Leistungen und sonstigen Erfolgen der Kinder unterrichtet». Einer gerichtlichen Kontrolle unterliege diese Frage erst dann, wenn es notwendig werde, einen Sorgerechtsmißbrauch auszuschließen. Mit der Einführung des Auskunftsrechts, die nach dem Urteil erfolgte, dürfte sich allerdings die Rechtslage ein wenig zugunsten der Umgangsberechtigten verschoben haben.

Die Sache Xander gegen Xander, aber auch ein zweiter bayerischer Fall, sind geeignet, die schmalen Möglichkeiten des Umgangsrechts deutlich zu machen. Der zweite Prozeß war noch weiter gegangen – durch alle Instanzen bis zum Bundesverfassungsgericht in Karlsruhe und bis zur «Europäischen Kommission für Menschenrechte (EKMR)» in Straßburg. Beide Fälle legen einen Schluß nahe: Der Umgangsberechtigte – und dies ist, gegenwärtig jedenfalls, in 85 Prozent aller Fälle der Vater – ist in allen Punkten, die über den gerichtlich genehmigten Besuchs- und Ferienkontakt hinausgehen, auf das Wohlwollen der sorgeberechtigten Mutter angewiesen.

Besuchskontakt verkürzt

Fest steht: Nach dem Bundesverfassungsgericht hat nun auch die Menschenrechtskommission Deutschlands Praxis in Familiensachen als insgesamt rechtsstaatlich und korrekt gebilligt – eine Entwicklung, die es fast ratsam erscheinen läßt, daß sich die Beteiligten künftig mit den Entscheidungen der Beschwerdeinstanzen, also der Oberlandesgerichte, begnügen. Der Grundsatzbeschluß aus Straßburg wurde von der *Europäischen Grundrechtszeitschrift (EuGRZ)* abgedruckt.[2] Im Anfangsstadium hatte der Fall Ähnlichkeit mit der Sache Xander. Auch hier war dem Vater zunächst «ein großzügiges Verkehrsrecht» für Kontakte mit dem Sohn eingeräumt worden. Das Kind sollte an jedem zweiten Wochenende von Freitagabend bis Sonntagabend, also zwei volle Tage, beim Vater sein. Das Abkommen lief einige Zeit ohne Komplikationen. Doch dann sperrte sich die Mutter. Sie reduzierte die Besuchszeit von zwei Tagen auf einen Tag. Zur Begründung trug sie vor, der Sohn habe Schwierigkeiten in der Schule, von einem Psychologen sei eine Teillegasthenie festgestellt worden.

Der empörte Vater ging vor Gericht, er hoffte, die Mutter werde nun von Amts wegen angehalten, die einmal geschlossene Vereinbarung einzuhalten. Der Vater war seiner Sache so sicher, daß er um das Gutachten eines psychologischen Sachverständigen bat – zum Beweis dafür, daß die schulischen Schwierigkeiten Hirngespinste der Mutter seien, jedenfalls aber nicht auf die Besuche des Sohnes bei ihm zurückgeführt werden könnten.

Die Richter begnügten sich mit einer Stellungnahme des Jugendamtes, mit der sie ihre – für den Vater negative – Entscheidung begründeten: Es bestünde eine «hinreichende Wahrscheinlichkeit, daß das Kind schonungsbedürftig» sei.

Im Ergebnis wurde damit die Besuchszeit, die von der Mutter eigenmächtig herabgesetzt worden war, nun auch amtlich verkürzt – Treffen mit dem Sohn am ersten und dritten Samstag im Monat. Punkt. Basta.

Mit einer zeitlichen Korrektur der nächsten Instanz stand der Vater letztlich auch nicht besser da. Statt zweimal einen Tag im Monat wurden ihm nunmehr einmal zwei Tage angeboten – mit einer Begründung, die sich neuerdings häufiger in Gerichtsbeschlüssen findet: Es liege im Interesse aller Beteiligten, die mit häufigen eintägigen Besuchen verbundene Aufregung zu vermeiden und statt dessen intensive Kontakte in längeren Abständen zu pflegen. So plädierte der angesehene Familienrechtler Uwe Diederichsen dafür, statt des «von der Rechtsprechung bevorzugten periodischen Umgangs» nach neuen Wegen zu suchen.[3] Der Göttinger Professor gab zu bedenken, «ob man nicht unter entsprechenden Voraussetzungen mehr als bisher eine Umgangsregelung in Zeitblöcken treffen sollte». Diederichsen hat auch darüber nachgedacht, wann eine solche Lösung zweckmäßig wäre: «bei großer Entfernung, tiefgreifender Verfeindung der Eltern oder bei einer zu starken Belastung des Familienlebens beim sorgeberechtigten Elternteil» – nämlich dann, «wenn dadurch die Besuche für das Kind von vornherein zur Qual werden».

In dem bayrischen Fall, der später bis nach Straßburg ging, fanden die Richter sogar, daß der Vater die Interessen seines Kindes nicht mit der nötigen Objektivität beurteile. Sie meinten auch, daß es nicht erforderlich gewesen sei, «die Ursache, die Art und den Grad der Verhaltensstörung des Kindes zu ermitteln». Schließlich sei die Vereinbarung zwischen den Eltern, auf die sich der Vater berufen hatte, für das Gericht nicht maßgebend oder rechtlich bindend.

Gegen diese Entscheidung lief der Vater Sturm – freilich ohne Erfolg. Das Bayerische Oberste Landesgericht – eine Ober-Oberinstanz, die es nur in Bayern gibt – ließ ihn ebenso abblitzen wie das Bundesverfassungsgericht. Dort scheiterte er schon beim «Dreierausschuß», der Verfassungsbeschwerden auf ihre Zulässigkeit und auf ihre Erfolgsaussichten vorprüft. Die Verfassungsrichter hielten dem aufgebrachten Vater entgegen: Das ausschlaggebende Kriterium für die Beurteilung des Umgangsrechts eines Elternteils mit seinem Kind sei das Kindesinteresse. Daher könne auch nicht beanstandet werden, daß die Vorderrichter sich nicht an die Vereinbarung der Eltern gebunden gefühlt hätten. Höchstrichterliches Fazit: Im konkreten Fall haben die Instanzen «alle maßgeblichen Umstände» ordnungsgemäß geprüft.

In Straßburg berief sich der Vater auf Artikel 8 der Konvention zum Schutze der Menschenrechte, der den Anspruch auf Achtung des Privat- und Familienlebens verbürgt. Er argumentierte, die Gestaltung des Familienlebens müsse in erster Linie den Eltern überlassen bleiben, auch wenn sie geschieden sind. Nur wenn keine Vereinbarung zwischen den Eltern bestehe oder wenn ein etwa bestehendes Abkommen den Kindesinteressen widerspreche, könne der Staat eingreifen. In seinem Fall hätten sich die Richter ohne jede weitere Prüfung über die getroffene Vereinbarung hinweggesetzt.

Abkommen aufgekündigt

So ganz schlüssig war dieser Einwand nicht, denn er spiegelte eine – nicht vorhandene – Einigkeit zwischen Vater und Mutter vor. Tatsächlich war aber die Vereinbarung, bevor sie von den Familienrichtern ignoriert wurde, schließlich schon von der Exfrau aufgekündigt worden.

Doch diese Tatsache spielte in Straßburg keine nennenswerte Rolle, die Europäische Menschenrechtskommission ging ganz schlicht von einem Streitfall zwischen den Eltern aus. Es wurde sogar eingeräumt, daß ein Eingriff in das Recht des Beschwerdeführers auf Achtung seines Familienlebens vorliege. Doch eben dieses Recht wird bereits in der Menschenrechtskonvention eingeschränkt.

Nach der aus dem englischen Urtext übersetzten Entscheidung ist ein öffentlicher Eingriff aus zwei Gründen statthaft:

Er muß nach dem Heimatrecht des betreffenden Landes «gesetzlich vorgesehen» sein, und er muß eine Maßnahme darstellen, «die in einer demokratischen Gesellschaft unter anderem zum Schutze der Gesundheit oder zum Schutze der Rechte und Freiheiten anderer notwendig ist».

Die erste Straßburger Bedingung war klar erfüllt. Deshalb stellte die Kommission fest, daß die bayrischen Gerichte – obwohl sie von der ursprünglichen Besuchsvereinbarung der Eltern abwichen – in Übereinstimmung mit dem deutschen «Bürgerlichen Gesetzbuch» (BGB) handelten, daß es sich also um eine «gesetzlich vorgesehene» Maßnahme handelte.

Auch die zweite Bedingung sahen die Straßburger Juristen als gegeben an: Es bestehe kein Zweifel, daß die von den deutschen Gerichten angeordneten Regelungen die Interessen des Kindes schützen.

Damit war das Schicksal der in Straßburg anhängigen Beschwerde besiegelt. Die Rüge des Vaters wurde denn auch als «offensichtlich unbegründet» verworfen. Aus diesem Verfahren können Eltern, namentlich aber umgangsberechtigte Väter, manches lernen. Die Erkenntnis, die sie gewinnen müssen, lautet – wie bereits erwähnt –, daß der Weg nach Straßburg kaum lohnt. Zwar ist fast jeder davon überzeugt, daß just in seiner Sache das Unrecht zum Himmel schreit. Doch zumeist handelt es sich eben nicht um rechtlich faßbare Willkür, die das Bundesverfassungsgericht oder die Menschenrechtskommission auf den Plan rufen müßte. Häufig sind es eben Nadelstiche, die sich Menschen dann zufügen, wenn Liebe in Haß umschlägt.

Im Bereich des Familienrechts wird immer wieder aufs neue offenbar, daß der Schmerz, den der eine dem anderen beibringt, unter keinen Paragraphen fällt. Doch die Familiengerichte hätten schon einen Ermessensspielraum. Leider wählen Richter, die wegen kleinlicher Streitereien angerufen werden, oft den bequemsten Weg und verwenden dann den Begriff des Kindeswohls ein wenig als Vorwand. Dafür ein Beispiel: Es mag ja sein, daß es lästig ist, über den Wunsch eines Vaters nach regelmäßigen Telefonkontakten zu seinen

Kindern einen Gerichtsbeschluß zu fällen. Doch dem überflüssig wirkenden Antrag des Vaters ist mit Sicherheit eine kleinkarierte Weigerung der Mutter vorausgegangen. Deshalb täten Richter gut daran, gelegentlich einen Gedanken auf das Verhältnis von Ursache und Wirkung zu verschwenden.

Für die Telefonsache kam der Familienrichter in Nordhorn mit fünfzehn Zeilen aus, um den Antrag zu schildern und um ihn zugleich abzulehnen.[4] Der Wunsch des Vaters gehe dahin, «mit den Kindern Jan-Hendrik und Anke am Montag, Donnerstag und Samstag jeweils zwischen 18 Uhr und 19.30 Uhr zu telefonieren, sofern sich beide Kinder nicht bei ihm befinden». Der Richter verwies den Vater auf das großzügig bemessene Umgangsrecht und erklärte: «Eine darüber hinausgehende regelmäßige telefonische Kontaktnahme mit den Kindern ist geeignet, diesen fortlaufend die Trennung ihrer Eltern, unter der die Kinder leiden, bewußtzumachen.»

Vergünstigung gestrichen

Wenn da nicht eine Mutter einem Vater hätte klarmachen wollen, wer am längeren Hebelarm sitzt, wäre der Gedanke, daß die Kinder leiden könnten, gar nicht erst aufgetaucht. Im Gegenteil: Bei einem liebevollen, intensiven Kontakt zwischen dem Vater und den Kindern hätte der Trennungsschmerz vielleicht auch gelindert werden können. Doch nachdem sich aus der Frage ein Konflikt entwickelt hatte, konnte der Familienrichter womöglich nicht anders entscheiden. Auch dieser Fall illustriert jedenfalls, wie wenig das Recht in diesem Bereich vermag, und er zeigt zugleich, wie sehr die Befugnisse des Umgangsberechtigten, faktisch des Vaters, auf ein Minimum zusammenschrumpfen.

Diese Tatsache führte das Berliner Kammergericht einem Vater mit unverhüllter Deutlichkeit vor Augen.[5] Es ging um die Kontakte zu seiner knapp achtjährigen Tochter Alexandra. Genehmigt waren Besuche am ersten und dritten Samstag zwischen 9.30 und 18 Uhr sowie jeweils ein Feiertag zu Weihnachten, Ostern und Pfingsten. Der Familienrichter hatte dem Vater obendrein eine siebentägige Urlaubsreise mit Alexandra zugebilligt, doch diese Vergünstigung wurde auf Beschwerde der Mutter vom Kammergericht wieder gestrichen.

Obersatz der Begründung: Nach den Erkenntnissen der Jugendpsychiatrie wirke sich die «Verkehrsbefugnis» – «jedenfalls, wenn um sie gestritten wird» – regelmäßig nachteilig für das Kind aus. Das gelte «vor allem für Kleinkinder und Kinder im Grundschulalter». Hinter dem scheinbar harmlosen Bedingungssatz (wenn gestritten wird) verbirgt sich der unauflösbare Widerspruch des Sorgerechts. Nach dem Rechtsverständnis jener, die alles als gegeben hinnehmen, erübrigt sich bereits die Frage, wer die Ursachen für den Streit gesetzt hat.

Hinzu kommt, daß dieser Satz einen Sachverhalt verschleiert, der sich ohne nennenswerte Phantasie vorstellen läßt. Einer, zumeist die Mutter, hat das Sorgerecht und kann Tag für Tag mit dem Kind zusammen sein. Der andere, zumeist der Vater, möchte sein Kind natürlich auch so oft wie möglich sehen. Wenn ihm die sorgeberechtigte Mutter diesen Wunsch verwehrt, eine Haltung, die allein in ihrem Belieben steht, beginnt bereits der vom Gericht apostrophierte Streit. Das Nachsehen hat der Vater.

So geschah es im Berliner Fall. Der Besuchskontakt sei vom Richter so zu regeln, heißt es in dem Beschluß, «daß dem Zweck der Verkehrsbefugnis genügt wird und andererseits das Wohl des Kindes nicht weiter als unumgänglich gefährdet wird». Ausreichend ist nach Ansicht der Berliner Kammerrichter,

▷ wenn «der nicht sorgeberechtigte Elternteil mit seinem Kinde etwa zweimal im Monat für einige Stunden zusammen sein darf».

Ein zusätzliches «Ferienverkehrsrecht» daneben wird – entgegen der Ansicht des Familienrichters und des Vaters –

grundsätzlich abgelehnt, und «zwar schon aus Gründen der andernfalls in aller Regel ohne zwingenden Grund gestörten Erziehungskontinuität». Derlei Urlaubskontakt könne nur in Betracht gezogen werden, wenn Zusammenkünfte in kurzen Zeitabständen nicht oder nur eingeschränkt möglich seien.

Welches Maß an Bescheidenheit dem Umgangsberechtigten abverlangt wird, erfuhr Alexandras Vater aus einem weiteren Begründungssatz. Ihm, der sein Kind zweimal im Monat sehen darf, steht nach Ansicht des Kammergerichts «ohnehin schon eine großzügige Verkehrsbefugnis zu». Auch deshalb wurde der Wunsch nach der siebentägigen Reise abschlägig beschieden. Nach einem Gutachten der Psychologischen Ambulanz im Berliner Hauptkinderheim sei Alexandra, so das Kammergericht, «besonders sensibel, unsicher und ängstlich» und stehe «im Spannungsfeld der sich streitenden Eltern».

Zur Begründung stützten sich die Kammergerichtsräte aus Berlin auf jene strenge Psychologenmeinung, die bei kleineren Kindern bis zum Ende des Grundschulalters – wie bei Alexandra – Besuchskontakte am liebsten ganz ablehnen würde, wenn «die Elternteile noch in einer inneren oder äußeren Auseinandersetzung miteinander stehen und ihre Scheidung sozusagen noch nicht bewältigt haben».

So weit mochten die Richter offenbar nicht gehen, aber sie hielten «eine so weite Ausdehnung der Verkehrsbefugnis» für unvereinbar mit dem Kindeswohl und für «keinesfalls mehr vertretbar». Im Lichte dieser Argumentation konnte der Vater von Alexandra fast noch froh sein, daß die Kontakte zum Kind nicht gänzlich unterbunden worden waren.

Der Tübinger Psychologie-Professor Reinhart Lempp, auf den sich die Berliner Kammerrichter ausdrücklich beriefen, vertritt in Sachen Kindeswohl eine relativ strenge Position. Einer seiner kategorischen Sätze könnte für Alexandras Vater oder den Straßburger Beschwerdeführer niedergeschrieben sein: «Eine Verkehrsregelung im Sinne des Kindeswohls kann manchmal ein schweres Unrecht für einen Elternteil bedeuten und notwendig machen.»[6] Nicht zu übersehen ist dabei, daß eine wissenschaftliche Autorität wie Lempp im Bereich des Sorgerechts mehr das Sagen hat als mancher angesehene Familienrechts-Professor.

Für die Praxis wichtig, weil einprägsam, ist ein Grundgedanke des Professors. Lempp hält beispielsweise bei Kindern bis zum Grundschulalter eine Verkehrsregelung nur dann für vertretbar, «wenn die Eltern zu einer Minimalform gegenseitiger Höflichkeit in der Lage sind». Der Psychologe hat auch eine ganz präzise Vorstellung von diesem Minimum: «Sie müssen sich in Gegenwart des Kindes wenigstens die Hand geben können, ohne in Streit zu geraten.»

Lempp sieht offenbar auch die Probleme, die in der Praxis dadurch entstehen können, daß sich der oder die Sorgeberechtigte allzu sicher fühlt. Er empfiehlt deshalb eine Überprüfung der Sorgerechtsentscheidung, wenn eine «bewußte oder unbewußte negative Beeinflussung des Kindes» festgestellt werde. Dann liege ein Verdacht auf «mangelnde Erziehungsfähigkeit» vor.

Oft freilich ist auch dann eine Sorgerechtsänderung aus praktischen Gründen nicht möglich, etwa weil sich eben nur die Mutter – trotz mangelnder Erziehungsfähigkeit – um das Kind kümmern kann. Dann muß, obwohl im Recht, der Vater zurückstecken. In so einem Fall dient dann, meint Lempp bedauernd, «die Durchsetzung des Eltern- und Verkehrsrechts des nicht Sorgeberechtigten sicher nicht dem Kindeswohl». Die Strafe, die eigentlich den bösartigen und böswilligen Elternteil treffen soll, trifft dann «in Wahrheit das Kind».

Solche Beobachtungen und Erkenntnisse demonstrieren in immer neuen Variationen: In dem Dreieck – Vater, Mutter, Kind – muß einer zu kurz kommen, wenn aus den natürlichen Bezugspersonen Rechtsfiguren geworden sind, Sorgeberechtigte und Umgangsberechtigte. Insofern ist auch gegen die Psychologen-Argumentation, daß die Kinder am Zerwürfnis der Eltern keine Schuld haben und daß sie im

Konflikt das schwächste Glied bilden, kaum etwas einzuwenden.

Auch eine weitere Schlußfolgerung ist überzeugend: daß – wenn schon einer von den dreien leiden muß – es nicht gerade das Kind sein soll. Anders gesagt: Kindesrecht geht vor Elternrecht, und wenn sich die beiden Alten nicht einigen können, zieht zwangsläufig einer den kürzeren – egal, ob er nun ein bißchen mehr oder ein bißchen weniger recht hat.

Experten wie der ehemalige Präsident des Deutschen Kinderschutzbundes Dr. Walter Becker fordern denn auch, man solle «die Frage des Umgangsrechts überhaupt einmal neu vom Recht des Kindes her durchdenken»[7]. Becker traf beim Hearing vor dem Deutschen Bundestag eine ebenso schlichte wie wahre Feststellung: «Das Kind hat ein Recht auf Kontakte»; seine strenge Schlußfolgerung aus diesem Satz lautet: «Der Sorgeberechtigte, der diese Kontakte – nicht bloß zu dem anderen Elternteil, nicht bloß zu den Großeltern, sondern auch zu Jugendgruppen und Freunden – nicht herstellt, verstößt im Grunde genommen schon gegen seine Elternpflichten.»

Die Großeltern, die Becker gleich nach den Eltern erwähnte, spielen im Sorgerechtsverfahren eine nicht zu unterschätzende Rolle – mal mit offenem Visier im Vordergrund, viel öfter aber undurchschaubar im Hintergrund. Lempp etwa machte die Erfahrung, daß es oft gar nicht der andere Ehepartner ist, der eine sinnvolle Regelung hintertreibt, sondern ein Großvater oder eine Großmutter, die schon von jeher «gegen die Ehe waren» und die nun «triumphierend obsiegen».

Der «böse Eindringling»

Sicher gibt es nicht nur die Kategorie der schlimmen Alten, die nach Lempps Beobachtung den Sieg ausnutzen und alles tun, damit der «böse Eindringling in die Familie die verdiente Strafe erhält und keinen Anspruch auf den geliebten Enkel mehr erheben kann». Jeder Familienrichter kennt auch die andere Gruppe von Großeltern: jene, die mitunter aufopfernd dafür gesorgt haben, daß die Scheidungskinder nicht völlig unter die Räder gekommen sind.

Aus dem negativen Einfluß wie aus dem positiven Engagement folgt allerdings: Großeltern sind eine Größe, mit der zu rechnen ist. Lempp bezeichnet sie als «Tatsachen», die kein Gericht «aus der Welt schaffen kann». Da helfe auch «die juristische Feststellung wenig, daß Großeltern keine Elternrechte geltend machen können»[8]. In vielen Entscheidungen spielen sie direkt oder indirekt doch eine Rolle.

So mußte das Oberlandesgericht Stuttgart über den Antrag einer Mutter befinden, die den Kontakt zwischen ihrer Tochter Sigrid und den Großeltern väterlicherseits unterbunden wissen wollte. Das Kind hatte sich immerhin vor der Scheidung zwei Jahre lang bei den Großeltern aufgehalten. Deren Antrag auf ein eigenes Besuchsrecht war abgewiesen worden, weil das Bürgerliche Gesetzbuch derlei Befugnisse nicht vorsieht.

Strenggenommen ging es gar nicht mehr um einen eigenen Anspruch der Großeltern. Die Mutter wehrte sich nunmehr gegen eine Umgangsregelung für den Vater, und sie verfolgte nach den Feststellungen des Oberlandesgerichts damit nur ein Ziel, nämlich «Berührung zwischen Sigrid und den Großeltern väterlicherseits über die Person des Vaters» unmöglich zu machen. Der Familienrichter erster Instanz entschied jedoch zugunsten des Vaters. Auf die Beschwerde der Mutter fanden die Oberlandesrichter eine Teils-Teils-Lösung. Eine Beschränkung des Besuchsrechts ist nach Ansicht des OLG nur dann begründet, «wenn sie aus Gründen des Kindeswohls unumgänglich erforderlich ist»[9]. Mit Blick auf die Mutter stellten die Oberlandesrichter zunächst einmal klar, daß deren Vorbehalte rechtlich nicht ins Gewicht fallen dürften. Keine Gründe für eine derartige Kontaktsperre seien die «Interessen der Mutter» oder ihr Wunsch nach «Schonung». Nicht annehmbar sei auch der Hinweis, daß eine solche Maßnahme «zur Beseitigung der ‹Wunden der Mutter› aus dem Scheitern ihrer Ehe mit dem Vater von Sigrid mitsamt der dazugehörigen Vorgeschichte notwendig ist».

Die Oberlandesrichter stellten im Gegenteil unmißverständlich klar: «Eine von solchen Interessengesichtspunkten abhängige Besuchsregelung würde Sigrid ausschließlich zum Objekt einer von ihren Eltern oder zwischen ihrer Mutter und den Großeltern väterlicherseits mit anderen Mitteln fortgeführten nachehelichen Auseinandersetzung machen.»

Aus einer Anhörung des Kindes ergab sich im übrigen – mit einer leider «wünschenswerten Deutlichkeit», wie das OLG anmerkte –, daß Sigrid in diesem Bereich «unter dem negativen Einfluß ihrer Mutter steht». Erfreulicherweise habe sich aber das Mädchen von diesem Einfluß «im wesentlichen freimachen können». Andererseits fanden die Oberlandesrichter beim Aktenstudium heraus, daß sich die Großeltern viele Jahre lang «bis in die Gegenwart hinein in vielerlei Weise in die ehelichen und nachehelichen Verhältnisse der Eltern von Sigrid eingemischt haben». Aus einem Schreiben der Großeltern an das Gericht sei sogar zu entnehmen, «daß Sigrid bei ihrem Aufenthalt bei den Großeltern väterlicherseits in diese Auseinandersetzungen hineingezogen worden ist».

Das OLG hütete sich, diese familiären Grabenkämpfe zu bewerten. In diesem Verfahren sei lediglich «der Eintritt und der Fortbestand» einer solchen negativen Entwicklung festzustellen. Unbeachtlich könne bleiben, wer die «Vorgänge letzten Endes zu verantworten» habe. Es komme lediglich darauf an, ob ein so gearteter Aufenthalt das Kind «nicht nachteilig belastet» – «wenn auch nur durch entsprechende Reaktionen ihrer Mutter». Die Richter hielten diese Besorgnis für begründet – «mit der Folge, daß die Zuführung in den Bereich der Großeltern väterlicherseits in den nächsten Jahren auf wenige Tage einzuschränken ist».

Streitfragen dieser Art werden auch in Zukunft nur von Fall zu Fall gelöst werden können. In der amtlichen Begründung zur Reform des Sorgerechts wurde ausdrücklich festgehalten: «Nach geltendem Recht ist die Befugnis zum persönlichen Umgang auf die Eltern des Kindes beschränkt.» Großeltern, Geschwistern und anderen nahen Verwandten stehe ein solches Recht grundsätzlich nicht zu. Doch da nach herrschender Rechtsmeinung die Pflege der Beziehungen zu diesen nahen Verwandten der Entwicklung des Kindes förderlich ist, kann «eine schuldhafte Gefährdung des Kindeswohls dann gegeben sein, wenn die Eltern aus nichtigen Gründen den Umgang des Kindes mit seinen nahen Verwandten untersagen».[10]

An der so skizzierten Rechtslage hat sich durch die Reform nichts geändert. Ein auf besondere Ausnahmefälle beschränktes Umgangsrecht für die Großeltern wurde nicht ins Gesetz aufgenommen. Nach Ansicht der Bundestagsabgeordneten entsteht das Problem überhaupt nur dann, wenn es zwischen Eltern und Großeltern Konflikte gibt. In diesem Fall wäre nach Bonner Meinung die Verankerung im Gesetz aber sogar schädlich.

Zur Begründung dafür hielt der Bundestag fest: «Durch die Zubilligung eines Rechts zum persönlichen Umgang an die den Eltern entfremdeten oder mit ihnen verfeindeten Angehörigen könnte das Kind in diese Auseinandersetzungen in einer seinem Wohl abträglichen Weise hineingezogen werden.» Außerdem könnte die Aufnahme ins Gesetz, so fürchteten die Parlamentarier, «zu einer nicht erwünschten Vermehrung von Rechtsstreitigkeiten» führen. Es liege im Ermessen der Eltern, «ob und in welchem Umfang» ihr Kind Kontakt zu Dritten habe.

Eine Ausnahme hält die amtliche Begründung allerdings fest: den Fall nämlich, daß Eltern, die den Umgang mit den Großeltern unterbinden, damit das Kindeswohl gefährden. Dann könnte ein Eingreifen von Amts wegen erforderlich sein. Der Bundestagsausschuß nennt zwei exemplarische Beispiele. Erstens: «Wenn das Kind über einen längeren Zeitraum hinweg von einem nahen Angehörigen erzogen und betreut wurde und deshalb enge persönliche Beziehungen bestehen.» Zweitens: «Wenn der Umgang mit nahen Angehörigen deshalb im erhöhten Interesse des Kindes liegt, weil der die Verwandtschaft vermittelnde Elternteil gestorben ist.»

Tatsächlich darf das Vormundschaftsgericht, das neben dem Familiengericht immer noch eine Zuständigkeit hat, nach Paragraph 1666 BGB eingreifen,

▷ wenn «das körperliche, geistige oder seelische Wohl des Kindes durch mißbräuchliche Ausübung der elterlichen Sorge, durch Vernachlässigung des Kindes, *durch unverschuldetes Versagen der Eltern* oder durch das Verhalten eines Dritten gefährdet» wird.

Da nach früherem Recht der Nachweis, daß die Eltern oder ein Elternteil schuldhaften Mißbrauch getrieben hätten, nur schwer zu führen war, wurde nunmehr die Passage vom unverschuldeten Versagen eingeführt. Der Eingriff von Amts wegen ist statthaft, «wenn die Eltern nicht gewillt oder in der Lage sind, die Gefahr abzuwenden».

Mit dem Wort Mißbrauch sind in Familiensachen namentlich die Zukurzgekommenen schnell bei der Hand, Großeltern wie Umgangsberechtigte, und oft ist nicht mehr dahinter als subjektive Empörung. Manchmal aber verschlägt es auch den Familienrichtern die Sprache. Den Vorwurf des Mißbrauchs zum Beispiel hatten drei Väter erhoben, deren Exfrauen mit den Kindern auswandern wollten – mit der Folge, daß die umgangsberechtigten Väter ihre Kinder nicht mehr hätten sehen können. Die Frage wurde in der Rechtsprechung unterschiedlich gewertet.

Fall eins: Das Oberlandesgericht Oldenburg untersagte der Mutter, mit ihren beiden Kindern nach Australien auszureisen. Sie hatte dort früher mit dem geschiedenen Mann gelebt. Es hatte ihr dort gut gefallen. Sie wollte mit ihrem neuen Ehemann dort eine Existenz aufbauen. Die Oberlandesrichter präzisierten die Rechtsfrage so: Wenn der eine auswandere, gehe für den anderen das Umgangsrecht verloren. Es sei im konkreten Fall nicht ersichtlich, daß durch eine Übersiedlung das Kindeswohl auf irgendeine Weise gefördert werde. «Triftige» Gründe für eine Auswanderung, die in der Rechtslehre als Voraussetzung gefordert würden, seien nicht vorgetragen. Deshalb müsse der Ausreisewunsch der Mutter «gegenüber dem Verkehrsrecht des Vaters zurücktreten»[11].

Zweierlei Moral

Im zweiten Fall entschied das Oberlandesgericht Düsseldorf entgegengesetzt: «Will der sorgeberechtigte Elternteil mit dem Kind auswandern und wird dadurch der Verkehr des nichtsorgeberechtigten Elternteils mit dem Kind erheblich erschwert oder gar unmöglich gemacht, so liegt eine echte Kollision zweier Grundrechte vor, die nicht einseitig zugunsten des Verkehrsberechtigten gelöst werden kann.»[12]

Die Richter argumentierten, keinesfalls dürfe dem sorgeberechtigten Elternteil die Ausreise verboten, allenfalls könne ihm die Auflage gemacht werden, die Kinder nicht mitzunehmen. Dann freilich sei zu prüfen, ob die zurückgebliebenen Kinder dadurch womöglich gefährdet wären. Just gegen diese Überlegung hatten die Oldenburger Oberlandesrichter ins Feld geführt: «Ein Elternteil, der ohne triftige Gründe notfalls ohne seine Kinder auszuwandern gedenkt», müsse «sich nachdrücklich nach seiner Eignung befragen lassen». Oder anders: Es wäre zu erwägen, ob in so einem Fall nicht das Sorgerecht entzogen werden kann.

Im dritten Fall war die Mutter mit ihrer zwölfjährigen Tochter Nadja und dem achtjährigen Sohn Alexander nach Venedig gezogen, hatte dort eine Eigentumswohnung gekauft und beide Kinder in italienische Schulen gegeben. Der Ort war den Kindern nicht fremd, ihr Vater besaß dort ebenfalls eine Ferienwohnung, die Familie hatte dort früher ihren Urlaub verbracht. Der Vater rief gegen die Übersiedlung mit den Kindern die Familiengerichte an.

Das Oberlandesgericht München sah «eine Verkennung des Kindeswohls» durch die Mutter. Sie habe Nadja und Alexander «aus ihrer von Geburt an vertrauten Umwelt und Umgebung herausgerissen» und wolle sie nun «in eine andere kulturelle und nationale Umgebung offensichtlich für dauernd verpflanzen».[13] Die Kinder hätten keine italienischen Sprachkenntnisse, es sei zu befürchten, daß ihnen in der Schul- und Berufsausbildung Schwierigkeiten bevorstünden. Als einzige Begründung für ihren Entschluß hatte die Mutter angeführt, daß sie in Venedig billiger wohnen könne als in München.

Die Oberlandesrichter hielten es für geraten, die mit Blick auf die Kinder «willkürlich erscheinende Maßnahme der Mutter» beschleunigt rückgängig zu machen. Formal sah der Gerichtsbeschluß so aus: Der Vater erhielt das Aufenthaltsbestimmungsrecht für die Kinder – «als Teilbereich der elterlichen Sorge» – zugesprochen. Gleichzeitig wurde «die Herausgabe der Kinder sowie die Herausgabe der Reisepässe und sonstigen Identitätspapiere an den Vater» angeordnet.

So überzeugend die Münchner Entscheidung auf den ersten Blick wirken mag, so ernst zu nehmen ist auch die redaktionelle Anmerkung der *Familienrechtszeitschrift,* die den Beschluß in Frage stellte: Ob dieselben Einwände Gültigkeit hätten, wenn «in einer intakten Ehe die Eltern sich entschlössen, mit den Kindern nach Frankreich oder Italien auszuwandern»? Die Frage stellen heißt sie beantworten. Natürlich würde kein Hahn danach krähen. Der nächste Aspekt der Anmerkung macht deutlich, wie klein Europa geworden ist. Das Umgangsrecht, so die *Familienrechtszeitschrift,* werde für den in München verbliebenen Vater zwar erschwert, «aber doch nicht über Gebühr» – «München liegt näher an Venedig als zum Beispiel an Hamburg».

9

Schikanen beim Umgangsrecht

Darf der neue Partner dabeisein?

Wie die Söhne die Freundin des Vaters fanden. – Richter ließen sich zum Werkzeug primitiver Rache machen, doch der Bundesgerichtshof griff ein. – Über die Strategie, den Vater total auszuschalten. – Die «Wohlverhaltensklausel» steht nur auf dem Papier. – Wenn der eine die Kinder gegen den anderen aufhetzt. – Psychologen nehmen Infamie hin. – Zwei Professoren-Meinungen stehen sich gegenüber. – Welche Zwangsmaßnahmen sind zulässig und welche nicht? – Wer Gerichtsbeschlüsse sabotiert, muß zahlen.

Beinahe wäre die Osterreise ins Wasser gefallen, die der sechzehnjährige Mark und der zwölfjährige Heiko mit dem Vater geplant hatten. In letzter Minute war auf Antrag der Mutter vom Familiengericht in Berlin-Charlottenburg eine einstweilige Anordnung erlassen worden. Inhalt: Die neue Partnerin des Vaters und deren zehnjährige Tochter dürften nicht mitfahren. Der Mutter sei nicht zumutbar, daß ihre Kinder zusammen mit der anderen Frau verreisten. Es bestehe zudem «die Gefahr eines Bruchs der Beziehungen zwischen den Söhnen und der Mutter».[1]

Der Vater legte «im Hinblick auf den unmittelbar bevorstehenden Reisetermin» Beschwerde ein, das Berliner Kammergericht hob das Verbot der ersten Instanz auf, die Reise fand statt. Doch der Fall wurde im nachhinein auf Wunsch der Mutter behandelt – eine Prozedur, die wenigstens den einen Vorteil hatte, allen anderen Scheidungseltern und Scheidungskindern in vergleichbarer Position eine Grundsatzentscheidung zu bescheren.

Zur Disposition stand indirekt die gesamte Umgangsregelung, die nötig geworden war, weil die Eltern für dauernd getrennt leben. Per Gerichtsbeschluß war festgelegt, daß die beiden Söhne, die bei der Mutter in Berlin leben, den Vater an jedem dritten Wochenende in Bonn besuchen, in den Osterferien zwei Wochen und in den großen Ferien drei Wochen. Die Mutter wünschte jedoch, daß Mark und Heiko bei diesen Treffen nicht mit der «Geliebten» des Vaters zusammenkommen sollten. Ihre Begründung: Sie müsse es nicht hinnehmen, daß ihre Kinder in eine Hausgemeinschaft kämen, «in der der Vater ein ehebrecherisches Verhältnis unterhalte». Die beiden Söhne hatten bereits zu Beginn der Auseinandersetzung vor Gericht den Wunsch geäußert, ihren Vater bald wieder besuchen zu dürfen, «ganz gleich, ob Frau L. dabei ist oder nicht».

Die Mutter hatte in diesem Punkt ihre Meinung geändert. Anfangs war von ihr das Zusammentreffen der Kinder mit der neuen Partnerin des Vaters toleriert worden. Das Kammergericht kreidete ihr den Sinneswandel auch nicht an: Offensichtlich habe sie dies zunächst nicht «als so verletzend und bedrückend» empfunden. Ihr sei möglicherweise auch «erst nachträglich» bewußt geworden, «daß sie ihre Toleranz überschätzt hat». Die Richter räumten sogar ein, «daß es für die Mutter eine außerordentliche seelische Belastung» darstellen könne, wenn sie die Kinder zum Vater schicke und wisse, daß die andere Frau dabei sei.

Doch bei allem Verständnis für solche psychischen Nöte stellten die Kammerrichter schließlich klar, von welchen Kriterien auszugehen ist: «Die Schonung der Gefühle der Mutter muß gegebenenfalls bei der Verkehrsregelung hinter das Kindeswohl zurücktreten.» Jener «allein in der Person der Kindesmutter liegende Umstand» – nämlich ihr innerer Widerstand gegen die neue Frau des Exehemannes – könne bei der Besuchsregelung keine maßgebliche Bedeutung haben.

Zur Begründung des Beschlusses, mit dem sie die Wünsche der Mutter ablehnten, versuchten die Richter, die Reaktion der Söhne klarzustellen und zu würdigen. So qualifizierten sie die Jungen als «verständige, normal entwickelte intelligente Kinder, die sich schon eine eigene Meinung bilden können». Danach hatten Mark und Heiko insbesondere nach der strittigen Osterreise übereinstimmend erklärt: Sie hätten «die Gegenwart der Frau L. schon beim ersten Zusammentreffen als normal empfunden», sie verstünden nicht, was ihre Mutter dagegen habe. Wörtlich: «Frau L. stört uns nicht.» Die Söhne berichteten den Familienrichtern der zweiten Instanz, der gemeinsame Urlaub sei «problemlos und harmonisch» verlaufen, Frau L. habe sich stets zurückgehalten.

Resümee des Kammergerichts: «Die unbefangenen und freimütigen Äußerungen der Kinder haben den Senat überzeugt, daß das Kindeswohl durch die Gegenwart der Frau L. bei den Besuchen nicht beeinträchtigt wird.» Die Richter fürchteten im Gegenteil, daß ein Verbot «die Spannungen eher vertiefen, den Kindern unverständlich sein und den Zweck des Verkehrsrechts in Frage stellen» könnte. Sinn des Umgangs mit dem Nichtsorgeberechtigten, im konkreten Fall mit dem Vater, sei gerade, die menschlichen Beziehungen aufrechtzuerhalten, dies aber sei «am unbefangensten im familiären Rahmen» möglich.

Eine Alternative wurde in dem Beschluß gedanklich durchgespielt – die Möglichkeit, daß der Vater mit seinen Söhnen in der alten Berliner Ehewohnung zusammentrifft und die Mutter sich während seines Besuchs woanders einquartiert. Doch die Richter verwarfen diese Lösungsmöglichkeit auch sofort wieder: «Eine solche Besuchsregelung würde die Kinder in einen neuen Zwiespalt bringen, weil sie dann das Gefühl haben müßten, daß ihre Mutter nur ihretwegen über das Wochenende das Haus verlasse.»

Das Kammergerichtsurteil in dieser Sache dient der

Rechtsprechung immer noch als zitierfähige Quelle, obwohl es vor Inkrafttreten des neuen Sorgerechts ergangen ist. Zwar ist der Spielraum der Umgangsberechtigten größer geworden, doch Wünsche – wie die der Berliner Mutter – sind deshalb nicht ausgeschlossen. Und es wird immer wieder Männer oder Frauen geben, die den Gedanken nicht ertragen, daß der tatsächliche oder vermeintliche Ehestörer nicht nur den Expartner, sondern auch noch die Kinder mit Beschlag belegt. Deshalb kann es nicht ausbleiben, daß die Familiengerichte immer wieder mit Anträgen, den Umgang zu beschränken, konfrontiert werden. Das neue Sorgerecht regelt «die Befugnis zum persönlichen Umgang mit dem Kinde» in Paragraph 1634 BGB unter drei Gesichtspunkten:

- ▷ «Das Familiengericht kann über den Umfang der Befugnis entscheiden und ihre Ausübung . . . näher regeln.»

- ▷ Soweit das Gericht «keine Bestimmung trifft, übt während der Dauer des Umgangs der nichtpersonensorgeberechtigte Elternteil das Recht nach Paragraph 1632 Absatz 2 BGB aus» – oder anders: er ist während des Besuchs entscheidungsbefugt.

- ▷ «Das Familiengericht kann die Befugnis einschränken oder ausschließen, wenn dies zum Wohle des Kindes erforderlich ist.»

Den Fortschritt des neuen Rechts faßt der angesehene «Münchner Kommentar» zum Bürgerlichen Gesetzbuch zusammen: «Es ist jetzt von Gesetzes wegen Sache des Umgangsberechtigten, über den Kontakt des Kindes mit dritten Personen während der Dauer seines Zusammenseins mit dem Kind zu bestimmen.»[2] Diese Vorschrift entschärfe «den Streit um die Anwesenheit des neuen Ehegatten oder Lebenspartners». Insoweit folge das reformierte Recht auch den Leitlinien der jüngsten Rechtsprechung, etwa dem geschilderten Beschluß des Berliner Kammergerichts.

Tendenzwende in Karlsruhe

Den ersten Anstoß, die engherzige und moralistische Auslegung des Besuchsrechts aufzulockern, hatte 1968 sogar der sonst so konservative Bundesgerichtshof (BGH) gegeben – eine Tendenzwende, die in der Praxis den Vätern zugute kam, denn sie sind, wie schon erwähnt, in 80 bis 90 Prozent aller Fälle der nur umgangsberechtigte Elternteil. In dieser Grundsatzentscheidung[3] wurde ausdrücklich mit einer – bis dato gültigen – ständigen höchstrichterlichen Rechtsprechung gebrochen, die, wie der BGH nunmehr erkannte, der Willkür Tür und Tor geöffnet hatte. Nach der alten Auffassung war es dem Sorgeberechtigten, zumeist also der Mutter, tatsächlich erlaubt, den Verkehr des Vaters mit seinem Kind «im einzelnen zu regeln, auszugestalten und zu überwachen».

Wie diese Überwachung aussah, demonstrierte der Fall, mit dem sich die Bundesrichter zu befassen hatten. Dem Vater waren dosierte Kontakte zu seinen beiden Kindern bewilligt worden – einmal im Monat sowie am Ostermontag, Pfingstmontag und am zweiten Weihnachtsfeiertag zwischen 10 und 18 Uhr. Die weitere Entwicklung machte der BGH aktenkundig: «Wenig später beantragte die Mutter, dem Vater das Verkehrsrecht bis auf weiteres ganz zu entziehen, weil er gegen ihren erklärten Willen zu den Besuchen der Kinder seine jetzige Ehefrau hinzuziehe.»

So wurde – mit Hilfe des Rechts – Rache kalt genossen. Der Antrag erstrebte nicht nur die Ausschaltung der Rivalin, sondern auch die Bestrafung des unbotmäßigen Ehemannes durch Entzug des Besuchsrechts, und dies alles zu Lasten der Kinder. Tatsächlich ließen sich Richter auch zum Werkzeug so primitiver Rache machen. Mindestens die erste Instanz verbot nicht nur die Anwesenheit der neuen Ehefrau, was zur Erreichung des erwünschten Zustandes vollauf genügt hätte, sondern reduzierte obendrein die Zusammenkünfte zwischen dem Vater und den Kindern von einmal im Monat auf einmal im Quartal.

Der Bundesgerichtshof erkannte als Wurzel des Übels die

zu weit gehenden Vollmachten für die Sorgeberechtigten – überwiegend Mütter. Wenn sie, wie nach alter Auffassung erlaubt, den Verkehr zwischen Vater und Kind im Detail regeln dürften, bestehe die Gefahr, daß sie dem anderen gegenüber «lästige und engherzige Anordnungen treffen und insbesondere jedes Dabeisein des neuen Ehegatten bei Ausübung des Verkehrsrechts schlechthin untersagen».

Im Bundesgerichtshof, der 1968 noch fast ausschließlich eine Ansammlung konservativer älterer Herren war, hatte ganz sicher nicht fortschrittlicher Geist den Umschwung des Denkens bewirkt. Antrieb für die progressiv wirkende Rechtsprechung war – angesichts verbreiteter weiblicher Willkür – wohl eher die Solidarität von Vätern in der roten Robe mit Vätern, deren ohnehin kümmerliche Kontakte noch weiter beschränkt werden sollten.

Was immer die höchstrichterliche Selbstkorrektur bewirkt haben mochte, das Ergebnis nahm sich erfrischend wirklichkeitsnah aus: «Bestehen aber zwischen den Eltern Meinungsverschiedenheiten, so wäre es verfehlt zu erwarten, der sorgeberechtigte Elternteil werde das ihm eingeräumte Bestimmungsrecht über die Ausgestaltung des Verkehrs mit dem Kinde im einzelnen nur an der gedeihlichen Entwicklung des Kindes und nicht an seinen eigenen subjektiven Interessen ausrichten.» So ein egoistisches Handeln halten die Bundesrichter für denkbar, wenn sich etwa der Sorgeberechtigte «von einem Gefühl der Kränkung gegenüber dem neuen Ehegatten» des umgangsberechtigten Elternteils leiten lasse – oder anders: wenn sich einer für irgendein Verhalten vor der Scheidung revanchieren will.

Die höchstrichterliche Beschreibung menschlicher Unzulänglichkeit – eben auch solche von Eltern, die höchst eigensüchtige Ziele verfolgen – zwingt zu weiteren Schlußfolgerungen. Wenn die Bundesrichter schon die Ausgestaltung des Umgangs dem Einfluß des Sorgeberechtigten entziehen wollen, weil sie Mißbräuche ausschalten wollen, dann muß dies erst recht gelten für die erwähnten Thesen der Psychoanalytiker, die noch weiter gehen und sogar den Umgang generell von der Erlaubnis des Sorgeberechtigten abhängig machen wollen.

Die juristischen Begriffe «Sorgeberechtigter» und «Umgangsberechtigter» verleiten im übrigen leicht dazu, die Personen aus dem Auge zu verlieren, die in unserer sozialen Wirklichkeit dahinterstehen. Sorgeberechtigt sind, das kann nicht oft genug betont werden, 80 bis 90 Prozent der Mütter, logischerweise müssen sich ebenso viele Väter mit der Position minderen Rechts abfinden.

Strategie ohne Rücksicht

Mindestens für die Ausgestaltung des Umgangsrechts ist dabei eine Erkenntnis des Bochumer Psychologie-Professors Friedrich Arntzen von besonderer Bedeutung. Danach wird «die Beeinflussung gegen den anderen Elternteil häufiger von Müttern als von Vätern vorgenommen» – «ungefähr im Verhältnis zwei Drittel zu einem Drittel».[4] Arntzen meint, daß offenbar durch Schwangerschaft, Geburt, Stillen und Pflege in der frühen Kindheit eine besonders enge Bindung der Mutter an das Kind entstehe. Daraus wiederum leiten Mütter das Recht her, alle Mittel einzusetzen, um das Kind bei sich zu behalten.

Tatsächlich beschränkt sich dieses Gefühl, Vorrechte zu haben, oft nicht auf den Kampf ums Kind. Manche Mütter erstreben den totalen Sieg – nämlich den Vater ganz auszuschalten. Die Familienrichter, die eigentlich urteilen sollen, sind selbst zur Hilflosigkeit verurteilt, wenn eine Mutter diese Strategie ohne Rücksicht auf das Kind verfolgt. So traf der «Deutsche Familiengerichtstag» von 1979 eine fast resignierende Feststellung: «Führt die Konfliktslage jedoch zu einer unzumutbaren Belastung des Kindes, so ist das Umgangsrecht auszuschließen.»[5]

Nach Ansicht des Arbeitskreises, der sich mit dieser Frage befaßte, ist das Besuchsverbot unbedingt erforderlich, «wenn der Umgang bei dem betroffenen Kind zu Syndromen mit Krankheitswert führt». Schwierigkeiten des Nachweises dürften nicht zu Lasten des Kindes gehen. Dies heißt nun allerdings, realitätsnah gesehen: Alle auftretenden Beweisschwierigkeiten gehen in der Mehrzahl aller Streitfälle zu Lasten des Vaters. Umstritten sind in jedem Fall so ziemlich alle Details. Fraglich dürfte in der Praxis allerdings auch häufig sein, ob das Kind nun wirklich gesundheitlich leidet oder nicht. Auf die bloße Behauptung eines interessierten Elternteils ist nur selten Verlaß.

Arntzen etwa rät zu allergrößter Vorsicht gegenüber der Behauptung, «daß im Zusammenhang mit Besuchen beim abwesenden Elternteil beim Kind psychosomatische Störungen aufgetreten sind». Der Sachverständige hat oft genug erlebt, daß falsche Angaben gemacht wurden – als Kampfmittel desjenigen, der die Besuche «um jeden Preis verhindern wollte». Mal traf der Professor auf unbewußte Übertreibungen, mal waren es auch gezielte Erfindungen. Fazit des Wissenschaftlers: «In unserem Material wirkten die entsprechenden Angaben in 86 Prozent der Fälle nicht glaubwürdig – so daß also äußerste Skepsis am Platze ist.»[6]

Aufschlußreich ist auch eine weitere Beobachtung des Bochumer Professors. Er stellte nämlich fest, daß in den «glaubwürdigen» Fällen die gesundheitliche Störung des Kindes nur in ganz seltenen Ausnahmen auf eine «innere Abneigung» gegen den Besuch zurückzuführen war. Meistens war laut Arntzen die wirkliche Ursache «Furcht vor der Auseinandersetzung mit dem besuchsintoleranten Elternteil, der seine eigene Erregung auf das Kind überträgt und bei ihm neurotische Symptome provozieren kann». Derlei Beobachtungen nötigen zu der Frage, ob Deutschlands Familienrichter das Recht auch erschöpfend anwenden.

Konkret heißt das: Ist es aus Gründen des Kindeswohls wirklich unumgänglich, daß der intolerante oder gar infame Elternteil für sein Verhalten auch noch honoriert wird? Wenn das zwingend wäre, hätte sich der Bundestag seine Wohlverhaltensklausel im Bürgerlichen Gesetzbuch (BGB) eigentlich sparen können. Über die Vorschrift, nach der beide Eltern «alles zu unterlassen» haben, «was das Verhältnis des Kindes zum anderen beeinträchtigt oder die Erziehung erschwert», ist lange diskutiert worden. Vor allem gibt aber die amtliche Begründung verläßlich Auskunft darüber, was die Parlamentarier eigentlich wollten.

Ahndung von Verstößen

Mit dieser Bestimmung, die sich an das neue schweizerische Kindschaftsrecht anlehnt, sollte den Eltern zunächst einmal deutlich gesagt werden, «was zum Wohle des Kindes von ihnen in dieser Lage erwartet werden kann». Die Mehrheit der Mitglieder im zuständigen Ausschuß des Bundestages war zwar der Meinung, daß «ein Verstoß gegen diese Verhaltensnorm» schon ein «beachtliches Maß» erreicht haben müsse, «ehe das Gericht eingreift».[7] Doch andererseits hielten die Parlamentarier nicht zurück mit ihrer Meinung, was mit unbotmäßigen Eltern geschehen soll:

▷ Wenn der Sorgeberechtigte die Wohlverhaltensklausel ständig mißachte und damit gegen das Wohl des Kindes verstoße, müsse das Gericht seine Sorgerechtsentscheidung überprüfen. Es stehe dann vor der Frage, ob es «das Sorgerecht von dem einen auf den anderen Elternteil übertragen muß».

▷ Wenn der umgangsberechtigte Elternteil «dauernd gegen diese Verhaltensregel verstößt, indem er alles tut, um das Kind dem anderen Elternteil zu entfremden, entsteht für das Gericht die Frage, ob es die nach Paragraph 1634 BGB getroffene Umgangsregelung ändern muß».

Es sieht fast so aus, als ob sich die Familienrichter scheuten, die Vorschrift in diesem Sinne auszuschöpfen, ja, als ob sie sich der Minderheit des Bundestagsausschusses angeschlossen hätten. Die Minorität war zwar auch der Meinung, daß von den Eltern ein wechselseitiges Wohlverhalten gefordert werden muß. Anders als die Mehrheit hielt es die Minderheit aber nicht für zweckmäßig, dessen Wunsch im Gesetz zu verankern. Dies würde, so befürchtete diese Gruppe, «mehr Schaden als Nutzen bewirken».

In der – dann ja tatsächlich doch verabschiedeten – gesetzlichen Wohlverhaltensklausel sahen die Vertreter der Minderheit die Gefahr, daß etwa der Umgangsberechtigte «einen ständigen Anreiz sehen» könne, «durch entsprechende Vorwürfe» gegen den sorgeberechtigten Elternteil die ursprüngliche Gerichtsentscheidung «wieder rückgängig zu machen». Umgekehrt könne der Sorgeberechtigte «versucht sein, über diese Vorschrift das Umgangsrecht des nichtsorgeberechtigten Elternteils zu verhindern».

Die Prognose: «Ein solcher ständiger Streit müßte sich nach Ansicht der Ausschußminderheit zum Nachteil des Kindes auswirken.» Die Klausel ist dennoch Gesetz geworden. Sowenig sich die Minderheit mit ihren Bedenken im Gesetzgebungsverfahren durchsetzen konnte, so sehr ist ihr dies offenbar bei der Rechtsprechung gelungen. Urteile, in denen das Sorgerecht entzogen wurde, weil ein Elternteil das Kind gegen den anderen aufgehetzt hat, sind bislang nicht bekannt, obwohl Scheidungskinder natürlich tagtäglich manipuliert werden.

Ob geltendes Recht ausgeschöpft wird oder nicht, hängt letztlich vom Bewußtseinsstand der Beteiligten ab, vor allem dem der Familienrichter. Es hat den Anschein, als ob sich die These der Psychologen, daß jede gewaltsame, ja sogar jede nicht einvernehmliche Lösung nur dem Kind schadet, weitgehend durchgesetzt hat. Als vor der Verabschiedung des neuen Sorgerechts Psychologen, Fürsorger und andere Fachleute vom Bundestag in einem sogenannten Hearing befragt wurden, sagte etwa der Tübinger Psychologie-Professor Reinhart Lempp: «Das Kind und der nichtsorgeberechtigte Elternteil haben das Recht des gegenseitigen gemeinsamen Umgangs, wenn es beider Wille ist.»[8]

Die schwer erträgliche Tatsache, daß der Sorgeberechtigte den Willen des Kindes gegen den anderen massiv beinflussen kann, nehmen die meisten Psychologen – so auch Lempp – einfach als gegeben hin. Lempp hält den Einwand, daß ein Kind beeinflußt werde, nicht einmal für sehr «stichhaltig», weil seiner Ansicht nach «Beeinflussung unvermeidlich ist». Tatsächlich geht aus der Art ihres Argumentierens hervor, daß Kinderpsychologen die Kategorien von Recht und Unrecht in diesem Zusammenhang entweder nicht zur Kenntnis nehmen wollen oder aber zumindest nicht für wesentlich halten.

Lempp bringt diese wertfreie Betrachtung auf eine kurze Formel: «Eine Erziehung ohne Beeinflussung ist keine Erziehung. Daß die negative Beeinflussung manchmal schädlich ist, ist richtig.» So gesehen, liegen die Schlußfolgerungen – meist zu Lasten des umgangsberechtigten Vaters – fast auf der Hand. Denn Lempp etwa meint, daß sich der negative Einfluß nicht beseitigen lasse, indem man zum Beispiel einen Besuchskontakt erzwingt. Das gehe, so der Professor, immer zu Lasten des Kindes. «Wir möchten den bösen Elternteil strafen und strafen in Wirklichkeit das Kind.»

Seelische Erschütterungen

Für einen entgegengesetzten Standpunkt lassen sich indessen auch gute Gründe anführen. Lempps Bochumer Kollege Arntzen hält es zum Beispiel nicht für vertretbar, auf manipulierte Konflikte «mit dem Verzicht auf Besuche zu reagieren»[9]. Nach Überzeugung des Bochumer Professors werden wesentliche Bedürfnisse eines Kindes «nicht respektiert», also vernachlässigt, wenn es sich «aus Angst vor dem Verlust der Liebe eines Elternteils eine Hinwendung zum anderen Elternteil nicht erlauben kann».

Arntzen warnt: Der Versuch des einen Elternteils, den Kontakt zum anderen einzuschränken, müsse «auf die Dauer zu seelischen Erschütterungen» führen. Dadurch werde auch die Beziehung zu dem, bei dem das Kind lebe, verunsichert. Der Bochumer Psychologe prophezeite ohne Wenn und Aber, «daß ein Abbruch der Besuche *äußerlich momentan* wohl eine Beruhigung bringen kann, *langfristig* aber die sinnvolle Verarbeitung des Scheidungsgeschehens, die Klärung der Beziehung zum abwesenden Elternteil und viele andere für die Entwicklung notwendige Prozesse behindert».

Es mag sein, daß die Beobachtungen des Psychologen mehr für robuste und weniger für sensible Kinder gelten: Er hat jedenfalls bei Nachuntersuchungen festgestellt, «daß die Auswirkungen der Konfliktsituationen sich bei jedem weiteren Besuch mehr und mehr verloren». Als Ursache dafür machte Arntzen aus: Die Kinder hätten beim anderen Elternteil zumeist eben doch eine Realität vorgefunden, die anders als geschildert war. Das Kind sah sich nicht einem «unausstehlichen Typ» gegenüber, sondern «lernte eine neue Situation kennen, die seine bisherige Vorstellung berichtigte».

Hinzu kommt: Ein normal entwickeltes Kind, dem etwa der Vater vorenthalten worden ist, wird ohnehin früher oder später wissen wollen, was für ein Mensch dieser andere Elternteil eigentlich ist. Die Frage, wie derjenige, von dem man abstammt, aussieht, wie er lebt, wie er fühlt, wie er denkt, gehört zur Selbstfindung. Und ein Vater, dessen Umgangswünsche behindert werden, sollte nicht zu früh kapitulieren – es könnte sein, daß er sich einmal gegen den Vorwurf verteidigen muß, sein Kind im Stich gelassen zu haben.

Er sollte im übrigen auch nicht von vornherein klein beigeben. Arntzen etwa fand heraus, daß in vielen Fällen «ohnehin jede Situation, die Spannung im psychischen Bereich erzeugt, bei Wiederholung an Wirksamkeit verliert». Ein Kind werde, so folgerte er lakonisch, «gegen die negativen Begleitumstände abgestumpft».

Indirekt bestätigt wurde Arntzen durch ein Buch, das von Scheidungskindern als Ratgeber für Scheidungskinder in Amerika veröffentlicht wurde. Da warnen etwa die Erfahrenen ihre unerfahrenen Leidensgenossen: «Etwas ist faul, wenn ein Elternteil fragt, was man wohl vom anderen halte. Gar nicht darauf eingehen – denn so etwas könnte im Gericht verwendet werden. Man antworte auf eine solche Frage einfach nur: Ist schon alles okay.»

So ein Rat oder die kritische Beobachtung eines Mädchens legen sogar die Vermutung nahe, daß die Realitätsprüfung bei Scheidungskindern, jedenfalls bei den älteren, unter Umständen besser funktioniert als bei ihren Eltern. Das Mädchen schildert eine für ihre Eltern peinliche Episode, die sogar ziemlich repräsentativ sein dürfte: «Mein Vater schenkte mir einmal ein Paar Turnschuhe, die ich beim nächsten Besuch meiner Mutter trug. Die sah das, ging mit mir gleich in ein Schuhgeschäft und kaufte mir ein Paar viel bessere und teurere Turnschuhe. Als ich damit bei meinem Vater erschien, kaufte er mir sofort ein Paar Dauerlauf-Spezialschuhe – bevor ich mich versah, hatte ich auf einmal fünf Paar Turnschuhe. Das war natürlich ganz schön, aber ich haßte doch die Tatsache, daß Vater und Mutter sich als der bessere Elternteil dadurch hinzustellen versuchten.»[10]

Außer der Erkenntnis, daß Kinder auch manchen Puff ertragen können, führt Professor Arntzen noch ein weiteres Argument ins Feld, das jedem Laien auf Anhieb einleuchtet: Kinder müßten in gewissem Umfange lernen, zeitweilig mit Konflikten zu leben, ohne den beteiligten Personen gleich völlig aus dem Weg zu gehen. Wörtlich: «Konflikte ergeben sich, vor allem bei älter werdenden Kindern, auch in der normalen vollständigen Familie, ohne daß der Kontakt mit den Eltern und Geschwistern abgebrochen werden kann und soll.»

Arntzen zieht aus seinen Einsichten und Beobachtungen den Schluß, daß es lohnt, sich auch bei Konflikten um den Besuchskontakt zu bemühen und nicht vorzeitig aufzugeben – jedenfalls solange zu vermuten sei, «daß noch eine emotionale Bindung der Kinder an den abwesenden Elternteil besteht». Die Beweisführung des Bochumer Professors kommt einem weitverbreiteten Gefühl für gerechte und vernünftige Lösungen mehr entgegen als die rigoristische Gegenposition.

Konflikt entschärfen

Wie schwer es ist, gerade in dieser Frage Stellung zu beziehen, zeigen immer wieder Diskussionen zwischen Richtern,

Gutachtern, Anwälten und betroffenen Eltern. Ob einer dafür plädiert, im Konfliktsfall den Kontakt zum Umgangsberechtigten – also überwiegend zum Vater – gänzlich zu unterbinden, hängt meistens von der ideologischen Ausgangsbasis ab, vom Geschlecht, von den eigenen Erfahrungen und von der Fähigkeit zur Identifikation mit einer der möglichen Rollen.

Auch die unterschiedlichsten Ausgangspositionen können allerdings nicht darüber hinwegtäuschen, daß ein enttäuschter, haßerfüllter Ehepartner sein Kind quasi als Racheobjekt mißbrauchen und damit das Familiengericht zur Aktionsunfähigkeit verurteilen kann. Die Rücksicht auf ein sensibles Kind kann jedenfalls gebieten, daß der Konflikt zu Lasten des Unschuldigen entschärft werden muß.

Theorie und Praxis klaffen da weit auseinander. Bei dem Hearing vor dem Deutschen Bundestag kam ein alter Praktiker zu Wort. Dr. Walter Becker, zwanzig Jahre lang Leiter eines der größten deutschen Jugendämter und drei Jahre lang Präsident des Deutschen Kinderschutzbundes, vertrat die Ansicht: Der Wille des Kindes müsse «grundsätzlich in der Frage seines Umganges Beachtung finden»[11]. Becker forderte unmißverständlich: «Wenn ein einsichtsfähiges Kind den Umgang mit einem nichtsorgeberechtigten Elternteil strikt ablehnt, sollte man es nicht dazu zwingen, am wenigsten durch Gewaltmaßnahmen.»

Becker, obwohl von Hause aus Praktiker, sah die Sache vielleicht doch zu theoretisch. Ob das einsichtsfähige Kind zum Beispiel den Kontakt zum Vater vielleicht der Mutter zuliebe ablehnt, oder ob es eigene plausbile Gründe für seine Haltung hat, sollte stets geprüft werden. Doch solche Differenzierungen halten manche der Gutachter, die beim Hearing befragt werden, schon im Interesse des Kindeswohls für überflüssig. So argumentierte Ingrid Baer (Frankfurt), Vertreterin der Arbeitsgemeinschaft für Jugendhilfe: Wenn sich der sorgeberechtigte Elternteil ernsthaft dem Umgang des Kindes mit dem anderen widersetze, «so sollte man keine Zwangsmaßnahmen durchführen» – auch nicht, wenn das

Familiengericht «vom Kindesinteresse her zugestimmt» hatte.[12]

Ein so erzwungener Umgang, begründete Ingrid Baer ihren Standpunkt, würde das Kind in einen bedenklichen Konflikt bringen und auch für den besuchenden Elternteil unbefriedigend sein. Wörtlich: «Es ist ein Grundprinzip des Familienrechts, daß persönliche Beziehungen nicht mit staatlichen Vollstreckungsmaßnahmen von einem der Beteiligten durchgesetzt werden können.» Auch die gesetzlich vorgeschriebene eheliche Verpflichtung zur Lebensgemeinschaft, meint Frau Baer, könne nicht erzwungen werden.

Die Gutachterin mag dabei eine jener scheußlichen Szenen vor Augen gehabt haben, die noch vor ein paar Jahren durch die Illustrierten gingen. Da vollstreckte dann ein Gerichtsvollzieher mit Gewalt einen Beschluß am lebenden Menschen. Oder genauer: Er holte ein strampelndes, sich wehrendes Kind ab – um ein Besuchs- oder ein Sorgerecht durchzusetzen. So gesehen, hatte Ingrid Baer sicher recht. Doch heutzutage ist dieser Fall kaum noch denkbar. Üblich ist dagegen immer noch, daß der Sorgeberechtigte die Umgangsregelung sabotiert und das Kind sich dieser Strategie beugt – ob gern oder ungern läßt sich zumeist nur schwer feststellen.

Wenn nun der Sachverständige Becker meint, man «sollte auch dem sorgeberechtigten Elternteil nicht unrealistisch zumuten, daß er das Kind auf Aufrechterhaltung solcher Kontakte hin erziehen müßte», so ist ihm da schwer zu folgen – es sei denn, er meint, daß die Mutter das Kind nicht zum Vater hinprügeln müßte, wie früher Gerichte gefordert haben. Warum dagegen eine sorgeberechtigte Mutter von ihrer Rechtspflicht befreit werden sollte, einen Gerichtsbeschluß – und sei es widerwillig – zu respektieren, ist nicht einzusehen.

Wann immer die psychologischen Gutachter oder die Jugendfürsorger Zwangsmaßnahmen verdammen, verquicken sie zwei Tatbestände miteinander, die gerade aus Gründen des Kindeswohls auseinandergehalten werden sollten. So überzeugend es ist, daß keinerlei Gewalt gegen das Kind angewendet werden sollte, so überlegenswert sind Zwangsmaßnahmen gegen den renitenten Rechtsverweigerer – sei es die Mutter, sei es der Vater.

Androhung von Zwangsgeld

Beim Familiengerichtstag 1980 in Brühl berichtete in einer kleinen Diskussionsrunde am Rande des Treffens eine Richterin aus Berlin über ihre einschlägige Praxis. Zu dem von ihr betreuten Kreis gehören überwiegend Unterschicht- und Mittelschichtfamilien. Mit dem zumeist dürftigen Unterhalt, den der Mann – mangels eigener Masse – in diesen Fällen zahlt, kann die Frau in der Regel keine großen Sprünge machen. Die Androhung von Zwangsgeld ist daher fast immer auch die Androhung eines empfindlichen Übels.

Tatsächlich verhängt die Familienrichterin denn auch saftige Geldbußen, wenn die Mutter die gerichtlich verfügte Umgangsregelung mit dem Vater sabotiert. Anders als die meisten ihrer Kollegen begnügt sich die Berliner Juristin nicht mit lächerlichen Beträgen von 100 Mark. Bei ihr kostet Gesetzes-Ungehorsam 500 Mark. Ihre Erfahrung: «Für eine Frau, die mit ihrem Geld rechnen muß, sind 500 Mark eine empfindliche Buße oder besser: Einbuße. Öfter als zweimal habe ich bisher kein Zwangsgeld festsetzen müssen, um einen Gerichtsbeschluß durchzusetzen.»

Formaljuristisch gesehen wirft das Zwangsgeldverfahren in der Praxis immer wieder unvorhergesehene Probleme auf. Eltern, die ihr Recht gegen den Expartner auf diese Weise durchsetzen wollen oder müssen, kommen kaum ohne Anwalt aus. In einem Fall, den das Oberlandesgericht (OLG) Düsseldorf zu entscheiden hatte, schien zunächst alles klar. In der Umgangsregelung war der sorgeberechtigten Mutter aufgegeben worden, «dem Vater so früh wie möglich mitzuteilen», wenn das Kind zum Beispiel durch Krankheit, Schulveranstaltung oder durch eine länger geplante Reise einen vereinbarten Termin nicht einhalten könne. In so einem Fall sollten sich Vater und Kind am selben Wochentag eine Woche später oder, bei längerer Verhinderung, zwei Wochen später treffen.

Als rechtliche Grundlage diente dem OLG die Ursprungsvereinbarung: «In Nummer 9 seiner Besuchsregelung hat das Amtsgericht D. dem Elternteil, der die ihm durch den Beschluß auferlegten Pflichten nicht gewissenhaft erfüllt, eine Ordnungsstrafe bis 1000 Mark angedroht.»[13] Tatsächlich hatte die Mutter dem Vater irgendwann mitgeteilt, daß sie zum vorgesehenen Sonntag mit dem Kind verreist sei. Weiterer Sachverhalt: «Die von ihm (dem Vater) geäußerte Bitte, ihm das Kind am folgenden Sonntag zu überlassen, hat die Mutter abgeschlagen» – und zwar ganz kühl am Telefon. Der Vater fügte sich dieser Willkür zähneknirschend. Immerhin verhängte der Amtsrichter ein bescheidenes Zwangsgeld von 100 Mark. Doch selbst diese Summe mußte die Mutter nicht zahlen.

Die Festsetzung eines Zwangsgeldes erfordert nach Ansicht der Oberlandesrichter «die schuldhafte Nichterfüllung der Verpflichtung, zu deren Erzwingung es angedroht war». Unstreitig habe die Mutter den Besuchskontakt «nur telefonisch verweigert». Gerichtlich angeordnete Pflicht der Mutter sei gewesen, das Kind am fraglichen Tag «um 10 Uhr pünktlich abholbereit zu halten». Nur wenn sie dieser Verpflichtung nicht nachgekommen wäre, hätte gegen sie ein Zwangsgeld festgesetzt werden dürfen.

In diesem Fall mußte sich der Vater seine zivile Geduld auch noch vorhalten lassen: «Der Vater hat sich jedoch mit der telefonisch ausgesprochenen Weigerung der Mutter begnügt.» Er hätte, so meint das OLG, «den Versuch machen müssen, das Kind am Sonntag bei der Mutter abzuholen». Auf ein Gespräch mit der Mutter über das Besuchsrecht hätte er sich nicht einzulassen brauchen. Die genaue zeitliche Festlegung im Gerichtsbeschluß habe «vielmehr den Zweck, jegliche Diskussion zwischen den Eltern darüber zu erübrigen». Infolgedessen könne das Zwangsgeld erst dann verhängt werden, wenn der Kontakt zur gerichtlich festgelegten

Zeit «tatsächlich verweigert wird», bloße Androhungen mit einer Verweigerung reichten nicht aus.

Auch mit pauschalen Androhungen geben sich die meisten Oberlandesgerichte nicht zufrieden. Das OLG Frankfurt faßte diese Rechtsansicht so zusammen: «Auch wenn wegen der gleichen Verpflichtung mehrmals ein Zwangsgeld festgesetzt werden soll, muß jeder Festsetzung eine besondere Androhung des Zwangsgeldes vorausgehen. Es ist unzulässig, ein Zwangsgeld für alle zukünftigen Zuwiderhandlungen anzudrohen.»[14]

Die Frankfurter Oberlandesrichter begründeten ihre formale Strenge so: Dem Verpflichteten müsse zwischen der Androhung und der Festsetzung des Zwangsgeldes eine Zeit des Besinnens gelassen werden. Nach einer erfolgten Zwangsgeldfestsetzung müsse immer wieder neu versucht werden, «ob der Zweck sich nicht jetzt durch die Androhung allein erreichen läßt» – gleichsam als erzieherisches Ultimatum, eine Methode, die sich offenbar bei der Berliner Familienrichterin bewährt hat.

Auf ein weiteres Detail, das zumeist übersehen wird, machte das OLG Hamm aufmerksam: Ein Vergleich zwischen den Eltern sei nur vollstreckbar, «wenn das Gericht durch eine eigene Entscheidung die getroffene Regelung sich zu eigen gemacht hat»[15]. Eine bloße gerichtliche Protokollierung der Eltern-Vereinbarung reiche als Vollstreckungsgrundlage nicht aus. Auch «die Aufnahme der Androhung in den protokollierten Vergleich» ersetze die gerichtliche Androhung nicht.

Merke: Wer Anlaß zu der Befürchung hat, daß ihm der andere Knüppel zwischen die Beine wirft, sollte die Umgangsregelung per Gerichtsbeschluß festlegen lassen, eine hohe Geldbuße für Zuwiderhandlungen anregen und notfalls beim Familienrichter den Mechanismus von Zwangsgeldandrohung und Zwangsgeldfestsetzung per Antrag in Gang setzen.

10
Das Kind als Faustpfand

Wenn Sorgerecht und Unterhalt verquickt werden

Was passiert, wenn sie mit den Kindern zum Geliebten zieht? – Muß der Mann die ganze neue Familie finanzieren? – Belange des Kindes stehen im Vordergrund. – Voraussetzungen für Unterhalt: Betreuung des Kindes durch Elternvereinbarung oder durch staatliche Sorgerechtsentscheidung. – Verfassungsgericht hält «stärkere innere Beziehung» zum berufstätigen Vater für möglich.

Die Ehefrau verläßt ihren Mann und bezieht «zusammen mit ihrem Freund, mit dem sie in eheähnlicher Gemeinschaft zusammen lebt, eine gemeinsam gemietete Wohnung». Da sie «nicht erwerbstätig» ist, soll der Verflossene Unterhalt zahlen, ihre wilde Ehe also mit finanzieren – ein gerichtsnotorischer Fall, wie er alle Tage vorkommt, seit das neue Scheidungsrecht gilt.

Wie kaum eine andere Konstellation hat das, was nach altem Recht «böswilliges Verlassen» genannt worden wäre, die Zweifel am neuen Eherecht genährt und die Gemüter erhitzt. Ehedem wäre es ein klarer Fall gewesen: Sie hätte jedenfalls vordergründig die Schuld bekommen, obwohl sie vielleicht gar nicht schuldig war, er hätte keinen Pfennig zu zahlen brauchen.

Das neue Recht, das von jeglicher Schuldfeststellung absieht, weil sich die Intimsphäre mit den Kategorien von Wahrheit und Klarheit nicht erforschen läßt, versucht solche Fälle wertfrei zu regeln. Es geht grundsätzlich davon aus, daß Unterhalt nur in besonderen Fällen gewährt wird, laut Gesetz aber immer dann, wenn der andere die Kinder hat. Damit wurden, inzwischen vielbeklagt, zwei Dinge verquickt, die eigentlich nichts miteinander zu tun haben – Sorgerecht und Unterhaltsanspruch.

Strenggenommen passiert noch viel Schlimmeres: Zwei unverträgliche Motive, Liebe zum Kind und Liebe zum Geld, überlagern sich. Und der Familienrichter muß dann die bewußten oder unbewußten Verflechtungen ergründen – ein Sachzwang, der jedes Ergebnis verfälschen kann. Auf diese Weise könnten nämlich die bereits geschilderten Sorgerechtskriterien – so zweifelhaft und anfechtbar sie zum Teil auch sein mögen – völlig illusorisch werden.

Die Routinefrage, mit der sich der Familienrichter allein abplagen muß, weil ihm das Gesetz keine Antwort gibt, lautet: Besteht diese Unterhaltsverpflichtung auch dann, wenn die Ehefrau mit den Kindern zum Geliebten zieht? Zwar hat der Gesetzgeber im Paragraphen 1579 des Bürgerlichen Gesetzbuches (BGB) eine Reihe von Fällen beschrieben, in denen der Ehemann von der Unterhaltszahlung freigestellt werden soll, falls sie «grob unbillig» wäre.

Doch für die Beantwortung der Frage, wann dieser Fall eintritt, bietet der Paragraphentext nur karge Anhaltspunkte. Keinen Anspruch auf Unterhaltszahlung hat danach

- wer nur kurze Zeit verheiratet war,
- wer sich eines Verbrechens gegen den anderen schuldig gemacht hat,
- wer seine «Bedürftigkeit mutwillig herbeigeführt» hat.

Diese drei wie willkürlich aneinandergereihten Tatbestände werden ergänzt durch eine Ziffer 4, die sogenannte Generalklausel; sie soll summarisch jeden weiteren Fall abdecken, der «ebenso schwer wiegt» wie die drei konkreten Unbilligkeitsfälle.

Die Präzisierung des heiklen Punktes überließ Bonn der Rechtsprechung – und damit zwangsläufig die eigentlich gar nicht zulässige Frage, wie denn in einem Recht, das von Schuld ausdrücklich absieht, gleichwohl so etwas wie schuldähnliches Verhalten festzustellen sei.

In einem Grundsatzurteil, das der Bundesgerichtshof

(BGH) zu dieser Frage fällte, hieß es denn auch vielsagend: «Die Beseitigung des Verschuldensprinzips» schließe nicht aus, daß «ein schwerwiegendes Fehlverhalten» des Ehegatten, der Unterhalt beansprucht, zu berücksichtigen sei.[1]

Zahlungsmoral der Mütter

Damit feierte ein alter Begriff, um dessen endgültige Liquidierung sich der Gesetzgeber nur herumgemogelt hatte, wieder Auferstehung: das Fehlverhalten. Aus der Sicht des BGH ist es jedenfalls dann erheblich, wenn die «Abkehr des Ehegatten von der Ehe» stracks in eine neue Liaison mündet, dem betrogenen Ehemann müsse in diesem Fall eine Unterhaltsverpflichtung als Mitfinanzierung «des Zusammenlebens seines Ehepartners» mit dem Dritten erscheinen.

Zur Begründung nageln die Bundesrichter den Ehepartner, der sich einem anderen zugewendet hat, an seinem widersprüchlichen Verhalten fest: Derjenige, «der sich von seinen eigenen ehelichen Bindungen distanziert und die dem anderen Ehegatten geschuldete Hilfe und Betreuung einem Dritten zuwendet», könnte nicht seinerseits den verlassenen Ehepartner «für sein wirtschaftliches Auskommen in Anspruch nehmen». Eine «solche Inanspruchnahme» liefe «dem Grundsatz der Gegenseitigkeit zuwider, der dem ehelichen Unterhaltsrecht zugrunde» liege.

Die naheliegende Schlußfolgerung, daß die Wohngemeinschaft mit einem Geliebten unter den Härteparagraphen fällt und zur Unterhaltssperre führt, ist aber von Gesetzes wegen auf eine Vielzahl von Fällen nicht anwendbar. Auch die Bundesrichter kamen nämlich am Absatz 2 des besagten BGB-Paragraphen 1579 nicht vorbei – und der bestimmt, daß der hintergangene Ehemann ungeachtet aller festgestellten groben Unbilligkeit immer dann zahlen muß, «solange und soweit» von der Frau «wegen der Pflege oder Erziehung eines gemeinschaftlichen Kindes eine Erwerbstätigkeit nicht erwartet werden kann».

Natürlich ist in dem fraglichen Absatz nicht vom Ehemann und der Ehefrau oder von Vater und Mutter die Rede. Der Gesetzgeber bedient sich neutraler Begriffe und spricht «von dem Berechtigten». Das ist, wie hinreichend bekannt, überwiegend die Mutter. Wenn ausnahmsweise der Fall aber mal umgekehrt liegt, steht der Vater dumm da. So stellte die «Interessen- und Schutzgemeinschaft unterhaltspflichtiger Väter und Mütter (ISUV e. V.)» bedauernd fest, daß «die Zahlungsmoral unterhaltspflichtiger Mütter im Durchschnitt ausgesprochen schlecht» sei. Beleg: «Jeder zweite alleinerziehende Vater erhält keine Mark Unterhalt.»[2]

In dem konkreten Prozeß, der dem BGH vorlag, handelte es sich allerdings um den vorläufig noch vorherrschenden Routinefall: Die Geldforderung kam von ihr. Und sie war mit ihren beiden Kindern, einem neunjährigen Jungen und einem sechsjährigen Mädchen, zum Freund gezogen. Der Ehemann zahlte zunächst freiwillig 1000 Mark im Monat für sie, 730 Mark für die Kinder und 241 Mark Krankenversicherungsprämien. Als sie das Doppelte verlangte, war es ihm zuviel.

Wieviel ihr wirklich zusteht, sollte das Oberlandesgericht (OLG) entscheiden, an das der Fall vom BGH zurückverwiesen wurde. Anders als die Frankfurter Vorinstanz, die mindestens eine Kürzung des Unterhaltsanspruchs wegen grober Unbilligkeit für rechtens gehalten hatte, meinten die Bundesrichter: Für den Fall, daß die Ehefrau das Sorgerecht endgültig und zu Recht erhalte und sie «allein durch das Betreuungsbedürfnis des Kindes an jeglicher Erwerbstätigkeit, auch etwa an einer Teilzeitbeschäftigung gehindert» werde, könne der Unterhaltsverpflichtete keine Härtegründe geltend machen. Sie entfielen dann «in vollem Umfang». Oder anders: Er muß zahlen.

Lediglich bei der «Bemessung» des Unterhalts macht der BGH Zugeständnisse. Wenn es die Frau übernehme, so die Obersten Richter, dem «neuen Partner den Haushalt zu führen und ihn zu versorgen», müsse sie sich ein entsprechendes

Entgelt anrechnen lassen, also sich mit einer geringeren Zuwendung vom verabschiedeten Ehemann begnügen.

Die Klägerin hatte allerdings «in Abrede gestellt, von ihrem neuen Partner irgendwelche Bar- oder Sachleistungen zu erhalten». Für den BGH lag deshalb «die Annahme nahe», daß die finanzielle Zuwendung des Partners hinter dem tatsächlichen Wert ihrer «Versorgungsleistungen» zurückbleibe.

Unheilvolle Wechselbeziehung

Ob sich die Klägerin zu Recht auf das Unterhaltsprivileg der Kindesbetreuung beruft, muß nach Karlsruher Rechtsmeinung gründlich geklärt werden – in dieser Sache, aber auch in allen Parallelfällen. Aus dem gegebenen Anlaß hatte sich der BGH eingehend mit der unheilvollen Wechselbeziehung von Sorgerecht und Unterhaltsanspruch beschäftigt – die Ehefrau, die versorgt sein will, muß um die Kinder kämpfen, denn sie sind der Unterpfand für ihre Versorgung.

Wenn bei getrennt lebenden, aber noch nicht geschiedenen Eheleuten über das Sorgerecht noch nicht entschieden ist, erscheint es dem BGH «bedenklich», beim Unterhalt allein auf die tatsächliche (gerichtlich noch nicht bestätigte) Kindesbetreuung abzustellen – zumal dann, wenn die Frau das Kind «nicht nur eigenmächtig und gegen den Willen des Ehepartners übernommen, sondern das Kind dazu noch aus einem bisherigen Lebenskreis herausgenommen hat und mit ihm in eine andere Wohnung gezogen ist».

Das heißt: Wenn eine Frau vollendete Tatsachen schafft, indem sie mit Kind und Kegel zum Geliebten zieht, hat sie den an die Kindesbetreuung geknüpften Unterhaltsanspruch noch nicht automatisch in der Tasche. Im Gegenteil: Just in diesem Fall muß laut BGH «die Betreuung des Kindes durch den in der ehelichen Wohnung verbliebenen Ehepartner» in den Bereich der «Möglichkeiten einbezogen werden». Das könnte heißen, daß ein Unterhaltsanspruch noch nicht deshalb begründet wird, wenn ein ehemüder Partner die Kinder mitnimmt – nicht die Kindesbetreuung soll den Ausschlag geben, sondern erst die Übertragung des Sorgerechts durch Richterspruch. Um den allerdings werden sich Frauen, die aufs Geld aus sind, und Männer, die nicht zahlen wollen, künftig früher bemühen – gleich zu Beginn der Trennung, nicht erst am Schluß des Scheidungsprozesses, das legt das höchstrichterliche Grundsatzurteil nahe.

Eine Orientierungshilfe könnte die in dem Karlsruher Musterurteil ausgesprochene höchstrichterliche Mahnung sein: Wer sich das Kind durch «dessen Herausnahme aus dem bisherigen Lebensbereich sowie unter Verstoß gegen das Elternrecht des verlassenen Ehepartners verschafft» habe, dürfe nicht «auch noch . . . aus diesem rechtswidrigen Verhalten wirtschaftliche Vorteile» ziehen.

Offenkundig war bereits nach dem BGH-Prozeß: Die gesetzliche Lösung, nach der keine wie immer geartete Böswilligkeit einer Frau zum Unterhaltsverlust führen kann, wenn sie die Kinder betreut, bedurfte einer Änderung. Folgerichtig erklärte das Bundesverfassungsgericht (BVG) die umstrittene Passage des Bürgerlichen Gesetzbuches für verfassungswidrig. Anlaß für diese Korrektur war ein Fall, der womöglich noch abstruser wirkte.

Die sorge- und damit unterhaltsberechtigte Mutter hatte sich ein tolles Stück geleistet. Nachdem die Ehe in die Brüche gegangen war, fuhr sie schnurstracks nach Italien zu dem Geschäftspartner ihres Exmannes, um sich «Provisionsabrechnungen» zu beschaffen. Sie wollte etwaigen «Schwarzeinnahmen» auf die Spur kommen – zwecks Unterhaltsberechnung.

Das Nachspionieren hatte für den Ehemaligen böse Folgen. Denn der italienische Handelspartner, ein Hersteller optischer Geräte, löste, warum auch immer, mit sofortiger Wirkung alle Geschäftsverbindungen zu dem hessischen Kaufmann. Und der Zufall wollte es, daß ausgerechnet die in Italien weilende frühere Ehefrau den Brief tippte, mit dem der Italiener seinem deutschen Partner die Beziehungen aufkündigte.

Der Darmstädter Familienrichter, der die Ehescheidungssache zu entscheiden und die Scheidungsfolgen zu regeln hatte, wertete die italienischen Aktivitäten der Frau als glatte «Geschäftsschädigung» und als «gravierendes Fehlverhalten». Der Prozeß drehte sich um eine Unterhaltsforderung von 1650 Mark monatlich, und wenn es nach dem Richter gegangen wäre, hätte er nur noch geprüft, ob «eine Kürzung oder gar ein völliger Ausschluß des Unterhalts gerechtfertigt wäre».

Gröbste Unbilligkeiten

Doch es ging nicht nach dem Gerechtigkeitsempfinden des Richters, sondern nach dem Gesetz, eben nach dem berüchtigten Absatz 2 des Paragraphen 1579 (BGB). Und diese Vorschrift mutet, wie gesagt, dem Zahlungspflichtigen zu, die gröbsten Unbilligkeiten hinzunehmen und dafür auch noch zu zahlen, wenn der andere ein gemeinschaftliches Kind betreut.

So war es im Fall der Italienreisenden. Sie sorgte für den fünfjährigen Sohn aus der gescheiterten Ehe. Nach dem gesetzlichen Freibrief für Infamie hätte sie ihrem ehemaligen Ehemann noch schlimmeren Schaden zufügen können, ohne ihren Unterhaltsanspruch zu verlieren.

Dieses Ergebnis – Unterhaltsanspruch trotz Fehlverhaltens – hielt der Darmstädter Familienrichter für so unbillig, daß er die strittige BGB-Vorschrift dem Bundesverfassungsgericht (BVG) zur Kontrolle vorlegte. Die großen Verfassungsrichter schlossen sich der Ansicht des kleinen Familienrichters an.[3] Sie entschieden:

- ▷ Die Vorschrift, die jede Berücksichtigung grober und unbilliger Härten verbiete, wenn ein gemeinsames Kind betreut werde, sei grundgesetzwidrig und deshalb korrekturbedürftig.

Die Grundüberlegung der Verfassungsrichter war überzeugend. Sie betonten, daß die fragliche Vorschrift «letztlich dem Interesse des Kindes» und nicht den Belangen des Unterhalt fordernden Ehegatten zu dienen habe. Allein deshalb dürfe nicht einer belohnt werden, der das Kind, ohne den anderen zu fragen, gleichsam als Faustpfand beim Auszug einfach mitgenommen habe.

Um bei den streitenden Eltern keine Mißverständnisse aufkommen zu lassen, stellten die Karlsruher Richter noch einmal klar, welche Stellung das in der bundesdeutschen Rechtsordnung einnimmt. Danach steht das Kind, «dem eigene Menschenwürde und ein eigenes Recht auf freie Entfaltung seiner Persönlichkeit» zukomme, «unter dem besonderen Schutz des Staates». Aus der Verfassung folge darüber hinaus, daß der Gesetzgeber «auch im Unterhaltsrecht getrennt lebender und geschiedener Ehegatten jede Regelung» vermeiden müsse, «die sich für die Entwicklung der Kinder nachteilig auswirken könnte».

Die Verfassungsrichter begründeten ihr Grundsatzurteil aus der Sicht von Scheidungskindern: Für sie sei mit der Trennung der Eltern «ohnehin in der Regel eine Verschlechterung ihrer Lebensverhältnisse verbunden». Sie müßten einmal die «auf den Verlust eines Elternteils folgende seelische Belastung» bewältigen, zum anderen würden sie «zwangsläufig auch von den meist ungünstigen wirtschaftlichen Folgen der Trennung und Scheidung betroffen». Drittens aber müßten die Scheidungskinder darauf verzichten, «mit ihren Eltern in einer Familiengemeinschaft zusammen zu leben».

Zu den «abträglichen Folgen dieses gestörten familiären Zustandes» darf nach Ansicht der Verfassungsrichter nun nicht noch ein weiteres Übel hinzukommen: «daß nämlich Kinder auch noch weitgehend die Betreuung durch den Elternteil entbehren müßten, dem sie zugeordnet sind, weil dieser auf eine Erwerbstätigkeit angewiesen wäre».

Nach dieser für das Recht verbindlichen Ansicht entspricht es dem Wohl des Kindes, wenn es sich auch nach der Trennung der Eltern in der Obhut eines Vaters oder einer

Mutter weiß. Der Sorgeberechtigte soll jedenfalls hinreichend Zeit haben, auf die «Fragen, Wünsche und Nöte» des Kindes einzugehen. Wörtlich: «Dabei wird die erforderliche Betreuungsintensität im wesentlichen durch das Alter sowie die körperliche und geistige Entwicklung des Kindes bestimmt.» Insofern kommt tatsächlich dem Paragraphen 1570 BGB eine Schlüsselrolle zu:

▷ «Ein geschiedener Ehegatte kann von dem anderen Unterhalt verlangen, solange und soweit von ihm wegen der Pflege oder Erziehung eines gemeinschaftlichen Kindes eine Erwerbstätigkeit nicht erwartet werden kann.»

Nach dem Willen des Gesetzgebers – so das Verfassungsgericht – solle das Kind noch nicht einmal «unter dem Fehlverhalten des ihn betreuenden Elternteils leiden». Oder anders: Wenn es so wäre, daß der Sorgeberechtigte immer dann, wenn er sich etwas zuschulden kommen ließe, deshalb seinen Unterhaltsanspruch verlöre, würde das bei ihm lebende Kind bestraft oder mit bestraft. Daraus ist zu folgern, daß «den Belangen des Kindes gegenüber denen des unterhaltsverpflichteten Elternteils grundsätzlich Vorrang» zukommt.

Spontane Herausnahme

Die Schlußfolgerungen für den Vater können bitter sein, denn das bedeutet: Unter Umständen muß er auf vielleicht sogar begründeten Wunsch, die Unterhaltszahlungen an die Mutter einzustellen, zugunsten seines Kindes verzichten. Laut Verfassungsgericht ist der Gesetzgeber jedenfalls verpflichtet, «die Lebensbedingungen des Kindes zu sichern, die für sein gesundes Aufwachsen erforderlich sind».

Eine Praxis des offenkundigen Unrechts mochten die Verfassungsrichter andererseits aber auch nicht hinnehmen. Die fragliche Vorschrift (Unterhalt trotz grober Unbilligkeit) ist ihrer Ansicht nach nur unter bestimmten Voraussetzungen mit dem Grundgesetz vereinbar. Die Auslegung und Anwendung des mehr als fragwürdigen Paragraphen darf nur zu

Entscheidungen führen, die erstens «allein am Kindeswohl orientiert sind», die zweitens «keine ehebeeinträchtigenden Wirkungen zeitigen» und die drittens «dem Grundsatz der Verhältnismäßigkeit Rechnung tragen».

Die Verfassungsrichter machten in diesem Zusammenhang sehr präzise die Grenzen deutlich, die für den Unterhaltsanspruch wegen Kindesbetreuung zu ziehen sind. Danach bleiben die Forderungen der Exehepartner – das sind in der gegenwärtigen gesellschaftlichen Situation überwiegend Mütter – auf jene Fälle beschränkt,

▷ «in denen die Betreuung des Kindes durch eine Vereinbarung der Eltern oder durch eine staatliche Sorgerechtsentscheidung dem Unterhaltsberechtigten übertragen worden ist».

Die Verfassungsrichter nahmen den Gedanken des BGH auf und sprachen sich nun ihrerseits ebenfalls gegen «eine unzulässige Prämiierung der Verletzung» von Elternrechten aus. Ein Ehegatte, der den anderen verlasse, «dürfe sich nicht deshalb seines Unterhaltsanspruchs sicher sein, weil er ein gemeinsames Kind eigenmächtig mit sich nimmt».

«Ob die spontane Herausnahme des Kindes aus seinem bisherigen Lebenskreis in eine neue Umgebung seinem Wohl» diene, scheint den Richtern schon mehr als zweifelhaft. Und auch die übliche Leseart, das Kind sei besser bei der nicht berufstätigen Mutter aufgehoben, mochten sie so undifferenziert nicht übernehmen: Es sei nicht auszuschließen, daß ein Kind die «stärkere innere Beziehung» auch etwa zum Vater entwickle, der ganztags arbeite und deshalb nur «eine geringere Betreuungsleistung erbringen» könne.

Entsprechend muß der Gesetzgeber sich in diesem Punkt korrigieren. «Grundrechtswidrige Ergebnisse» ließen sich nach Ansicht der Verfassungsrichter schon «weitgehend durch eine Reduzierung des eheangemessenen Unterhalts auf das zur Kindesbetreuung erforderliche Maß vermeiden». Doch weil die Formulierung der umstrittenen BGB-Klausel so eindeutig ist, sah sich das BVG gezwungen, vom Gesetzgeber eine «ergänzende Regelung» oder eine «Umgestaltung» zu fordern. Wie immer die geforderte Neuformulierung der Vorschrift aussehen mag – der Unterhaltsanspruch für Kindesbetreuung entsteht künftig nicht mehr automatisch, sondern nur noch dann, wenn derjenige, der die Zahlung fordert, das Kind oder die Kinder auch zu Recht versorgt.

Im Umkehrschluß bedeutet das: Schon im Fall des Getrenntlebens müssen sich die Eltern über die Kinder geeinigt haben. Andernfalls, so das Gericht, könne «von Verfassung wegen verlangt werden, daß die Kindesbetreuung auf einer richterlichen Entscheidung beruht».

Als Daumenregel hatte schon vorher Rechtsprofessor Uwe Diederichsen, der im BGB-Kommentar von Palandt das Familienrecht bearbeitet, zwei Merksätze aufgestellt:

Erstens: «Bei der Sorgerechtsverteilung haben Mutter und Vater gleiche Rechte. Der faktische Vorrang, den die meisten Familiengerichte nach wie vor der Mutter einräumen, entspricht nicht dem Grundgedanken des 1. Eherechtsreformgesetzes und oft auch nicht der Gefühlskälte auf seiten der Frau, die zur Scheidung geführt hat.»[4]

Zweitens: Da die Kindesbetreuung einen selbständigen Unterhaltsanspruch gegenüber dem anderen Ehegatten begründe, müsse «das Familiengericht besonders darauf achten, daß die Eltern oder ein Elternteil dem Gericht nicht Umstände vorspielen, die angeblich das Kindeswohl betreffen, in Wirklichkeit aber der Erlangung oder der Vermeidung von Unterhaltsansprüchen» dienten.

Diederichsen ist sogar der Ansicht, daß der Familienrichter «in seiner Begründung der Sorgerechtsentscheidung in jedem Fall ausdrücklich zu dieser Gefahr der Interessenkollision Stellung» nehmen müsse. Solche Auseinandersetzung wird er in der Mehrzahl aller Urteile freilich vergeblich suchen können. Doch der Anwalt kann diesen Gesichtspunkt in der ersten Instanz vortragen und notfalls sein Fehlen in der zweiten Instanz rügen.

11
Kinder sagen ihre Meinung

Wie Wunsch und Wille ermittelt werden

Die «Anhörung» des Kindes ist künftig Pflicht. – Abträgliches über einen Elternteil gehört nicht ins Urteil. – Wo, wann, wie oft Kinder befragt werden, entscheidet das Familiengericht. – Muttermythos beseitigt. – Weg nach Karlsruhe lohnt nicht. – Rationale Begründung des Kindeswunsches nicht erforderlich. – Minimaler Gewißheitsgrad bei Entscheidungen. – «Kinder sind auch Menschen.»

Wolfgang Lerche, sieben, Kind zwischen zwei Eltern, sollte von einer Richterin des Oberlandgerichts München «angehört» werden. Schon auf die Frage, «warum er hier sei», reagierte der Junge mit Weinen. Er war entweder bloß verschüchtert oder vom Vater, bei dem er lebt, so gezielt vorbereitet, daß er den Eindruck erweckte, nur «angelernte Redensarten» hervorzubringen. Die «Anhörung» mußte ergebnislos abgebrochen werden.

Vor dem Bundesverfassungsgericht rügte der Vater, Wolfgang sei von der Richterin «nicht in einer kindgerechten, sondern in unangemessener, inquisitorischer Weise» befragt worden. Sie habe das Kind «verunsichert», deshalb sei das Gespräch «ergebnislos» geblieben. Die Mutter interpretierte das Anhörungsfiasko aus entgegengesetzter Sicht: Bereits nach einer allgemein einleitenden und harmlosen Frage der Richterin habe sich herausgestellt, daß Wolfgang von seinem Vater «vorprogrammiert und daher nicht in der Lage gewesen sei, auf die Fragen des Gerichts zu hören und sie zu beantworten».

Der Vater des Jungen, Helmut Lerche, Beamter in einer ländlichen Gemeinde, trieb die Streitfrage bis vor das Bundesverfassungsgericht in Karlsruhe.[1] Heraus kam dabei, wie so oft, nicht nur eine Antwort auf die Frage des Einzelfalls, sondern eine Grundsatzentscheidung, die richtungweisend für alle Sorgerechtsfälle ist, und zwar in zweifacher Hinsicht.

Erstens: Die Verfassungsrichter kamen zu der Ansicht, daß die im neuen Sorgerecht von 1980 verankerte Verpflichtung des Familienrichters, das Kind persönlich zu hören und seinen Willen zu berücksichtigen, mit dem Grundgesetz vereinbar ist. Zweitens: Die Richter in den roten Roben machten in einer Vielzahl von Urteilssätzen deutlich, daß den Familienrichtern für ihre Einzelfall-Lösungen ein weiter Ermessensspielraum eingeräumt ist, so daß eine verfassungsgerichtliche Nachprüfung von Sorgerechtsentscheidungen nur noch in seltenen Ausnahmefällen denkbar ist. Aus den Detailantworten, die das Bundesverfassungsgericht auf die Streitfragen des konkreten Einzelfalles gibt, läßt sich eine ganze Menge über die höchstrichterliche Interpretation des derzeitigen Sorgerechts ablesen. Der Beschwerde, die im November 1980 zum zweiten Grundsatzurteil des Bundesverfassungsgerichts führte, lag ein ganz durchschnittlicher Sorgerechtsfall zugrunde. Irene Lerche hatte ihren Mann nach elfjähriger Ehe verlassen und den damals dreijährigen Sohn Wolfgang mitgenommen. Sie war dann in einen anderen Ort zu einem Mann gezogen, mit dem sie seither zusammen lebt. Die Tochter, die auf Grund einer Knochenmarkentzündung gehbehindert ist, lag zur Zeit der Trennung im Krankenhaus. Sie fühlt sich zum Vater hingezogen.

Helmut Lerche, der verlassene Ehemann, erreichte, daß ihm beide Kinder durch einstweilige Anordnung vorläufig zugesprochen wurden. Nach Rechtskraft der Scheidung beantragten er und seine Exfrau jeweils das Sorgerecht für beide Kinder. Die verschiedenen Jugendämter kamen kurioserweise zu dem Ergebnis, daß der jeweils von ihnen begutachtete Elternteil sich für die Erziehung beider Kinder eigne. Der Familienrichter korrigierte die vorläufige Regelung (beide Kinder zum Vater) und entschied: Der Vater erhalte das Sorgerecht für die Tochter, die Mutter das für den Sohn.

Zur Begründung hieß es: Da sich das Mädchen «eindeutig

für ein Verbleiben bei ihrem Vater ausgesprochen» habe und ein Wechsel im Hinblick auf ihre Behinderung auch nicht förderlich wäre, solle sie in der gewohnten Atmosphäre bleiben.

Ein altes Klischee

Der Sohn dagegen, so argumentierte das Familiengericht, habe bei seiner Anhörung «keine eindeutige Entscheidung für den einen oder anderen Elternteil getroffen», er könne besser von der Mutter versorgt werden. Denn sie wolle in Zukunft nur noch halbtags arbeiten. Diese Lösung, die im Fall Lerche vielleicht sogar vernünftig gewesen sein mag, wurde dann aber mit einem ideologischen Klischee untermauert, das emanzipierte Männer von heute mit gutem Grund empört: «Einer Mutter, die ihr leibliches Kind weitgehend persönlich betreuen» könne, so das Amtsgericht, sei «in der Regel der Vorzug bei der Übertragung der elterlichen Gewalt einzuräumen».

Helmut Lerche legte Beschwerde ein und rief das zuständige Oberlandesgericht an – erfolglos. Es kam freilich noch schlimmer. Nun nämlich wurde seine Erziehungsfähigkeit in Zweifel gezogen. Er habe sich «aufbrausend und unbeherrscht gezeigt». Gegen die Fähigkeit der Mutter, ihr Kind zu betreuen und zu erziehen, habe Lerche, «der sonst keine Gelegenheit zu abträglichen Äußerungen über seine frühere Frau ausgelassen habe, nichts vorbringen können».

Vor allem die Neigung des Vaters, die Probleme seiner gescheiterten Ehe mit den Kindern zu besprechen, wurde bei Gericht übel vermerkt. Wenn er ein kleines Kind «mit seinen eigenen Enttäuschungen beschwere», sei dies nicht der rechte pädagogische Weg. Alle Anzeichen sprächen gegen seine Fähigkeit, «ein kleines Kind mit der notwendigen Hinwendung aufzuziehen und von ihm unnötige Belastungen fernzuhalten». Schlüsse gegen den Vater zogen die Oberlandesrichter auch aus den Eigenarten des Jungen bei seiner richterlichen Anhörung: Wolfgang reagierte zum Beispiel mit Weinen, als von der Richterin «eingelernte Redensarten nicht als Antwort akzeptiert worden seien».

Solche tatsächlichen oder vermeintlichen Indizien bewogen das Oberlandesgericht (OLG), der Mutter das Sorgerecht für den Sohn zuzusprechen – wie es auch schon das Familiengericht getan hatte. Doch die weitergehende Begründung, die seine pädagogische Eignung anzweifelte, mußte den Vater obendrein empfindlich in seinem Selbstwertgefühl treffen. Als weiteren Grund für ihre Entscheidung hatten die Oberlandesrichter dann noch angeführt, daß die Mutter, die in Zukunft nur halbstags berufstätig sein wolle, den Jungen auch besser betreuen könne als der ganztags berufstätige Vater.

Die OLG-Entscheidung und ihre Begründung erzürnten Helmut Lerche so, daß er das Bundesverfassungsgericht anrief. Tatsächlich trat dann, wie das bei höchstrichterlichen Entscheidungen so ist, der Einzelfall zurück. Den eigentlichen Nutzen von der zweiten Grundsatzentscheidung des Bundesverfassungsgerichts zum Sorgerecht haben Richter, Rechtsanwälte und Eltern, die sich orientieren wollen.

Wie schon in dem früheren Beschluß machte die höchste Instanz in Karlsruhe deutlich, wer die eigentliche Verantwortung dafür trägt, daß sich Familienrichter um das Wohl der Kinder kümmern müssen: «Wenn sich geschiedene Ehegatten nicht über die Wahrnehmung der ihnen auch nach der Scheidung den gemeinsamen Kindern gegenüber obliegenden Elternverantwortung einigen können, ist der Staat berufen, durch Gerichte über die widerstreitenden Interessen der Eltern zu entscheiden.»

Nachdem auch das Bundesverfassungsgericht die Idee, daß die Wünsche der Kinder berücksichtigt werden sollten, gutgeheißen hat, kann es in Zukunft über die «Anhörung» keine Diskussionen mehr geben. Das bedeutet: In einem sorgerechtlichen Verfahren, in dem die Neigungen, die Bindungen oder der Wille des Kindes für die Entscheidung von Bedeutung sind, muß das Kind persönlich gehört werden –

soweit nicht schwerwiegende Gründe gegen eine Anhörung sprechen. Nach Ansicht der Verfassungsrichter ist der Gesetzgeber mit gutem Grund davon ausgegangen, daß sich auch bei Kindern unter vierzehn Jahren der Richter einen unmittelbaren Eindruck verschaffen soll.

Was da auf die Familienrichter, aber auch auf alle anderen Beteiligten zukommt, war der Karlsruher Instanz durchaus klar, daß etwa mit der gesetzlich normierten Anhörungspflicht «die Durchsetzung des Kindeswohls im Sorgerechtsverfahren noch nicht gesichert» ist.

Richter als Psychologen

Schon im Bundestag war darauf hingewiesen worden, daß die Familienrichter «durchaus in Weiterbildung mit den Grundzügen der Pädagogik und der Psychologie vertraut gemacht und dadurch befähigt werden sollten, in größerem Umfang als bisher die betroffenen Kinder und Jugendlichen selbst zu hören». An dieser Stelle macht die Karlsruher Entscheidung sehr deutlich, wo die Macht des Gesetzgebers und der höchstrichterlichen Rechtsprechung endet. Kenntnis und Einfühlungsvermögen bei den Familienrichtern kann nicht verordnet, sondern nur als Glücksfall empfunden werden.

Auch in dieser Entscheidung fehlt nicht der notwendige Oberbegriff: «Daß nach dem Förderungsprinzip derjenige Elternteil die elterliche Sorge erhalten soll, bei dem das Kind vermutlich die meiste Unterstützung für den Aufbau seiner Persönlichkeit erwarten kann.» Sosehr dieser schon mehrfach zitierte Satz einleuchtet, so offenkundig ist zugleich, daß just wegen der Frage, ob nun Vater oder Mutter dem Ideal des Förderungsprinzips mehr entsprechen, gerade der Streit entsteht. Auch der nächste Satz ist notwendige, aber wenig hilfreiche Theorie. Es wäre, so meinen die Verfassungsrichter, mit dem Richteramt nicht vereinbar, wenn «Gerichte einem erziehungsunfähigen Elternteil das Sorgerecht über ein Kind übertragen».

Auf den Fall Lerche bezogen stellten die Verfassungsrichter gleichzeitig fest: daß die Feststellung, ein Elternteil sei nicht oder weniger zur Erziehung geeignet, den Betreffenden in seinen Grundrechten berühre. Je schwerer solche Auswirkungen für den Betroffenen seien, desto eher könnte das Verfassungsgericht veranlaßt sein, «die auf dieser Wertung beruhende zivilrechtliche Entscheidung eingehender nachzuprüfen». Insoweit bleibt mithin der Weg nach Karlsruhe offen. Für die Praxis bedeutet das: Normalerweise haben die Familienrichter erster und zweiter Instanz einen weiten Ermessensspielraum, in den das Verfassungsgericht nicht eingreifen will. Wenn aber ein Familiengericht – überflüssigerweise – etwa die Persönlichkeitsrechte von Eltern antastet, wäre plötzlich wieder eine Verfassungsbeschwerde denkbar.

Helmut Lerches Beurteilung durch das Oberlandesgericht, die in erkennbarem Widerspruch zu den Feststellungen des Amtsgerichts, des Jugendamtes und eines in das Verfahren eingeführten Gutachtens stand, erschien den Karlsruher Richtern «zwar bedenklich», sie rechtfertigte «jedoch keine weiterreichende Nachprüfung durch das Bundesverfassungsgericht». Im Ergebnis wäre nämlich die Sorgerechtsentscheidung verfassungsrechtlich auch dann nicht zu beanstanden gewesen, wenn von der uneingeschränkten Erziehungsfähigkeit Lerches ausgegangen worden wäre.

Grundsätzlich halten die Verfassungsrichter die Anhörung für rechtens: Eine Entscheidung, die den Belangen des Kindes gerecht werde, könne in der Regel nur ergehen, wenn das Kind die Möglichkeit erhalte, «seine persönlichen Beziehungen zu den übrigen Familienmitgliedern erkennbar werden» zu lassen.

Nach Ansicht des höchsten Gerichts in Karlsruhe haben die Familienrichter bei der Gestaltung des Verfahrens jedoch Verschiedenes zu berücksichtigen: das Alter des einzelnen Kindes, seinen Entwicklungsstand, vor allem die seelische Verfassung, die häufig durch die Auseinandersetzung zwischen den Eltern besonders angespannt sei. Aus einem Kernsatz geht jedoch hervor, daß die Abwicklung im Ermessen der unteren Instanz liegt:

▷ «Ob sie die Kinder einmal oder mehrmals, Geschwister einzeln oder zusammen, an Gerichtsstelle oder in der vertrauten familiären Umgebung, in An- oder Abwesenheit der Eltern und deren Prozeßbevollmächtigten persönlich anhören und ob sie einen Psychologen als Sachverständigen hinzuziehen, muß den Familiengerichten überlassen bleiben.»

Worauf die Verunsicherung des damals sechseinhalbjährigen Wolfgang Lerche zurückzuführen war – auf eine wenig sachkundige Anhörung durch die Richterin, wie Vater Lerche meint, oder darauf, daß das Kind der mit seiner Anhörung allgemein verbundenen psychischen Belastung nicht gewachsen war –, unterliegt nach Ansicht des Bundesverfassungsgerichts nicht der Karlsruher Nachprüfung. Es sei davon auszugehen, «daß bei diesem Gerichtstermin unüberbrückbare psychologische Hemmungen einer weiteren Anhörung» im Wege standen.

Auch ein Blick in die psychologische Literatur – in diesem Fall in die Schriften des vielzitierten Tübinger Psychologie-Professors Reinhart Lempp – hatten die Verfassungsrichter gewagt. Für die Entscheidung, ob die Anhörung abgebrochen, ob sie fort- oder nicht fortgesetzt werde, könne von Bedeutung sein, «daß jüngere Kinder oft nicht in der Lage sind, ihre persönlichen Bindungen zu den Eltern dem Gericht präzise mitzuteilen». Das Kind befinde sich in dem Konflikt, daß es sich in seiner Entscheidung für den einen Elternteil notwendig gegen den anderen entscheiden müsse – «etwas, was es nicht leisten kann».

Muttermythos beseitigt

Zur Frage der Prioritäten befanden die Verfassungsrichter: Es entspreche grundsätzlich dem Kindeswohl, wenn ein Familiengericht die Frage nach der Möglichkeit der Betreuung als wesentlich ansehe. «Je jünger ein Kind ist, um so wichtiger ist es für seine Entwicklung, daß es sich in der Obhut eines Menschen weiß, der Zeit hat, auf seine Fragen, Wünsche und Nöte einzugehen.» Dabei dürften natürlich nicht die Bindungen des Kindes an seine Eltern und Geschwister außer acht gelassen werden. Das deutsche Richterklischee, wonach das «Primat der nicht oder nur halbtags beschäftigten Mutter» immer wieder betont wird, besteht nach Ansicht des höchsten deutschen Gerichts «nicht von vornherein». Im Gegenteil, so das Urteil: «Wenn das Kind zu einem Elternteil, der wegen einer ganztägigen Beschäftigung eine geringere Betreuungsleistung erbringen kann als der andere, dennoch eine stärkere innere Beziehung entwickelt hat, so muß das bei der Sorgerechtsentscheidung berücksichtigt werden.» Das heißt im Klartext: Die Bindung an den Vater darf nicht mehr wie bisher vom Tisch gewischt werden.

Nach Ansicht der angesehenen *Neuen Juristischen Wochenschrift* (*NJW*) hat das Bundesverfassungsgericht damit die «faktisch vorherrschende Mutterzuweisung auf eine rationale, rechtsverträgliche Basis gestellt»[2]. Rechtlich nicht anerkennungsfähig ist danach «die generelle Bevorzugung der Mutter» unter Berufung auf die «Natur», die «Biologie oder Verhaltensbiologie», die «Religion» oder schlicht «die Erfahrung», wie zahllose Entscheidungen festgelegt hatten, auf die in der *NJW* in Fußnoten hingewiesen wird.

Die *Neue Juristische Wochenschrift* zieht Bilanz: «Maßgeblich und entscheidend sind dabei stets die konkreten Verhältnisse. Solange die Rollenverteilung in Familie und Beruf überwiegend traditionellen Mustern folgt, wird es demnach bei der Mutterzuweisung als Regelfall bleiben. Es handelt sich hierbei aber nicht um einen Vorrang der Mutter, sondern um einen faktischen Vorsprung auf Grund verschiedener Lebensgestaltung.» Im Ergebnis dürfte, so meint die *NJW*, «mit dem Muttermythos ein wesentlicher Teil der mystischen Aura des Kindeswohlbegriffs selbst beseitigt sein».

Schon solche Schlußfolgerungen zeigen: Dieses zweite Karlsruher Sorgerechtsurteil gibt für künftige Entscheidungen im Familienrecht die Richtung an. Besonders folgenschwer freilich ist ein Satz, der für die Mehrzahl aller Fälle den Weg nach Karlsruhe, jedenfalls den zum Verfassungsgericht, ein für allemal versperrt. Die Richter wiesen nämlich darauf hin: «Grundsätzlich ist die Gestaltung des Verfahrens, die Feststellung und Würdigung des Tatbestandes sowie die Auslegung und Anwendung verfassungsrechtlich unbedenklicher Regelungen im Einzelfall Angelegenheit der zuständigen Fachgerichte und der Nachprüfung durch das Bundesverfassungsgericht entzogen.» Darauf folgt, daß nur im extremen Ausnahmefall der Weg zum Verfassungsgericht lohnt.

Insofern zwingt diese Entscheidung namentlich jene Eltern, die blindlings prozessieren, zu einer Neubesinnung. In den Fällen, in denen ein gnadenloser Kampf geführt wird, spielen zumeist zwei Motive eine Rolle. Zum einen ist jeder fest davon überzeugt, daß der andere meist aus Gründen, derentwegen auch die Ehe scheiterte, nicht imstande ist, das Kind zu erziehen – weil ihm oder ihr die menschliche Wärme, die Intelligenz, die Disziplin, die Bildung oder die Kreativität fehlt. Zum anderen stehen nicht aufgearbeitete Rachebedürfnisse im Vordergrund.

Zwar geht es immer um das Wohl eines oder mehrerer gemeinsamer Kinder. Doch die Kontrahenten kämpfen lange Zeit, auch im Bewußtsein vor sich selbst, um «ihr» Recht – obwohl es ausschließlich um das Recht des Kindes geht. Das Bundesverfassungsgericht hat nun mit seinem Urteil deutlich gemacht, daß Sorgerechtsprozesse nahezu ausschließlich beim Oberlandesgericht enden. Und Eltern, die Mühe haben, sich aus ihrem Clinch zu befreien, müssen nach dieser deutlichen Klarstellung prüfen, ob sie ihren Kindern und sich die Strapaze weiteren und sogar überflüssigen Prozessierens noch zumuten wollen.

Notwehrsituation der Kinder

Die im Gesetz verankerte und vom Verfassungsgericht gebilligte «Anhörung» wird mittlerweile praktiziert. Sie hat sogar, wie der Deutsche Familiengerichtstag im Oktober 1981 betonte, pädagogische Bedeutung. Danach kann die Anhörung des Kindes «mehr als ein Beweismittel im Entscheidungsprozeß sein»[3]. Nach Ansicht der Familienrichter, die sich in Brühl bei Bonn zu ihrer jährlichen Arbeitstagung versammelt hatten, macht mitunter erst die Befragung «die Probleme des Kindes allen Beteiligten einfühlbar»; sie könne «auch einen Konfliktlösungsprozeß einleiten», der wiederum «zu Ergebnissen führt, mit denen die Beteiligten nach Abschluß des Verfahrens leben können».

Aus solchen Beobachtungen, aber auch aus Gerichtsentscheidungen – oft gerade solchen der ersten Instanz –, läßt sich ablesen, daß seit der Reform des Eherechts von 1977 hochqualifizierte, zumeist junge Familienrichter herangewachsen sind, die mehr als das juristische Handwerk verstehen. Was sie über ihr Gebiet, etwa die «Notwehrsituation der Kinder», sagen und schreiben, ist mitunter auch von dem Mitgefühl und der Wärme geprägt, die Eltern vermissen lassen. So eine beispielhafte Entscheidung veröffentlichte die 25. Abteilung des Stuttgarter Familiengerichts.[4]

Der Fall: Zwei verfeindete Eltern kämpften ums Sorgerecht, ihre Kinder – Kathrin, dreizehn, und Michael, elf – sprachen sich bei der Anhörung für den Vater aus. Der Familienrichter begründete, warum er dem Wunsch folgte. Zunächst legte er dar, daß er den Kindeswillen für «entscheidend» hält und daß er bereit ist, auf «eine rationale Begründung des Kindeswunsches» zu verzichten.

«Zu Unrecht» sei früher, bedauert das Gericht, «dem Kindeswunsch keine oder nur eine untergeordnete Bedeutung beigemessen» worden. Dies habe auf einer «Fehleinschätzung der Scheidungskinder» beruht. Gewiß könne sich ein dreijähriges Kind im Fall der Scheidung oder Trennung seiner Eltern «kein eigenes Bild über seine Zukunft machen».

Doch andererseits: «Sobald die Kinder imstande sind, die Trennungsabsicht der Eltern in Beziehung zu ihrem eigenen dadurch bedingten künftigen Schicksal abzuwägen, ist eine eigene Willensbildung möglich.» Dies lehre «die Erfahrung bei der Anhörung der Kinder».

Noch eine weitere Beobachtung des Stuttgarter Familienrichters scheint repräsentativ: Man könne davon ausgehen, «daß eine rationale Begründung des Kindeswunsches fehlt». Selbst Jugendliche, die knapp vor der Volljährigkeit stehen und deren Wille auch schon vor der Sorgerechtsreform zu beachten war, «geben keine rationale Begründung ab, und zwar bewußt nicht». Das Stuttgarter Gericht nennt auch die Gründe: «Sie (die Jugendlichen) möchten keinem Elternteil weh tun; die Tür zu beiden soll offen bleiben. Jüngere Kinder verbergen dieses Argument durch Schweigen, Traurigwerden oder gar Weinen.»

Im Fall von Kathrin und Michael war nach Ansicht des Gerichts keine Beeinflussung durch den Vater zu erkennen, die das Anhörungsergebnis hätte verfälschen können. «Kathrin stand bei ihrer richterlichen Anhörung in einer gewissen Aversion gegen die Mutter» – Ursache: ein gestörtes «Mutter-Tochter-Verhältnis». Der Bruder Michael wiederum stand erkennbar «unter dem Einfluß der Entscheidung seiner älteren Schwester».

Über die Ursachen solcher Entscheidungsabläufe bei Kindern schrieb der Familienrichter uneinsichtigen Eltern einiges ins Stammbuch: «Einigen sich die Eltern bei der Trennung nicht über ihr künftiges gegenseitiges Verhältnis zu den Kindern, dann zwingen sie diese in die Schußlinie zwischen sich. Konkret: Infolge des Fehlverhaltens der Eltern in bezug auf ihre Kinder geraten diese in eine Notwehrsituation den eigenen Eltern gegenüber. Es ist verständlich und immer wieder zu beobachten, daß sich in dieser Notlage die jüngeren Geschwister an die älteren klammern, so auch Michael.

Auch später habe der Elfjährige seinen Wunsch bekräftigt. Deshalb wäre es «unter gar keinem Gesichtspunkt gerechtfertigt, Michael von Kathrin zu trennen». Die Bindung eines Kindes an seine Geschwister sei nunmehr sogar laut Gesetz ein Entscheidungskriterium. «Wenn die Familie auseinanderbricht, soll wenigstens die Restfamilie so vollständig wie möglich gehalten werden, da das Auseinanderreißen der Geschwister belastend auf diese wirkt.» Sicher gibt es Ausnahmen. Doch die Bindung Michaels an seine Schwester sei derzeit so intensiv, «daß eine Trennung der beiden Kinder mit Sicherheit nicht deren Wohl entspricht».

Mit einer fast bedrückenden Eindringlichkeit skizzierte der Stuttgarter Familienrichter das Spannungsverhältnis, unter dem Scheidungskinder nach seinen Erfahrungen stehen. Wenn Kinder «in die Schußlinie zwischen den Eltern» gerieten, müßten sie sich, «um überhaupt überleben zu können, notgedrungen mit einem Elternteil identifizieren, obwohl sie eine solche Identifizierung überhaupt nicht wollen». Die Eltern hätten diese Situation «heraufbeschworen». Es wäre nichts gewonnen, sollte man ein Kind aus der einen «in eine andere Identifizierung» hineinzwingen. «Denn der wirkliche Wille des Kindes, nämlich trotz räumlicher Trennung von einem Elternteil mit beiden in Harmonie zu leben, läßt sich dadurch nicht erreichen.» Kernsatz an die Adresse der Uneinsichtigen:

▷ «Im Falle der Scheidung oder der Trennung müssen die Eltern in bezug auf ihre Kinder eine Leistung erbringen, die ihnen niemand abnehmen kann, auch nicht die Entscheidung über die Regelung der elterlichen Sorge. Wird diese Leistung – das gegenseitige Einverständnis – nicht erbracht und reagieren die Kinder infolgedessen nach Art einer Notwehrreaktion, dann muß der auf dieser Basis gebildete Wille der Kinder respektiert werden, wenn er nicht ganz offensichtlich ihrem Wohl zuwiderläuft.»

Die Anhörung in einem so wohlverstandenen Sinne soll die Regel sein. Doch auf Ausnahmen, wie sie das Berliner Kammergericht formuliert hat, muß Rücksicht genommen werden: «Schwerwiegende Gründe, die es geboten erscheinen lassen, von einer persönlichen Anhörung des Kindes abzusehen, liegen dann vor, wenn durch die Anhörung das Kind aus seinem seelischen Gleichgewicht gebracht wird und eine Beeinträchtigung seines Gesundheitszustandes zu besorgen ist.»[5] Auch in diesem Fall hatten sich die Richter der Oberinstanz ernsthafte Gedanken gemacht. Sohn Lars, vierzehn, war von Anfang an beim Vater, die Tochter Anne, acht, lebte zunächst bei der Mutter. Da sie «durch eine Alkoholabhängigkeit der Mutter gefährdet» schien, wurde ein Wechsel verfügt.

Anne war vom Familienrichter angehört worden, die Kammergerichtsräte verzichteten in der Beschwerdeinstanz ausdrücklich auf eine nochmalige Befragung des Kindes – es gehe um «triftige, das Wohl des Kindes nachhaltig berührende Gründe». Das Kind sei «verstört» gewesen und habe sich dann beim Vater «stabilisiert». Anne sei «wieder lieb, nett und aufgeschlossen», sie erscheine «nach dem Bericht der Erzieherin viel selbstbewußter und befreiter».

Im Zusammenhang mit dem Prozeß änderte sich aber offenbar das Verhalten des Mädchens erneut. Lehrerinnen stellten fest, sie sei «wieder etwas zerfahren und unruhig». Der Vertreterin des Jugendamtes gegenüber war sie «kurz angebunden, unwillig und aggressiv». Aus diesen Indizien zog das Kammergericht den Schluß, «daß durch eine nochmalige persönliche Anhörung die Gefahr nicht ausgeschlossen ist, Anne verstärkt aus ihrem seelischen Gleichgewicht zu bringen, was aber im Interesse ihrer stetigen, ruhigen und gedeihlichen Entwicklung unbedingt vermieden werden muß». Aus diesem Grund habe der Senat auch davon Abstand genommen, «Anne an einem neutralen Ort aufzusuchen, wie es zunächst erwogen worden war».

Fingerspitzengefühl des Richters

Fingerspitzengefühl scheint fast eine Eignungsvoraussetzung für den Familienrichter zu sein. Manchmal muß er dabei sogar sein juristisches Handwerk vernachlässigen. Anläßlich einer «Anhörung» in der Wohnung des Vaters sei er von den Kindern gebeten worden, so erzählte ein Familienrichter 1981 auf der Fachtagung in Brühl, er möge sie doch der Mutter zusprechen. Gleichzeitig hätten sie ihn aber beschworen, dem gewalttätigen Vater ihren Wunsch nicht zu verraten. Der Familienrichter gab das Versprechen, hielt sich auch daran und mußte dann erleben, daß die Beschwerdeinstanz seinen Sorgerechtsbeschluß zugunsten der Mutter aufhob – Begründung: er habe die entscheidungserheblichen Fakten «nicht hinreichend dargetan». Solche Konflikte sind vorprogrammiert, wenn der Richter von Kindern ins Vertrauen gezogen wird und wenn er eine überprüfbare Entscheidung formulieren muß, ohne sein ganzes Wissen preisgeben zu dürfen.

Mit derlei Problemen müssen die Familienrichter seit dem 1. Januar 1980 fertig werden. Seitdem ist das «Gesetz zur Neuregelung der elterlichen Sorge» in Kraft, das zwei Legislaturperioden lang beraten worden war. Es trägt eher resignierende Züge und ist auch geprägt von der unwiderlegbaren Erkenntnis, daß sich persönliche Probleme letztendlich einer rechtlichen Bewältigung weitgehend entziehen.

So artikulierte das Reformgesetz viel unverbindliche Selbstverständlichkeiten, etwa daß «entwürdigende Erziehungsmaßnahmen» zu unterbleiben hätten oder daß «Einvernehmen» zwischen Eltern und Kindern anzustreben sei. Es gibt auch Konkreteres: Wenn Eltern «offensichtlich keine Rücksicht auf Eignung und Neigung des Kindes in Angelegenheiten der Ausbildung und des Berufes nehmen», kann das Vormundschaftsgericht eingreifen.

Im Kernbereich freilich – Sorgerechtsentscheidung nach Scheidung – fiel den Reformern kaum Neues ein. Sie fanden noch nicht einmal eine präzisere Definition des Kindeswohls. So blieb alles beim alten. Was dem Wohl des Kindes dient, entscheiden nach wie vor Familienrichter – mangels verbindlicher Maßstäbe weitgehend nach eigenem Gusto. Die Gewichtung der Einzelumstände hat denn auch, wie bereits dargetan, in vielen Sorgerechtsprozessen weniger mit Recht zu tun als mit der Biographie des Familienrichters – mit seiner persönlichen Auffassung von Erziehung, mit der Harmonie in seiner Ehe oder den Narben einer eigenen Scheidung, mit psychologischer Halbbildung und den Defiziten im eigenen Seelenhaushalt.

Gewißheit: 51 Prozent

Vor solchem Hintergrund müssen sie die Frage der elterlichen Eignung beantworten. Zwar soll das Wohl der Kinder ausschlaggebend sein, doch wenn sich die Eltern nicht auf einen gemeinsamen Vorschlag einigen können, werden, wie im klassischen Kreidekreis, Kinder zerrissen und verwundet, von Wohl kann kaum die Rede sein. Anders als sonst im Zivilrecht, wo der Richter einer Klage auch teilweise stattgeben kann, muß er sich beim Sorgerecht für einen entscheiden – oft mit einem Gewißheitsgrad, der vielleicht gerade bei 51 Prozent liegt. In so einem Fall hängt der Richterspruch, mitunter auch das Kindeswohl, am seidenen Faden von zwei Prozent.

Solange sich nicht ein Elternteil erkennbar selbst disqualifiziert, sei es, daß die Mutter auf den Strich geht, sei es, daß der Vater als gewalttätiger Alkoholiker verschrien ist, muß das Familiengericht Plus- und Minuspunkte auf die Waage legen. Es fällt Ermessensentscheidungen, die so oder anders ausfallen können.

Zur Sorgerechtsproblematik gehört aber offenbar, wie fast alle dokumentierten Fälle belegen, daß unbestimmte Begriffe ersetzt werden. Ob die emotionale der rationalen Zuwendung vorzuziehen ist oder umgekehrt und was sonst Priorität hat, entscheidet der Richter – von Land zu Land, von Gerichtsbezirk zu Gerichtsbezirk, von Familiengericht zu Familiengericht und womöglich von Fall zu Fall verschieden. Maßstäbe, die verläßlicher sind, werden den Gerichten – das liegt an der Materie – auch in Zukunft nicht zur Verfügung stehen. Das seit 1980 gültige Recht hat im wesentlichen nur kosmetische Operationen vorgenommen.

So wurde das Bürgerliche Gesetzbuch vor allem sprachlich den gewandelten Anschauungen angepaßt. Früher stand das minderjährige Kind laut Paragraph 1626 BGB «unter der elterlichen Gewalt». Seit 1980 haben Vater und Mutter «das Recht und die Pflicht, für das minderjährige Kind zu sorgen (elterliche Sorge)». An die Stelle des «Verkehrs»-Rechts ist das Recht des «persönlichen Umganges» getreten.

Vor allem aber sind, wie gesagt, Entscheidungen über den Kopf der Kinder hinweg kaum noch möglich. Denn die Beteiligung des Kindes in eigener Sache kann nicht ohne Einfluß auf die Sachentscheidung selbst bleiben. Zwar soll der Familienrichter «von einem übereinstimmenden Vorschlag der Eltern» nur abweichen, wenn dies zum Wohle des Kindes erforderlich ist. Doch auch das Kind darf nun – jedenfalls nach Vollendung des vierzehnten Lebensjahres – «einen abweichenden Vorschlag» machen.

Ohne Rechtspflicht wurde derlei Anhörung mancherorts schon vor 1980 praktiziert, beispielsweise in Bielefeld.[6] Dort versuchten die Familienrichter durch Hausbesuche, durch lange Gespräche, auch durch Tests, die Wünsche der Kinder zu ergründen. Richter Hans-Christian Prestien, selber Vater von vier Kindern, bezeichnete sich und seine Kollegen «als neutrale Dritte». Bielefeld ist nun überall. Wie das im Reformgesetz vorgeschriebene Experiment verläuft, wird lange offenbleiben. Das Problem: «Während des Studiums», so bedauerte einmal der Frankfurter Rechtsprofessor Spiros Simitis, «werden die Richter jedenfalls in gar keiner Weise darauf vorbereitet, daß sie es in ihrem Beruf auch mit Kindern zu tun haben werden.»

Diese Tatsache war freilich auch für die Bielefelder das größte Problem. «Man muß damit aufhören», sagte Prestien, «Juristen, die keine Ahnung von psychologischen Sachverhalten haben, auf die Menschheit loszulassen» – und auf die Kindheit dann schon gar nicht. Bei Gruppendiskussionen und Einzelgesprächen hatten auch Frankfurter Forscher bei einer Untersuchung über das «Kindeswohl» herausgefunden, daß die befragten Richter weder im Rahmen des juristischen Studiums noch auf Grund privater Interessen «sich thematische Kenntnisse auf psychologisch-psychiatrischem Gebiet erworben hatten oder sonst irgendeine einschlägige Vorbildung oder praktische Erfahrung aufweisen konnten»[7].

Professor Kurt Nitsch, Kinderarzt in Hannover, warnte bei der Sachverständigenanhörung im Bundestag «energisch» vor falschen Hoffnungen: «Mit ein bißchen mehr Ausbildung und Vorbildung der Juristen werden wir gar nichts ändern können.» Nitsch plädierte deshalb entweder «für die Berufung von sachverständigen Laienrichtern» oder «für ein ausgiebiges Hinzuziehen von Sachverständigen»[8].

Nitsch empfand es als «große Gefahr», daß «der gesunde Menschenverstand und die so gern zitierte Lebenserfahrung, die als Attribute eines guten Richters ins Feld geführt werden, als ausreichende Legitimation für eine kindgerechte Beurteilung und zur Erfassung der kindlichen Persönlichkeit gewertet» würden.

Auf die Frage, ob die Sorgerechtsänderung «eine Schwächung der Familie» bewirken könnten, antwortete Nitsch: Er fürchte, «daß der Grundgesetzanspruch nach Artikel 1 (‹Die Würde des Menschen ist unantastbar›) nach wie vor auf Kinder keine ausreichende Anwendung findet, obwohl Kinder ja auch Menschen sind».

12
Bewußtes und Unbewußtes auf der Waage

Wie Jugendämter und Gutachter ermitteln

Über die Verpflichtung, Hausbesuche zu dulden. – Das psychische und das geistige Wohl kommen zu kurz. – Ermittelt werden Äußerlichkeiten. – Wenn sich Psychologen überschätzen. – Familienrichter rügte Kinderheim. – Der Sachverständige darf in die Privatsphäre eindringen. – Muß der Gutachter Einsicht in seine Akten gewähren? – Richter und Psychologen streiten um Persönlichkeitstests.

Die Mutter verkehrte nur noch über ihren Anwalt mit dem örtlich zuständigen Jugendamt. Sie war überzeugt, daß sie der Behörde «schlechthin die Befugnis zu jedem Kontakt mit dem Kind» absprechen dürfe. So kam es, daß die Mitarbeiterin des Jugendamtes vorsichtshalber bei dem Familienrichter anrief, der über diesen Sorgerechtsfall zu befinden hatte. Die Beamtin erkundigte sich nach dem «Umfang» ihres Auftrages. Die Antwort des Richters ist in den Akten festgehalten: Er habe die Jugendfürsorgerin «ausdrücklich gebeten», «auch auf Grund ihres persönlichen Eindrucks über das Verhältnis Vater-Kind zu berichten». Die Mutter war dagegen.

Dieser Streit, ob und in welchem Umfang das Jugendamt berechtigt ist, sich von der persönlichen Situation eines Kindes zu überzeugen, wurde vor Gericht ausgetragen und ging bis in die Oberinstanz. Der Fall wurde vom Oberlandesgericht (OLG) Köln grundsätzlich entschieden. Bei dem Konflikt zwischen Mutter und Jugendamt handelte es sich keineswegs um eine Ausnahme. Eltern erliegen immer wieder dem Irrglauben, daß sie den Besuch eines Jugendfürsorgers oder die Kontaktaufnahme eines Gutachters nicht zu dulden brauchten. Sie vergessen dabei leicht, daß sich der Familienrichter nicht um solche «Amtsermittlung» bemühen müßte, wenn sie, die Eltern, ihre Familienprobleme selbst gelöst hätten.

Die Oberlandesrichter in Köln stellten deshalb klar: Das Familiengericht «hat» das Jugendamt vor Entscheidungen in Sorgerechtssachen «zu hören»[1]. Zwar enthalte das Gesetz im einzelnen keine Anordnungen, wie das Jugendamt «sein Recht», aber auch «seine Pflicht, sich zu äußern», wahrnehme oder vorbereite. Doch es verstehe sich von selbst, daß die zuständige Behörde ihr rechtliches Gehör «nur nach Kenntnisnahme von entscheidungserheblichen Tatsachen sinnvoll ausüben» könne. Das Jugendamt habe die Aufgabe, den Richter «bei allen Maßnahmen zu unterstützen, welche die Sorge für die Person Minderjähriger betreffen». Daraus folge die Befugnis, «Hausbesuche zu machen». Es sei aber auch «außer den räumlichen Gegebenheiten» alles Wesentliche zu erkunden: persönliche, das Kind betreffende Umstände, «etwa seinen körperlichen und seelischen Zustand, sein Verhältnis zu anderen Personen, insbesondere natürlicherweise zu nahen Bezugspersonen».

Nach Ansicht der Oberlandesrichter bedarf es – «um solche Nachforschungen durchzuführen» – keiner richterlichen Anordnung oder Zulassung. Die Befugnis des Jugendamtes ergebe sich unmittelbar aus dem Gesetz. Die gegenteilige Auffassung, die von der Mutter vertreten werde, müsse als offensichtlich «rechtsirrig» angesehen werden. Die gesetzlichen Aufgaben von Jugendämtern in Sorgerechtssachen seien für jeden klar erkennbar. Es gehe darum, «nach bestem Bemühen Sachverhalte aufzuklären, um dem Wohl des betroffenen Kindes zu dienen und durch solche Mitwirkung im richterlichen Verfahren eine möglichst sachgerechte Entscheidung fördern zu helfen».

In diesem Zusammenhang richteten die Oberlandesrichter an die uneinsichtige Mutter eine ernste Rüge: Es sei schwer begreiflich, «welcher verständige Anlaß von Elternseite» bestehen könne, jede Mitwirkung zu verweigern, «wenn ausschließlich das Wohl des Kindes Motiv allen Handelns ist». Die Richter hielten der Mutter vor, daß sich die Beamten des Jugendamtes schließlich nur bemühten, «persönliche Umstände in angemessener Form zu klären». In diesem Fall, in dem es um das Verhältnis vom Vater zum Kind ging, waren offenbar von der Mutter auch Kontakte zum Zweck der Wahrheitsermittlung verhindert worden. Aus dem Beschluß des OLG-Senats wird deutlich, daß die Richter gewillt wären, aus so einem widerborstigen Verhalten notfalls auch Konsequenzen zu ziehen. Ihre unverhüllte Drohung:

▷ «Die Befähigung, das Sorgerecht allein auszuüben, wird unter Umständen auch daran zu messen sein, in welcher Art und Weise sich ein Elternteil bereit zeigt, bei gesetzlich erlaubter oder vorgeschriebener, dem Wohl des Kindes dienender staatlicher Aufklärung mitzuwirken.»

Skepsis gegenüber den Jugendamtsberichten ist allerdings mitunter angebracht. Eine Frankfurter Forschergruppe förderte da manches Bedenkliche zutage. Seit 1973 hatten sich Juristen, Tiefenpsychologen und Soziologen der Frankfurter Universität über mehrere Jahre hinweg zu einer «interdisziplinären Untersuchung» über das «Kindeswohl» zusammengefunden. Das Ergebnis der Analyse, die sicher keine repräsentative Gültigkeit beanspruchen kann, die aber dennoch verbreitete Tendenzen aufzeigte, war niederschmetternd. Sie zeigte, daß mindestens das psychische Wohl des Kindes bei den Ermittlungen der Jugendämter, aber auch bei der ganzen Gerichtsprozedur, total auf der Strecke blieb – eine Tendenz, die auch heute noch weit verbreitet ist.

Ursprünglich, am Anfang ihrer Untersuchung 1973, hatten die Wissenschaftler gehofft, daß ihre wesentlichen Fragen durch eine Analyse der vorgerichtlichen Akten – damals noch des Vormundschaftsgerichts – beantwortet werden könnten. Dort, so glaubten sie, konzentriere sich das Entscheidungsmaterial. Sie hofften, den richterlichen Entscheidungsprozeß nachzuvollziehen, «also Aufschluß über die einzelnen Entscheidungskriterien und über die verschiedenen Entscheidungsetappen» gewinnen zu können.[2] Weit gefehlt.

Bereits diese Annahme, daß nämlich an jederzeit nachprüfbaren Fakten abzulesen sei, warum eine Entscheidung zum Wohle des Kindes so und nicht anders ausfallen mußte, erwies sich als falsch. Die belegte Erfahrung der Wissenschaftler:

▷ «Die Gerichtsakten sind nicht durch eine minuziöse Auseinandersetzung mit den familialen Konflikten gekennzeichnet, sondern durch den ostentativen Mangel an Information über die Situation des Kindes, aber auch über den Entscheidungsprozeß selbst.»[2]

Neue Entscheidungen mögen dies wiederlegen, doch die Fülle der Sorgerechtsbeschlüsse wird nicht veröffentlicht und die engagierten Mitglieder des Deutschen Familiengerichtstages repräsentieren sicher nicht ihre ganze Zunft. Als ein dingfest gemachter – auch heute noch gültiger – Befund stellte sich «eine für Außenstehende nicht erkennbare Tendenz heraus, das Verfahren formularmäßig abzuwickeln»[2]. Im Klartext: Die Richter begnügten sich bei ihrer «Kindeswohl»-Entscheidung häufig damit, «kurze Notizen in vorgefertigte Formulare einzutragen» – Schicksale bürokratisch abzuhaken. Diese Feststellungen gelten, wie bereits erwähnt, allesamt für die Zeit, bevor die Eherechtsreform in Kraft trat und bevor das Amt des Familienrichters geschaffen wurde. Doch die Vermutung liegt nahe, daß es neben dem neuen Typ des Familienrichters auch solche gibt, die sich den Problemen kaum anders nähern werden als die übrigen Zivilrichter – so formalistisch, wie sie es in ihrer Juristenausbildung gelernt haben.

Weitgehend fremd

Zwar sagt «der ergänzte Formularbogen», der laut Untersuchung «dann die Entscheidung» ausmacht, nichts über den Umfang der Informationen, die dem Richter jeweils zur Verfügung standen. Doch andererseits ergab sich daraus eindeutig, daß die Gerichte ausgerechnet in einem Bereich, «in dem Wortwahl und Intention des Gesetzes eine detaillierte Entscheidungsbegründung erwarten» ließen, «sich häufig mit einem Minimum formalisierter Bemerkungen» zufriedengäben.[2]

Nach weiteren Erkenntnissen der Forschergruppe beschränkten sich die Gerichte weitgehend darauf, «die physisch-materiellen Lebensbedingungen von Kindern zu gewährleisten». Kritische Anmerkung:

▷ «Im Mittelpunkt der Entscheidung steht deshalb, juristisch gesprochen, das ‹körperliche Wohl des Kindes›. Demgegenüber tritt die psychische Dimension, das ‹geistige Wohl des Kindes›, in den Hintergrund.»

Auf die seelische Verfassung des Kindes gingen die amtlichen Ermittlungen «nur unzureichend» ein – und in den Entscheidungen wurde dieser Aspekt «kaum berücksichtigt»[3]. Die amtlichen Unterlassungssünden wurden obendrein verdrängt. So fanden die Wissenschaftler bei eingehenden Befragungen heraus, daß die Vernachlässigung der kindlichen Psyche den Vormundschaftsrichtern selbst «weitgehend fremd» geblieben sei – eine folgerichtige Ignoranz, weil sie das eigene Selbstverständnis intakt läßt.

Sichtbar gemacht wurde auch eine andere peinliche Kluft zwischen Theorie und Praxis. Tatsächlich widerspricht der Untersuchungsbefund denn auch «offen den wie selbstverständlich in Gesetzgebung, höchstrichterlicher Rechtsprechung und Rechtswissenschaft formulierten Postulaten»[4].

Doppelbödigkeit, die auch sonst im öffentlichen Leben anzutreffen ist, wird freilich zum gefährlichen Unfug, wenn es um Kinder geht, wenn nicht die juristische Formel vom Kindeswohl in Rede steht, sondern das tatsächliche Wohl eines Kindes. Die Wissenschaftler kamen insoweit zu einem vernichtenden Urteil: «Eine solche Praxis läßt sich auch bei bestem Willen nicht mit dem Stand des Wissens über die Bedeutung der psychischen Entwicklung im Kindesalter vereinbaren.» Ein großer Teil der heute veröffentlichten Urteile beweist allerdings, daß sich die Familienrichter intensiv darum bemühen. Das läßt für die Zukunft hoffen.

Für die zurückliegende Zeit jedenfalls kam die Forschergruppe «ohne Übertreibung» zu dem Schluß, daß die «festgestellte Vernachlässigung der psychischen Dimension des Kindeswohls» die ganze Praxis der Sorgerechtsentscheidung in Frage stellt.[4] Eine Ursache für das Dilemma ist offensichtlich der vorgeschriebene Informationsfluß. Der Richter ist laut Gesetz verpflichtet, eine Stellungnahme der Jugendbehörde einzuholen. Deren amtliche Berichte sind bereits aus einem verengten Blickwinkel verfaßt.

So äußern sich die Fürsorger in erster Linie «zur Unterbringung und materiellen Versorgung des Kindes», «erwähnen das eigene Bett, Zimmer oder Spielecke, Ernährungs- und Bekleidungszustand».

In den Berichten, die von den Forschern analysiert wurden, wimmelte es von Klischees: das Kind sei «wohlversorgt», «gut aufgehoben», die Mutter lebe «in ordentlichen Verhältnissen». Nur über jedes zweite Kind erhielt der Richter Informationen zu Entwicklungsstand und Persönlichkeit, die sich freilich auch pauschal auf Gesundheit, Normalität und «altersentsprechende Entwicklung» bezogen.

Selbst wenn Informationen über die Beziehung zwischen Eltern und Kind dann doch mal schwarz auf weiß festgelegt wurden, geschah dies in stereotpyen Wendungen: die Mutter «bemüht sich um Ausbildung und Erziehung», es herrsche ein «gutes Mutter-Kind-Verhältnis» oder Mutter und Kind «verstehen sich gut».

Noch härtere Kritik, die sich zudem nicht auf die Vergangenheit, sondern auf die Gegenwart bezieht, äußerte die «Interessen- und Schutzgemeinschaft unterhaltspflichtiger Väter und Mütter» (ISUV). Der Verein, der sich jedenfalls in seiner Öffentlichkeitsarbeit vornehmlich der Väter annimmt, rügte eine Besonderheit: Wenn das Jugendamt einen zusammenfassenden Bericht für beide Elternteile erstatte, komme zumeist der Vater «besonders kurz weg»[5].

Nach dem Sündenregister der ISUV, das sich insoweit mit den Frankfurter Forschungen sogar deckt, sehen die Berichte des Jugendamts an den Familienrichter «das Eltern-Kind-Verhältnis zu sehr als Aufzuchts- und Betreuungsverhältnis». Nach Kenntnis der betroffenen Vereinsmitglieder treten entscheidende Fragen «wie Bindung an einen bestimmten Elternteil, Persönlichkeitsmerkmale der Eltern, Reifungs- und Entwicklungsstand des Kindes» weitgehend zurück. Eine Klage klingt besonders bitter: «Oft wird ein Egoismus, der sich als emsige Sorge um das Kind tarnt, mehr honoriert, als die Fähigkeit eines Elternteils, seine eigene Person mehr in den Hintergrund treten zu lassen.»

Eine Beanstandung der ISUV wiegt besonders schwer: «Familienfürsorgerinnen neigen gegenüber Vätern zu einer unpersönlichen Verfahrensweise.» Als Beispiel wird angeführt, daß die Dame von der Behörde zum Beispiel oft der Mutter einen Hausbesuch abstattet, den Vater hingegen zur Amtssprechstunde vorlädt. Nur ganz selten wird nach diesen Erfahrungen der Kontakt zwischen dem Vater und seinen Kindern beobachtet. «Ein schlimmes Übel» sei, daß oft «die Aussagen der Mutter über den Vater», aber auch ihre negativen Bemerkungen über «sein Verhältnis zu den Kindern» in den amtlichen Bericht aufgenommen werden – «oder schlimmer noch: mit einfließen».

Aus den Forschungen der Frankfurter Wissenschaftler und den Beobachtungen der betroffenen Väter lassen sich zwei Schlußfolgerungen ziehen. Einmal schärft der Hinweis auf amtliches Fehlverhalten – egal, wie oft es nun wirklich vorkommt – das kritische Bewußtsein. Denn wer die Fehlerquellen kennt, hat es leicht, einen unvollständigen Jugendamtsbericht zu zerpflücken.

Doch auch die Ratschläge der Frankfurter Professoren, die an Deutlichkeit nichts zu wünschen übriglassen, könnten für alle Betroffenen hilfreich sein. Die Forscher sind jedenfalls der Ansicht, daß «dem problematischen Verhältnis zwischen Gerichten und Jugendämtern» nachgegangen werden muß. Es fehle oft «die notwendige Vertrauensbasis» für den Informationsaustausch. Bedenklich werde die Art und Weise, in der hier Informationen mitgeteilt würden, «allerdings erst dadurch, daß der Richter nur selten Versuche unternimmt, zur Ergänzung und Überprüfung der Berichte eigene Ermittlungen anzustellen»[4].

Ein medizinisch-psychologisches Problem

Manches hat sich inzwischen geändert. Aus Vormundschaftsrichtern wurden Familienrichter – und viele betreiben gerade die Sorgerechtsentscheidungen mit einem begrüßenswerten Engagement. Doch mit einem Widerspruch müssen auch sie leben. Gesetz und höchstrichterliche Rechtsprechung tun so, als ob nur eine Rechtsfrage zu beantworten sei – tatsächlich ist es ein medizinisch-psychologisches Problem, das nur mit entsprechender Vorbildung zu klären ist.

Um so weniger verständlich ist, daß Richter immer noch zu selten Gutachten einholen. Tun sie es doch, sind mindestens die total verfeindeten Eltern auch nicht zufrieden. Die Richter und die Sachverständigen sind dann der Kritik jener Betroffenen ausgesetzt, die davon überzeugt sind, daß ihre Position nicht angemessen berücksichtigt worden ist. Und mitunter stellt sich dabei auch heraus, daß die Experten – sei es vor lauter Theorie, sei es auch aus wissenschaftlicher Arroganz – die Menschen, um die es geht, nicht mehr sehen. In einem besonders tragischen Fall wurde so ein widerspruchsvolles Verhalten vom Familienrichter im hessischen Seligenstadt aufgedeckt.[6]

Zunächst war es ein normaler Scheidungsfall: Der zwölfjährige Rolf und die achtjährigen Zwillinge Iris und Renate blieben bei der Mutter. Doch als der Vater wieder heiratete, gab die Mutter alle drei Kinder freiwillig ab. Begründung:

Die Kinder sollten «in einer intakten Familie mit Vater und Mutter aufwachsen». Mit dem Jungen, der früher einen Unfall erlitten und dabei Schäden davongetragen hatte, gab es allerdings in der neuen Vater-Familie von Anfang an Probleme.

Der Vater brachte Rolf sehr bald von zu Hause fort – erst in eine Klinik für Kinder- und Jugendpsychiatrie, dann in ein Heim für behinderte Kinder. Dort war der Junge unter lauter schwerbehinderten Kindern erkennbar fehl am Platze. Seine eigene Auffälligkeit bestand darin, daß er als konzentrationsschwach galt und in seiner emotionalen Reife zwei bis drei Jahre zurückgeblieben war.

Es war dann die Mutter, die als nur Umgangsberechtigte vor der Heimunterbringung gar nicht gefragt worden war, die aber den Jungen sofort zu sich nehmen wollte. Der Vater, der trotz des Sorgerechts sich kaum um Rolf gekümmert hatte, widersprach ihrem Antrag – und er wurde dabei unterstützt vom Heim, dessen Psychologen mit einem fast parteilichen Engagement gegen die Mutter polemisierten. Ihr Rat: Rolf solle nicht zur Mutter, sondern in eine Pflegefamilie.

Der Familienrichter hörte den Jungen und stellte fest, daß sich Rolf «in dem Heim nicht richtig wohl fühlt». Der Junge habe das Empfinden, «eingeengt» zu sein, er vermisse «emotionale Zuwendung». Schon in der Klinik sei festgestellt worden, so der Familienrichter, daß der Junge «gerade bei Mißerfolgserlebnissen» intensive Unterstützung nötig habe. Fazit des Richters: Rolf befinde sich «mit seiner relativ leichten Verhaltensstörung unter stark behinderten Kindern, was seiner allgemeinen Entwicklung nur abträglich sein kann».

Warum sich ausgerechnet der Vater gegen die Rückübertragung des Sorgerechts für Rolf an die Mutter wandte, war auch dem Familienrichter nicht erfindlich. Er zitierte den Schlußbericht der Klinik. Aus dem geht hervor, daß der Vater seinen Jungen in der Klinik kaum besuchte. Er war, anders als andere Eltern, auch nicht bereit, Rolf am Wochenende mal nach Hause zu nehmen. Das lag wohl daran, daß der Vater in diesem Punkte «nicht gegen seine jetzige Ehefrau aufkommen» konnte. Der Familienrichter rügte: «Nicht einmal an Weihnachten und Silvester hat der Vater den Jungen zu sich geholt.»

Heim reagierte unangemessen

Dagegen kümmerte sich die Mutter, obwohl sie ein paar hundert Kilometer vom Heim entfernt lebte, intensiv um ihren Sohn. Sie hatte allerdings, so scheint es, keine glückliche Hand im Umgang mit den Heimpsychologen. So wunderte sich der Familienrichter, daß «Besuche und Kontakte der Mutter anfänglich ganz untersagt» worden seien, «obwohl es hierfür keine schwerwiegenden Gründe» gab. Dann passierte der Mutter auch noch eine Ungeschicklichkeit, derentwegen sie von der Heimleitung auf eine unverhältnismäßige Weise attackiert wurde. Die Mutter, in Bayern lebend, hatte sich hinsichtlich der Ferien in Hessen geirrt und Rolf einen falschen Reisebeginn genannt.

Auch der Familienrichter empfand die Reaktion der sachverständigen Kindesbetreuer als höchst unangemessen. Er registrierte: «Die Heimleitung lehnte es ab, Telefonate, Briefe und Pakete an das Kind weiterzuleiten.» Aus seiner Mißbilligung machte der Richter keinen Hehl. Für die Art, wie – offenbar als Strafe – die «Beziehungen Rolfs zur leiblichen Mutter reglementiert», also gegängelt worden seien, fehle beim Familiengericht «jedes Verständnis». Das gelte besonders deshalb, weil «außer Frage stehen dürfte, daß sich gerade Rolf auf jeden Besuch gleich welcher Person und auf jeden Kontakt nach außen riesig freut» – ein psychologisches Privatissimum, das sich die Psychologen hinter den Spiegel stecken können.

Der Familienrichter registrierte bei Rolf den «sehnlichen Wunsch», bei seiner Mutter zu leben. Woher die Psychologen «die Gewißheit und Erkenntnis» hernähmen, der Junge sei «in einer Pflegefamilie am besten aufgehoben», bleibe dem Gericht «unerfindlich». Hier müßte, rätselt der Richter, das Kind «doch Kontakt zu völlig neuen Bezugspersonen finden». Im übrigen könne ein Kind nur dann in die Obhut von Pflegeeltern gegeben werden, «wenn die leiblichen Eltern für die Erziehung und Betreuung absolut ungeeignet sind». Davon könne bei Rolfs Mutter nun überhaupt keine Rede sein.

Der Fall zeigt zweierlei: Erstens kann es passieren, daß auch Psychologen menschliche Schwächen zeigen und sich von Antipathien gegen einen Elternteil nicht frei machen können. Dabei verlieren sie unter Umständen das Wohl des Kindes völlig aus den Augen. Zweitens kann es passieren, daß sich – wie im konkreten Fall – die fachlichen Ratschläge ganz schön wirklichkeitsfremd ausnahmen. In Seligenstadt jedenfalls hat nur die menschliche Wärme des Familienrichters die allerschlimmsten Pannen verhindert.

In seinem Beschluß brachte der Richter Theorie und Wirklichkeit auf einen kurzen Nenner: Der Mutter werde von den Psychologie-Experten «mangelndes Problembewußtsein Rolfs Schwierigkeiten gegenüber» vorgeworfen, außerdem «ihr allzu unbefangener Umgang mit der neuen Situation, die sie anstrebt». Dazu der Familienrichter lakonisch: «Vielleicht ist es gerade notwendig, mit Rolf unbefangen und ohne allzu großes Problembewußtsein umzugehen, um ihm seine Neurosen zu nehmen.»

Die Mühe wurde belohnt – der Familienrichter, der sich in dieser Sache so engagiert hatte, bekam von der Beschwerdeinstanz seine Bestätigung. Das Oberlandesgericht in Frankfurt stellte fest: «Der Senat glaubt mit dem Familiengericht, daß es ihr (der Mutter) mit Geduld und erforderlicher Mühe gelingen kann, die emotionalen Defizite des Jungen allmählich abzubauen oder zumindest spürbar zu verringern.»[7]

Nicht nur in diesem Fall wurde offenbar, daß Probleme ganz differenzierter Natur entstehen, wenn Fremde – quasi von Amts wegen – in die Intimsphäre eindringen. Objekt der Untersuchungen, sei es durch das Jugendamt, sei es durch den vom Gericht bestellten Sachverständigen, sind eben, weil es um familiäre Beziehungen geht, nicht nur die Kinder, sondern auch die Eltern. Professor Helmut Remschmidt, Jugendpsychiater aus Berlin, machte auf dem 2. Deutschen Familiengerichtstag 1979 deutlich, daß «von einem zu starken Eindringen in die Privatsphäre» kaum die Rede sein könne, weil ohne Intimkenntnisse «die Fragen nach dem Sorge- und Besuchsrecht nicht beantwortet werden» könnten.[8]

Besorgnis der Befangenheit

Diese Konsequenzen der Scheidung trägt der eine leichter, der andere schwerer. Jedenfalls bleiben die Konflikte nicht aus. Vor dem Oberlandesgericht in Frankfurt ging es zum Beispiel in einem Grundsatzstreit um die Frage, ob der psychologische Sachverständige verpflichtet ist, die seinem Gutachten zugrundeliegenden Unterlagen – etwa Protokolle oder Testbögen – den Beteiligten herauszugeben.[9]

In dem Scheidungsverfahren stritten die Eltern nur noch um das Sorgerecht für ihre elf und dreizehn Jahre alten Kinder. Die lebten seit der Trennung des Ehepaares bei der Mutter. Das Familiengericht ließ ein Gutachten erstellen – mit der Fragestellung, wem von beiden Eltern das Sorgerecht übertragen werden solle. Der Vater beantragte «Termin zur mündlichen Erläuterung des Gutachtens» und eine vorherige «Einsichtnahme in die Unterlagen des Sachverständigen». Doch der Psychologe wollte sich nicht in die Papiere gucken lassen. Er lehnte das Ansinnen des Vaters ab. Begründung: Er habe eine «Geheimhaltungspflicht gegenüber allen in das Gutachten einbezogenen Personen». Zugleich erklärte sich der Sachverständige aber bereit, alle Unterlagen zum Anhörungstermin mitzubringen und gegebenenfalls bei Einzelfragen Einblick zu gestatten.

Damit mochte sich der Vater nicht begnügen. Er lehnte den Sachverständigen nun wegen «Besorgnis der Befangenheit» ab: Die Verweigerung der Herausgabe von Aufzeichnungen führe «zu Zweifeln an seiner Unparteilichkeit». Wegen der unsachgemäßen Befragung des Kindes habe er, der Vater, Zweifel an der «fachlichen Geeignetheit» des Gutachters. Außer diesen beiden Gründen gab der streitbare Vater zusätzlich zu Protokoll: Der Gutachter habe dem Gericht gegenüber ein Gespräch mit jedem der vier Beteiligten angegeben. Tatsächlich habe er mit der Mutter zwei bis drei weitere Gespräche geführt und sie somit bevorzugt.

Das Ablehnungsgesuch des Vaters gegen den Psychologen wurde in beiden Instanzen abgelehnt. Das Oberlandesgericht befand: «Der Sachverständige, der ein schriftliches familienpsychologisches Gutachten erstattet hat, ist grundsätzlich nicht nur berechtigt, sondern sogar verpflichtet, die im Verlauf der Befragung erlangten persönlichen Informationen und Materialien (Testbögen usw.) über jeden einzelnen der Beteiligten geheimzuhalten.» Ob er Einzelheiten preisgebe, liege in seinem «pflichtgemäßen Ermessen».

Andererseits kann der Sachverständige nicht tun, was er will. Seine Pflichten, um die immer wieder mal gestritten wird, hielten die Oberlandesrichter fest:

▷ «Dabei wird vorausgesetzt, daß das Gutachten im übrigen nach dem anerkannten Stand der Wissenchschaft erstattet wird, aus sich heraus verständlich ist und seine wissenschaftlichen Grundlagen (zum Beispiel Art und Anzahl der Tests) erkennen läßt.»

Zugleich kann aber nach dieser Entscheidung der Sachverständige die Preisgabe weiterer nicht in das Gutachten aufgenommener Tatsachen «unter Hinweis auf seine berufliche Schweigepflicht ablehnen». Insofern «gilt dann der absolute Schutz für ihm anvertraute persönliche Geheimnisse».

Von dieser Schweigepflicht kann der Psychologe nur durch die Einwilligung der Begutachteten entbunden werden. Das bedeutet für Familiengutachten: Alle Beteiligten müssen einwilligen, «soweit die Aufzeichnungen und sonstigen Unterlagen ihre Person betreffen».

Auch Kinder sind nicht etwa nur Objekt eines solchen Verfahrens. Für die Frage, ob der Gutachter von seiner

Schweigepflicht entbunden wird, steht ihnen nach dem Votum der Frankfurter Oberlandesrichter «je nach Alter und Entwicklungsstufe ein eigenes Einwilligungsrecht neben der Notwendigkeit der Einwilligung ihrer Sorgeberechtigten zu». Die Richter machen darauf aufmerksam, daß diese allgemein geltenden Grundsätze immer dann, wenn es ums Sorgerecht oder ums Umgangsrecht geht, «noch besonderes Gewicht unter dem Aspekt des Kindeswohls» erhalten. Der begutachtende Psychologe ist mithin immer gehalten, «die seelischen Belastungen des Kindes durch den Familienkonflikt nicht noch zu verstärken».

Keine falschen Angaben

Im konkreten Fall bedeutet diese Interpretation der Oberlandesrichter: Die Tatsache, daß der Gutachter eine Einsichtnahme in seine Unterlagen verweigert hatte, rechtfertigte nicht seine Ablehnung wegen Befangenheit. Auf die Laien-Behauptung, das Kind sei unsachgemäß befragt worden, ließ sich das Gericht gar nicht erst ein. «Objektiv begründete Zweifel an der Unparteilichkeit des Sachverständigen» halten die Oberlandesrichter für denkbar, wenn er «in dem schriftlichen Gutachten falsche Angaben über dessen Grundlagen gemacht» habe.

Dasselbe würde gelten, wenn er bei der Erstattung des Gutachtens eine besondere «Bevorzugung» der Gegenpartei gezeigt hätte. Beides sei nicht der Fall. Das Gericht hatte keine Zweifel daran, daß der Sachverständige korrekte Angaben über die Anzahl der verwerteten Gespräche gemacht hatte. Die vom Vater gerügten zusätzlichen Unterredungen zwischen Gutachter und Mutter hätten sich jeweils im Zusammenhang mit dem Überbringen eines der Kinder abgespielt.

Trotz des Schweigerechts, das die Oberlandesrichter dem Sachverständigen zubilligen, bleibt dessen Tätigkeit nicht etwa in völliges Dunkel gehüllt. Der 2. Deutsche Familiengerichtstag in Brühl 1979 formulierte eine Reihe von «Kriterien der Verwertbarkeit psychologischer Gutachten»[10]. Der Arbeitskreis, der sich mit dieser Problematik beschäftigte, stellte abschließend eine Reihe von Thesen auf. Dafür einige Beispiele.

These eins: «Psychologische Gutachten unterliegen auch im Familienrecht, da sie in das Persönlichkeitsrecht der Beteiligten eingreifen, dem Gebot der Verhältnismäßigkeit und dürfen den Wesensgehalt des Grundrechts nicht beeinträchtigen. Es dürfen nur aufgabenrelevante Fakten ermittelt werden.»

These sechs: «Selbstverständlich sollte sein, daß Gutachten verständlich formuliert, daß sie objektiv und für den Richter nachvollziehbar sind.» Zugleich hielten die versammelten Familienrichter für erforderlich, daß der Gutachter jeweils darlegt, «welche Schlußfolgerungen auf welchen Untersuchungsmethoden beruhen (z. B. auf Beobachtungen, Gesprächen, Testergebnissen usw.)». Zugleich soll er «dem Gericht die Prüfung ermöglichen, ob das Gutachten auf wissenschaftlich gesicherten Erkenntnissen beruht».

In diesem Arbeitskreis etwa wurden auch bezeichnende Einzelwünsche laut. So hätten etliche Familienrichter gern Informationen über die «Ausbildung» und die «Schule» des jeweiligen gutachtenden Psychologen. Das Thema «Sachverständige im Sorgerecht» erwies sich bei den Familiengerichtstagen in Brühl gleichsam als Dauerbrenner. Im Jahr 1980 etwa beklagte eine Richterin, daß ihr der Überblick über die verschiedenen, zum Teil miteinander zerstrittenen Richtungen der Psychologie fehle. Ein Kollege ergänzte: «Den meisten muß ich glauben oder nicht.» Und ob er das tut oder nicht, hängt davon ab, wie er den Sachverständigen einschätzt – nach dem Eindruck, den er im beruflichen Umgang gewonnen hat.

Im Umkehrschluß ist daraus zu entnehmen, von wieviel Zufälligkeiten die Beauftragung eines bestimmten Gutachters abhängt. Und obendrein machen derlei Eingeständnisse auf Familiengerichtstagen deutlich, welche Macht die Sachverständigen tatsächlich ausüben.

Dies erklärt wiederum, warum im Familienrecht über bestimmte, sogar weit verbreitete Untersuchungsmethoden heftig gestritten wird – etwa über die sogenannten projektiven Persönlichkeitstests. Um die Kinder nicht mit direkten Fragen angehen zu müssen und auch, um manipulierte Antworten auszuschließen, haben die Wissenschaftler Tests entwickelt, die, jedenfalls auf Anhieb, ganz sympathisch wirken.

Eine Methode etwa arbeitete nach folgendem Prinzip. Da werden den Kindern Bildkarten mit wertfreien Figuren-Konstellationen vorgelegt. Zum Beispiel: Eine Frau steht auf der Straße, sie hat einen Korb in der Hand, zehn Meter hinter ihr geht ein Kind. Oder: Ein Mädchen öffnet eine Schublade. Oder: Ein Kind kommt in ein Zimmer, in dem sich ein Mann und eine Frau befinden. Das Kind hält einen Brief auf dem Rücken. Oder: Einem Mädchen geht eine Vase kaputt.

Alle Bilder enthalten wenig emotionale Deutungen, keine der dargestellten Szenen ist ungewöhnlich. Die Kinder werden aufgefordert, Geschichten über die Bilder zu erzählen. Ihnen wird nicht etwa gesagt, daß sie ihre Familie darstellen sollten. Das Thema ist: Bilder angucken und sich etwas ausdenken. Die Antworten werden auf Band genommen.

Auch der Nicht-Psychologe begreift, daß sich aus der Reaktion des Kindes Schlüsse ziehen lassen – aus der Art, wie es seine Geschichte gestaltet, wie es die Personen mit Leben füllt, wer Held ist und wer Antiheld, welche Informationen aus dem Bild verarbeitet und welche ignoriert werden.

Kritiker meinen, daß solche Tests eher Hypothesen liefern als Behauptungen begründen. Auch ist die Gefahr nicht auszuschließen, daß sich beim Kind der weibliche oder männliche Tester mit der Mutter- oder Vaterfigur verschmelzen und somit auch die Deutung verfälschen. Daraus folgt jedenfalls, daß es ganz wesentlich auf die Qualifikation des Auswerters ankommt. Mitunter passiert es auch, daß Sachverständige die ganze Innung blamieren – wenn, wie geschehen, jeweils ein

Gutachten und ein Gegengutachten sich auf projektive Tests stützen und dabei zu entgegengesetzten Urteilen kommen.

Just mit so einem Fall hatte sich das Oberlandesgericht München zu befassen. Es ging um die Frage, ob Geschwister getrennt werden sollten. Vom Familienrichter erster Instanz war entschieden worden: Für das sechsjährige Kind sei das Sorgerecht der Mutter zu übertragen, für das dreijährige dem Vater. Nach dem Gutachten durfte «eine dauernde Trennung der Geschwister in Betracht gezogen werden».

Die Begründung des Sachverständigen lautete: Aus psychologischer Sicht sei «die vertrauensvolle und positive Beziehung der Kinder zu je einem Elternteil hier für die Entwicklung von größerer Bedeutung als das gemeinsame Aufwachsen der Geschwister». Das Oberlandesgericht kam «nach allgemeinen Grundsätzen der Beweiswürdigung» zu einem gegenteiligen Ergebnis – beide Kinder zur Mutter.[11]

Die Oberlandesrichter waren durch einen Widerspruch offensichtlich stutzig geworden. Denn die Schlußfolgerungen des fraglichen Gutachtens beruhten «in erheblichem Maß auf den Ausdeutungen von vorwiegend durchgeführten projektiven Persönlichkeitstests» – kurioserweise galt aber «ähnliches für das von der Mutter vorgelegte und zum gegenteiligen Ergebnis gelangende Gutachten».

Ob dies einen so radikalen Spruch wie den Münchner rechtfertigte, blieb umstritten. Jedenfalls erklärten die Oberlandesrichter, daß sie «den Aussagewert» von projektiven Persönlichkeitstests skeptisch beurteilten. Sie befürchteten – «auch bei Unterstellung von großem psychoanalytischem Erfahrungswissen in der Person eines Gutachters» – ein sehr hohes Ausmaß «von subjektiven Interpretationszufälligkeiten».

Ihr Vorbehalt: Gegenüber derartigen Hypothesen sei in der familiengerichtlichen Praxis «jedenfalls eine angemessene Zurückhaltung veranlaßt» – und zwar «wegen des oftmals hierbei vorhandenen nahezu unbegrenzten Spielraums etwa für spekulative Analogieschlüsse». Wegen des «überragenden Einflusses subjektiver Deutungen durch den Gutachter» hielten die Oberlandesrichter «eine verantwortliche, selbständige richterliche Wertung» für geboten.

Die Grundsatzentscheidung weist ausdrücklich darauf hin, daß sich die Menschenrechtskommission der Vereinten Nationen bereits 1973 «im Hinblick auf die vielgestaltige Problematik der Persönlichkeitserforschung durch Tests und Psychodiagnostik» veranlaßt sah, zu diesem Thema eine Reihe von Empfehlungen auszusprechen. Das UN-Thema lautete: «Schutz der Privatsphäre im Lichte moderner psychologischer und physikalischer Methoden zum Herauslocken von Informationen».

Eine der UN-Empfehlungen forderte, daß die gesetzliche Möglichkeit bestehen müsse, «Testuntersuchungen ohne nachteilige Folgen zu verweigern und gegen die aus Testbefunden abgeleiteten Konsequenzen Einspruch zu erheben». Eine andere These der Vereinten Nationen: «Der Einsatz von Persönlichkeitstests, die Rückschlüsse auf unbewußte und innerpsychische Prozesse erlauben, soll besonders strengen Regelungen unterliegen, die den Schutz der Menschenwürde gewährleisten.»

Der juristische Angriff auf diese psychologische Methode löste in Fachkreisen vielerlei Reaktionen aus. So ging der Berliner Medizinprofessor Helmut Remschmidt bereits auf dem 2. Deutschen Familiengerichtstag in Brühl auf das Grundsatzurteil aus München ein.[12] Der Psychiater räumte zunächst einmal sogar ein, daß Bedenken «gegenüber einer unkritischen Anwendung projektiver Testverfahren» berechtigt seien. Auch Remschmidt würde ein Sorgerechtsgutachten, «das seine wesentlichen Schlußfolgerungen mehr oder weniger ausschließlich aus den Ergebnissen projektiver Testverfahren ableitet», nicht verteidigen.

Tests zur Ergänzung

Andererseits machte der Professor deutlich: Projektive Methoden können «als zusätzliche Untersuchungstechniken von großer Bedeutung sein». Es kommt danach ganz und gar auf den Kontext an, in den solche Ergebnisse gestellt werden. Gerade bei jüngeren Kindern sind laut Remschmidt projektive Testmethoden «wichtige Instrumente, um eine adäquate Beziehung zu den Kindern herzustellen. Sie liefern Aussagen über das Befinden und die Beziehungen von Kindern, die – wenn sie mit den Ergebnissen anderer Untersuchungen verglichen werden – durchaus weiterführend sind. Fazit des Berliner Medizinprofessors: «Wenngleich die Ergebnisse dieser Verfahren also kritisch gesehen werden müssen, so ist ihre generelle Ablehnung nicht gerechtfertigt.»

Schärfer als Remschmidt ging der Kieler Psychologie-Professor Hermann Wegener mit den Münchner Richtern ins Gericht. Auch er wies darauf hin, daß neben den projektiven Persönlichkeitstests für den Gutachter «weitere Bausteine» erforderlich seien: «Aktenstudium, biographische Anamnese mit Eltern und Kind, Persönlichkeitstests und -Fragebögen, spezielle Exploration und Verhaltensbeobachtungen bei getrennten Sitzungen mit je einem Elternteil.»[13]

Zunächst stellte Wegener einen Irrtum richtig. Er wies darauf hin, daß es sich in erster Linie gar nicht um «Charaktertests» handelt, sondern um diagnostische Instrumente «zur Abbildung von Einstellungen des Kindes zu seinen Beziehungspersonen, vor allem innerhalb der Familie». Bei der Prüfung der Frage, in welcher Art und Weise ein Kind das Kind-Eltern-System erlebt, kommt es nach Ansicht des Professors nicht in erster Linie auf die Feststellung objektiver Verhaltensweisen an, sondern vielmehr auf deren Bedeutung für das Kind. Danach tritt bei den strittigen Tests der Beobachter «nicht selber als Meßinstrument» auf, sondern er zählt beziehungsweise protokolliert die Reaktionen des Kindes, «die dadurch nachvollziehbar und hinsichtlich der Interpretationen kontrollierbar gemacht werden».

Gegen die allzu vordergründige Kritik an den Verfahren führte Wegener ins Feld: «Naturgemäß liefern psychodiagnostische Instrumente nicht ‹Beweise› im strengen Sinne; die Urteilsbildung wird jedoch auf eine rationale Basis erhoben.»

Das Hauptargument für den Einsatz projektiver Verfahren liegt laut Wegener jedoch in ihrer speziellen Eignung für die familienrechtliche Kinderdiagnostik. Er wies auf die Problematik «des fast immer durch einen Elternteil vorinstruierten Kindes» hin. In diesem Fall bildete die direkte Befragung für das Kind «eine konflikthaft zugespitzte, affektgeladene Situation, in der es für eine überlegte, begründete Entscheidung überfordert ist». Als Beispiel nannte Wegener, daß beim Kind oft Schuldgefühle gegenüber dem «geopferten» Elternteil auftreten.

Nach den Erfahrungen des Kieler Wissenschaftlers wird durch harte, direkte Fragen eine «freie Willensentscheidung» nicht angebahnt, sondern sogar erschwert oder verhindert. Durch bohrendes Nachfragen – etwa, wie die «Bevorzugung eines Elternteils» begründet werde – könnten unter Umständen neue bisher nicht wirksame «ambivalente Assoziationen» entstehen, «die weitere psychische Schäden nach sich ziehen». Demgegenüber deckt – so Wegener – der projektive Test die Einstellungen des Kindes «in der Regel ohne Bewußtmachen latenter Ängste und neuer Irritationen auf». Schließlich verhindert der projektive Test auch, daß sich das Kind auf eingelernte Antworten zurückzieht.

Wegener stellt folgende Güterabwägung zur Diskussion: Auf der einen Seite steht die Intimsphäre des Kindes, in die der projektive Test in der Tat eindringt. Auf der anderen Seite geht es um die Sicherung einer optimalen körperlichen und seelischen Entwicklung. Die Schlußfolgerung des renommierten Kieler Sachverständigen: «Ein Verzicht auf projektive Tests würde für den Gutachter bedeuten, daß er ohne Schonung des Kindes härter und dringender direkt befragen müßte und sich dabei auf eine Informationsquelle beschränken würde, die fehlerhaft und durch die Eltern manipulierbar bleibt.»

Richtern, die den brillanten Professor aus Kiel beim Familiengerichtstag in Brühl erlebt haben, könnte allerdings ein Einwand einfallen: So gut wie Wegener sind nur wenige Sachverständige.

13

Vom Versuch, miteinander zu reden

Gemeinsames Sorgerecht und Vergleichsstrategien

Der eine wohnt oben, der andere unten. – 800 000 Fälle von «gemeinsamem Sorgerecht» in Amerika. – Zwischen Mitbestimmen und Mitwirken besteht ein feiner Unterschied. – Familienrichter stellt die These auf: schlichten statt richten! – Schonungslose Offenheit als Vergleichsbasis. – Amerikaner haben festgestellt: Besuche kosten Zeit und Geld, Kinder haben eigene Spiel- und Zeitpläne.

Die Eltern des fünfjährigen Roland aus Königstein im Taunus sind geschieden, sie wohnen jedoch weiter im gemeinsamen Haus, einer im Ober-, einer im Erdgeschoß. Beide – sie: Ägyptologin, er: Diplom-Mineraloge – haben sich, auch zeitlich, die Betreuung des Kindes aufgeteilt und wollen trotz Scheidung das Sorgerecht weiterhin gemeinsam ausüben.

Der zuständige Familienrichter wollte ihrem Antrag stattgeben, sah sich aber durch Paragraph 1671 Absatz 4 des Bürgerlichen Gesetzbuches (BGB) gehindert. Denn seit Inkrafttreten der neuen Eltern-Kind-Regelungen am 1. Januar 1980 darf das Sorgerecht nur «einem Elternteil allein» übertragen werden. Der Familienrichter hielt diese Vorschrift für grundgesetzwidrig und legte die Streitfrage dem Bundesverfassungsgericht (BVG) in Karlsruhe zur Prüfung vor.[1]

Die Eltern der vierzehnjährigen Heike aus West-Berlin sind seit zwölf Jahren geschieden, sie wohnen zehn Autominuten voneinander entfernt. Die Mutter hat das Sorgerecht. Beide Eltern – er: Lehrer und wiederverheiratet, sie: Erzieherin – haben sich jedoch stets gemeinsam um das Wohl ihres

Kindes gekümmert. Sie wünschen nun, daß sich diese tatsächliche Doppelverantwortung auch in der Übertragung des gemeinsamen Sorgerechts niederschlägt.

Auch die Berliner Richter empfanden den Elternwunsch als begründet: Die oberste Berliner Instanz für Familiensachen, der 18. Zivilsenat beim Kammergericht, erklärte die engherzige BGB-Vorschrift kurzerhand selbst für verfassungswidrig und übertrug beiden Eltern das Sorgerecht.[2]

Insoweit unterschied sich die Verfahrenslage in Königstein und West-Berlin. Der westdeutsche Richter muß, wenn er ein Gesetz für verfassungswidrig hält, Karlsruhe anrufen. Der West-Berliner Richter darf dies nicht, sondern ist verpflichtet, selbst zu entscheiden, weil auf Grund alliierter Vorbehalte das Verfassungsgericht für Berlin nicht zuständig ist.

Ungeachtet dieser Formalien markieren beide Entscheidungen den vorläufigen Höhepunkt einer Diskussion, die seit zehn Jahren Deutschlands Familienrechtler in zwei Lager spaltet. Die einen meinen, wenn sich zwei scheiden lassen, ist eine gemeinsame Sorge fürs Kind praktisch nicht mehr möglich. Die anderen stützen sich auf das verfassungsrechtlich verbürgte Elternrecht und weisen darauf hin, daß die «Wächter»-Funktion des Staates erst einsetzt, wenn die Eltern nicht mehr zurechtkommen.

Diesen Positionsstreit gab es schon um die gemäßigte alte BGB-Fassung, die Kontroverse ist nun wegen der neuen rigorosen Vorschrift heftiger denn je entbrannt. Jene Bestimmung, die bis Ende 1979 gültig war, ließ immerhin Spielraum für Interpretation. «Die elterliche Gewalt *soll in der Regel* einem Elternteil allein übertragen werden», hieß es und legte mindestens die Schlußfolgerung nahe, daß Ausnahmen von der Regel denkbar sind. Solche Schlupflöcher läßt indessen die Neufassung nicht mehr offen. «Die elterliche Sorge», wird nun kategorisch bestimmt, «*ist* einem Elternteil allein zu übertragen.»

Und eben diese Ausschließlichkeit mißfiel den Richtern in West-Berlin: Ihrer Ansicht nach darf der Gesetzgeber nicht «in das Elternrecht eingreifen», vor allem nicht «das gemeinsame elterliche Sorgerecht generell verbieten».

Offenbar sind der Gesetzgeber und viele Gerichte – heute wie früher – so sehr auf das Bild heillos zerstrittener Eheleute fixiert, daß sie sich eine fortbestehende Elterngemeinschaft kaum vorstellen können.

Auf den Umstand, daß es beim Kindeswohl nicht auf vage Alltagstheorien, sondern auf den konkreten Einzelfall ankommt, wies der Familienrichter in Königstein hin. Er hält für «durchaus» denkbar, daß Eltern es fertigbekommen, «die Konflikte, die zu ihrer Ehescheidung geführt haben, vollständig von der gemeinsamen» Erziehungsaufgabe zu trennen.

Immerhin hatte sich selbst nach dem auslegungsfähigen alten Recht jahrzehntelang als «herrschende Meinung» verfestigt, daß geschiedene Eltern nicht gemeinsam die Verantwortung für ihre Kinder weitertragen dürfen. Erstmals setzte sich 1970 eine untere Instanz, das Landgericht Mannheim, über die gängige Rechtsprechung hinweg.[3] Eine Nichtberücksichtigung des Elternwunsches lasse, so die Mannheimer Richter, «die Friedensfunktion des Rechts zu sehr außer acht». Die Aufgabe der Gerichte bestehe nicht nur darin, «Konflikte zu entscheiden», sondern auch darin, nach «friedlichen Lösungen» zu suchen, «die allen Interessenlagen gerecht» würden.

Auf derselben Linie lag eine Untersuchung der Berliner Familienrechtlerin Franziska-Sophie Evans-von Krbek.[4] Sie betonte, daß die Übernahme gemeinsamer Verantwortung gerade «dem vielzitierten, aber oft zur verbalen Pflichtübung erstarrten» Begriff vom Kindeswohl dient. Nach ihrer Beweisführung braucht ein Kind nun einmal grundsätzlich Vater und Mutter, da nach den Erkenntnissen der Psychologie «jeder Elternteil eine komplementäre Rolle in der Familie» innehat.

Solchen Überlegungen, die alle darauf hinausliefen, die Einsicht bei Eltern zu fördern und zu honorieren, schlossen sich nach und nach verschiedene Oberlandesgerichte an, so auch das OLG Düsseldorf.[5] Durch die gemeinsame Verpflichtung beider Elternteile, zum Wohle der Kinder zusammenzuwirken, erkannten die Oberrichter, werde «dem nach einer Scheidung allgemein zu beobachtenden Zerfall der Familie am ehesten Einhalt geboten».

Als jedoch im vergangenen Jahr das «Gesetz zur Neuregelung des Rechts der elterlichen Sorge» verabschiedet wurde, schlug der Bundestag derartigen Richter-Rat in den Wind und formulierte engherziger als der alte BGB-Gesetzgeber. Ignoriert wurde auch die Meinung von Sachverständigen, die sich bei einer Bundestagsanhörung mehrheitlich für die Zulässigkeit des gemeinsamen elterlichen Sorgerechts nach der Scheidung ausgesprochen hatten.

Und vollends fehlte den Parlamentariern die Phantasie für eine Entwicklung, die sie mit der Reform des Scheidungsrechts 1977 selbst in Gang gesetzt hatten. Denn namentlich bei jüngeren Paaren wächst offenbar die Neigung, sich einverständlich scheiden zu lassen und sich gemeinsam um die Kinder zu kümmern.

Fortschrittliche Ausländer

Der Berliner Kammerrichter Hans-Werner Fehmel zitierte in der *Familienrechtszeitschrift* positive amerikanische Erfahrungen.[6] So lassen zum Beispiel vier Bundesstaaten bereits das gemeinsame Sorgerecht zu. In der Stadt Los Angeles etwa wird laut *Time* schon jetzt in 15 bis 20 Prozent aller Fälle das gemeinsame Sorgerecht praktiziert. Ende der achtziger Jahre könnte diese Lösung die Regel und nicht mehr die Ausnahme sein.

Der deutsche Gesetzgeber steht mit seiner Tendenz, einem Ehegatten «die elterliche Sorge ihrer Substanz nach» stets völlig zu entziehen und auf ein Umgangsrecht zu reduzieren, «ziemlich allein» da. Dies stellte, so pointiert, der Münchner Rechtsprofessor Erik Jayme als Festredner auf dem 3. Deutschen Familiengerichtstag im Oktober 1980 in Brühl fest.[7] In seiner rechtsvergleichenden Betrachtung skizzierte der Wissenschaftler verschiedene ausländische Lösungen.

Beispiel Nummer eins: «Im italienischen Recht ändert die Scheidung nichts an dem natürlichen Elternrecht; beide Eltern bleiben Inhaber der elterlichen Gewalt und haben die gleichen Rechte und Pflichten gegenüber dem Kind wie während der Ehe. Das Gericht regelt nur die Ausübung näher, insbesondere, wem das Kind anvertraut wird.»

Beispiel Nummer zwei: Auch in Frankreich behält derjenige, bei dem das Kind nicht lebt, das Recht, die Erziehung zu überwachen – ähnliches gilt für Belgien, Schweden und Polen. Jayme weist mit gutem Grund darauf hin, daß die deutsche Lösung deshalb auf so viel Widerstand stößt, weil ihr das Prinzip des «Alles oder nichts» zugrunde liege. In vielen anderen Ländern stelle sich das Problem «nicht in so heftiger Weise, weil ohnehin beiden Eltern das Erziehungsrecht bleibt» – und sei es nur als «Konsultationsrecht».

Der bereits zitierte Berliner Kammergerichtsrat Fehmel, der die amerikanischen Prinzipien in Deutschland bekannt gemacht hat, betrachtet selbst die Zukunftsprognose für die USA – gemeinsames Sorgerecht als Regel – noch «vorsichtig». Doch die Tendenz ist erkennbar und der Formalismus des deutschen Gesetzgebers um so unverständlicher. Gerade der Berliner Fall widerlegt im übrigen das Hauptargument, das stets für den Alleinvertretungsanspruch eines Elternteils vorgetragen wird.

Wenn sich beide Elternteile wirklich so gut verstünden – hieß es auch im Bundestag –, brauche doch derjenige, dem das Sorgerecht übertragen werde, den anderen nur großzügig an der Erziehung zu beteiligen. Dem Kind müsse das Rechtsproblem überhaupt nicht bewußt werden.

Solchen Gedanken, die den feinen Unterschied zwischen Mitbestimmen und Mitreden schlicht unterschlagen, hält das

Berliner Elternpaar, das die vorgeschlagene Lösung zwölf Jahre lang praktiziert hat, Beispiele aus der eigenen Erfahrung entgegen. So war Heikes Vater, der gemeinsam mit der Mutter stets alle Elternabende besucht hatte, zum Elternvertreter der Klasse gewählt worden. Doch da er nicht sorgeberechtigt war, konnte er die Interessen seiner Tochter nur wahrnehmen, nachdem ihn die Mutter schriftlich bevollmächtigt hatte.

Schwierigkeiten gab es auch, als der Großvater seinem Enkelkind ein Sparkonto über 6000 Mark einrichtete und bestimmte, daß bis zur Großjährigkeit beide Eltern verfügungsberechtigt sein sollten. Die Bank lehnte die Eintragung des Vaters ab, solange er nicht sorgeberechtigt sei.

Ein anderes Problem: Vater und Tochter, beide begeisterte Reiter, verbringen regelmäßig einen gemeinsamen Sporturlaub. Falls die Tochter mal vom Pferd fällt, darf der Vater für sie – etwa einem Krankenhaus gegenüber – keine rechtsverbindlichen Erklärungen (zum Beispiel die Einwilligung zu einer Operation) abgeben.

Auch dem Wunsch der Eltern nach einer «soliden rechtlichen Grundlage», etwa für den Fall, daß «die Mutter, aus welchen Gründen immer, verhindert sein sollte», mochten sich die Kammerrichter nicht verschließen. Die als «Elternrecht» oder «Elternverantwortung» umschriebene «Bindung zwischen Eltern und Kind» dauere, so das Urteil, auch nach der Scheidung fort und genieße «auch weiterhin den Schutz der Verfassung».

Schäden mildern!

Entscheidungen des Bundesgerichtshofes (BGH) und des Bundesverfassungsgerichts (BVG) in dieser Frage stehen noch aus. Immerhin spricht mindestens ein älteres BVG-Grundsatzurteil für die Berliner Interpretation. «Aus der fortbestehenden Verantwortung gegenüber dem Kind», so das Gericht 1971, ergäben sich Pflichten der geschiedenen

Eltern: Sie hätten «die regelmäßig mit der Scheidung für die Entwicklung des Kindes verbundene Schädigung nach Möglichkeit zu mildern», sie müßten «eine vernünftige, den Interessen des Kindes entsprechende Lösung für seine Pflege und Erziehung finden – möglichst eine «Einigung», die den «weiteren persönlichen Beziehungen zu den nunmehr getrennten Eltern» gerecht werde.[8]

Das Bundesverfassungsgericht, dem inzwischen mehrere Fälle in puncto «gemeinsames Sorgerecht» zur Prüfung vorliegen, hat zwischen zwei Positionen zu wählen. Beim Hearing des Deutschen Bundestages hatten die beiden Sachverständigen Ingrid Baer und Walter Becker die entgegengesetzten Standpunkte formuliert.

Ingrid Baer gab zu Protokoll: «Wenn beide Elternteile voll erziehungsfähig sind, gleich starke emotionale Bindungen an das Kind haben und die Verantwortung weitertragen möchten, sollte man den Eltern die Möglichkeit geben, diese Verantwortung im Interesse des Kindes gemeinsam weiter zu tragen.»[9]

Becker vertrat die Meinung: «Es ist für ein Kind besser, einen Schnitt zu machen, eine einmalige klare Entscheidung zu treffen, anstatt weitere Streitigkeiten über Jahre hinweg fortzusetzen, so daß der Richter nach einem Jahr vielleicht noch einmal zu entscheiden hat.» Becker gab zu bedenken, daß Eltern häufig noch nicht genau wüßten, was sie tun wollen. «Oft ist die Ehe im Grunde genommen sogar nicht gescheitert.»[10]

Wie immer die beiden höchsten Instanzen entscheiden werden: Die Zahl der Eltern, die an einem gemeinsamen Sorgerecht interessiert sind, dürfte vorläufig hierzulande noch sehr gering sein. Der schon zitierte Berliner Kammerrichter Hans-Werner Fehmel machte indessen darauf aufmerksam, daß in den Vereinigten Staaten mittlerweile «mindestens 780 000 Kinder, wenn nicht mehr» unter dem gemeinsamen Sorgerecht ihrer geschiedenen Eltern lebten.[11]

Mit einem gewandelten Eheverständnis bei den jüngeren Ehepaaren dürfte auch in Deutschland eine steigende Tendenz zu erwarten sein. Auch wenn die Gerichte das «gemeinsame Sorgerecht» nicht für allgemein verbindlich erklären sollten, finden sich für gutwillige Eltern Mittel und Wege. Wer im Einverständnis auseinandergeht, könnte zum Beispiel das vom Bundestag vorgeschlagene Arrangement zustande bringen. In der amtlichen Begründung heißt es dazu: «Die Übertragung der elterlichen Sorge auf einen Elternteil hindert diesen nicht, den anderen Elternteil so an der elterlichen Sorge teilnehmen zu lassen, als ob diese Entscheidung nicht ergangen wäre» – mit einer Einschränkung: es müßten von Fall zu Fall die in dem Berliner Prozeß erwähnten Abmachungen, Beurkundungen und Bevollmächtigungen getroffen werden, die den Nichtsorgeberechtigten überhaupt erst in eine halbwegs gleichwertige Position versetzen.

Ob von Amts wegen oder ob auf freiwilliger Basis: Die Einsichten und Erfahrungen der Psychologen nötigen ohnehin zu dem Schluß, daß die Eltern, wenn sie es mit dem Wohl ihrer Kinder ernst meinen, nach Vergleichsmöglichkeiten suchen müssen.

Die Tatsache, daß alle Prognosen in Sachen Sorge- und Umgangsrecht selbst nach dem Eingeständnis der Gutachter höchst ungewiß sind, brachte den Stuttgarter Familienrichter Herbert Freund auf eine prozessuale Idee. Er äußerte sich in der *Deutschen Richterzeitung* über den «Funktionswandel richterlicher Tätigkeit» und machte sich für neue Formen der juristischen Konfliktlösung stark.[12] Freund vertrat ganz entschieden die Meinung, daß dem Vergleich im Familienrecht Vorrang zukommen müsse, und er begründete, warum richterliche Entscheidungen keine befriedigenden Ergebnisse zeigten.

Maßlose Selbstüberschätzung

Freund erläutert sein Unbehagen gerade am zerzausten Rechtsbegriff vom «Wohl des Kindes». Wer sagt eigentlich dem Familienrichter, so fragt er, «welcher Elternteil die zukünftige Entwicklung des Kindes besser gewährleisten kann»? Auch der Praktiker Freund weiß, daß es krasse, ins Auge fallende Fälle gibt, wo die Entscheidung nicht schwierig ist. Doch ist dies nach seiner Erfahrung nicht die Regel. Zwar kann der Familienrichter auf die Mithilfe des Jugendamtes vertrauen; er darf auch Sachverständige einschalten. Freund: «Es wäre aber trotzdem eine maßlose Selbstüberschätzung zu glauben, dadurch eine hochkomplexe, oft jahrelang gewachsene Familienstruktur umfassend beurteilen zu können. Hinzu kommt, daß in der Regel komplizierte Folge- und Prognoseprobleme zu beantworten sind.»

Das zweite Argument des Stuttgarter Pioniers: Neben der Frage, ob derartige Familienkonflikte überhaupt am Richtertisch zu lösen sind, gibt es eine weitere Schwierigkeit – das schon von Professor Jayme apostrophierte «Alles-oder-nichts-Prinzip». Drittens sei der Streitgegenstand, so Freund, den die Exeheleute vor Gericht bringen, oft gar nicht das Konfliktthema, sondern nur vorgeschoben. Da werde um Geld gestritten, aber eigentlich gehe es um Probleme bei der Besuchsregelung. Freund zieht daraus den Schluß: Nirgendwo sei die Forderung, lieber zu schlichten als zu richten, mehr angebracht als beim Sorge- und Umgangsrecht. Sein Argument: Familiäre Konflikte seien «ohne Mitwirkung der Betroffenen nicht adäquat lösbar».

Nach Meinung Freunds ist das Gericht gleichsam die Spielwiese für Vergleiche zwischen den Eltern. Tatsächlich wird nämlich «der bestehende Konflikt regelmäßig nicht mehr direkt ausgetragen, sondern es wird über den Konflikt kommuniziert». Anders gesagt: Die Eltern streiten nicht, sondern referieren über ihren Streit. Sie reden nicht direkt, sondern sozusagen über den Vorsitzenden miteinander, dessen Anwesenheit Zornausbrüche und Entgleisungen mindestens dämpft. Laut Freund verschieben sich dabei sogar etwas die Fronten. «Die Parteien streiten beispielsweise darüber, ob zwischen ihnen überhaupt ein Konflikt besteht und wer gegebenenfalls welche Bedingungen dafür gesetzt hat.»

Der Richter als neutraler Dritter kann vermitteln und den

Eltern die Möglichkeit eröffnen, ihre Beziehungen neu zu definieren, wozu sie allein nicht in der Lage wären. Freund: Jede Partei müsse dabei die Möglichkeit haben, ihr «Image aufrechtzuerhalten».

Ähnlich wie Anna Freud und ihre Mitautoren spricht sich Freund aus für eine schonungslose Offenheit über Wert und Unwert des Gerichtsverfahrens im konkreten Fall. Den streitenden Eltern müsse «der Irrglaube genommen werden», der Richter oder Sachverständige werde schon die «Wahrheit» finden, «was grundsätzlich nach Ansicht der Partei die Übernahme des eigenen Standpunktes bedeutet».

Meistens übernimmt jedoch der Richter nicht einen Standpunkt, sondern bewegt sich irgendwo in der Mitte. Dies sollte nach Ansicht des Stuttgarter Familienrechtlers auch nicht verschleiert werden. Er rät: Den Parteien sollte ungeschminkt gesagt werden, daß der Richter zwar im Streitfall entscheiden werde, «eine Entscheidung aber eine relativ geringe Richtigkeitsgewähr» habe. Statt dessen solle er seine Hilfe anbieten, um den Parteien eine neue Definition ihrer Beziehung zu erleichtern, die oft darin bestehe, «vernünftig» auseinanderzugehen. Dies eröffne für sie die Chance, «ihren Konflikt problemadäquat selbst zu lösen».

Die Realisierung dieser Idee steckt, das verkennt auch der Stuttgarter Familienrichter nicht, voller Probleme. Eines etwa ist die Gefahr, daß der Richter «herkömmliche Rollenstrukturen» verletzt. Denn das Gerichtsverfahren kann weder Aufgaben und Funktionen einer Familienberatung noch Familientherapie übernehmen. Probleme ergeben sich auch dadurch, daß der Richter, je mehr er sich für einen Vergleich einsetzt, «die Rolle des Anwalts umdefiniert, ihn teilweise in die Rolle des passiven Zuhörers drängt». Möglich ist dies alles nur durch eine unbedingte Offenheit des Verfahrens – das heißt: wenig Taktik, kein Formalismus, reden, wie einem der Schnabel gewachsen ist.

Freund versteht darunter auch, daß der Richter den Parteien frank und frei mitteilt, «welche Meinung er sich gebildet hat». Dies biete erhöhte Vergleichschancen, weil die Parteien «ihre Risiken besser abschätzen» könnten. Für unerreichbar hält Freund allerdings, daß es möglich wäre, die Parteien dahin zu bringen, «daß sie den Vergleich als beste aller denkbaren Lösungen akzeptieren».

Für den Richter ist «notwendig, aber auch ausreichend» die Einsicht der Parteien, «daß die gefundene Lösung unter den vorhandenen Umständen eine vernünftige Lösung darstellt». Und diese Differenzierung ähnelt sehr stark dem Begriff von der am wenigsten schädlichen Alternative, wie ihn Anna Freud und ihre Mitautoren formuliert haben – alle Beteiligten sollten sich zu einer wirklichkeitsnahen Betrachtung der Probleme bequemen.

Geprägt von dieser Grundanschauung ist auch ein Merkblatt, das der Präsident des Ansbacher Landgerichts Scheidungseltern in die Hand drücken läßt.[13] Er empfiehlt sogar, daß sich die Eltern «über das Umgangsrecht ohne Einschaltung des Gerichts einigen» sollten. Egal, ob die Regelung nun mit oder ohne Hilfe des Familienrichters zustande kommt: sie setzt Großzügigkeit voraus. «Dazu gehört», so der Landgerichtspräsident, daß die Kinder – etwa beim Umgangsrecht – «unvoreingenommen auf den Besuch beim anderen Elternteil vorbereitet werden.»

Auch die ganz praktischen Abläufe bedürfen der gegenseitigen Rücksicht: «Die Kinder müssen pünktlich zum vereinbarten Zeitpunkt bereit sein und zur vereinbarten Zeit auch wieder zurückgebracht werden.» Der Ansbacher Rat geht sogar noch weiter: Der Sorgeberechtigte möge gelegentlich das Kind sogar zum anderen hinbringen, um damit zu dokumentieren, daß er die Besuche unterstützt. Verständige Eltern müßten den «Besuchsplan von Zeit zu Zeit dem Alter, der Gesundheit und den Interessen der Kinder oder sonstigen Veränderungen der Lebensumstände» anpassen. Auch eine gemeinsame Pädagogik ist sogar denkbar, Ansbacher Empfehlung:

▷ «Soweit im Anschluß an die Besuche für die Kinder Probleme entstehen, sollten beide Eltern versuchen, dies in aller Ruhe zu besprechen und eine Lösung zu suchen. Dies gilt auch, wenn sich Anzeichen dafür ergeben, daß die Kinder versuchen, einen Elternteil gegen den anderen auszuspielen.»

Einen Kardinalfehler werden die Exeheleute, die zumeist noch in einer Mischung von Haß und Liebe verbunden sind, kaum vermeiden können: Neugier. Gerade davor warnen alle Experten – vor dem Versuch, so der Ansbacher Hinweis, «die Kinder über den anderen Elternteil auszuhorchen». Der entsprechende Rat des Bochumer Psychologie-Professors Friedrich Arntzen schlägt in dieselbe Kerbe: «Nach dem Besuch horcht man das Kind nicht aus. Man läßt ihm aber die Freiheit, von sich aus zu erzählen, was es will.»[14] Vor allem aber warnt Arntzen davor, abgefeimte Sabotage zu treiben: «Auf keinen Fall werden dem Kind für den Zeitpunkt des Besuches andere attraktive Freizeitangebote gemacht, auf die es angeblich verzichtet, weil es ja den nichtsorgeberechtigten Elternteil besuchen *muß*.» Und umgekehrt sollte sich der Umgangsberechtigte davor hüten, das Kind unangemessen zu verwöhnen oder zu beschenken.

Übertriebene Vorstellungen

Auch nach der Scheidung gilt: das Leben geht weiter. Je normaler die Beziehungen zu den Kindern geregelt werden, desto besser. Wissenschaftler raten: Eltern sollten, wenn sie ihre Beziehungen zu den Kindern für die Zeit nach der Scheidung planen, nicht irgendwelchen Utopien nachhängen, sondern den ganz normalen Alltag im Auge behalten. Der amerikanische Soziologe William J. Goode berichtete in dem deutschen Sammelwerk «Familie und Familienrecht» über Erfahrungen, die ohne Vorbehalte auf deutsche Verhältnisse übertragen werden können.

Goode macht zunächst darauf aufmerksam, «wie schwierig es ist, zufriedenstellende Vereinbarungen zu treffen, bevor man überhaupt weiß, wie das Leben nach der Scheidung aussehen wird»[15]. Beide Seiten haben nach den Erfahrungen des Wissenschaftlers unrealistische Vorstellungen. Die sehen so aus: Der Vater gibt sich übertriebenen Vorstellungen hin, wie oft er, wenn es ihm nur gestattet wird, seine Kinder besuchen «kann». Die Mutter, die zunächst Spannungen fürchtet, hat ebenso irrige Vorstellungen davon, wie oft er durch seine Besuche ihre Kreise stören «wird». Das heißt: Er denkt, daß er oft kommen, und sie, daß er «zu» oft kommen wird.

Dabei ist zum Beispiel von den Versprechungen an die Kinder, wie Goode nachweist, nicht immer allzuviel zu halten. Anfangs versuchen der Exgatte oder die Exgattin ihre Kinder zu bestechen, indem «sie aus den Besuchen Galaveranstaltungen machen». Das flaut jedoch ab. Im allgemeinen entsprechen dann alle Zusagen nicht «den Realitäten im Hinblick auf Zeit, Energie und Geld». Allmählich werden dann auch die Besuche seltener – so die amerikanische Beobachtung.

Bei den Forderungen an den anderen und ans Gericht, auch bei der Formulierung von Vergleichen, sollten die Prozeßgegner mithin überlegen, ob sie das Versprechen, das manchem Antrag innewohnt, auch auf lange Zeit gesehen halten können. Die Kinder sind eventuell enttäuscht, der Expartner könnte dem Familienrichter hämisch kundtun, daß der andere von den Rechten, die ihm eingeräumt wurden, gar keinen Gebrauch macht.

Selbst wenn der Vater starke Gefühle für seine Kinder hat, wird er nach den Beobachtungen von Goode doch sehr schnell erkennen, daß ihn die Besuche, wollte er seine Rechte voll ausnutzen, «viel Zeit und Geld kosten». Nun werden zwar in den Vereinigten Staaten intensivere Besuchskontakte gestattet als in der Bundesrepublik – «nach Belieben» oder «wöchentlich», und das in 90 Prozent aller Fälle. Doch die Schlußfolgerungen sind auch auf deutsche Verhältnisse übertragbar.

Goode registrierte: «Wenn der Vater seinen anfänglichen Neigungen folgt und mit den Kindern ins Kino, in Parks und auf Spielplätze geht, ihnen Geschenke und Süßigkeiten kauft, wird er bald merken, daß das viel von seinem überschüssigen Geld (falls er nach den Unterhaltszahlungen überhaupt noch etwas hat) in Anspruch nimmt.» Das gelte vor allem für die unteren Einkommensgruppen.

Solche Erkenntnisse legen eine Lösung nahe, die mittlerweile von vielen Psychologen empfohlen wird: Danach sollten sich die Umgangsberechtigten, faktisch also die Väter, mit ihren Kindern lieber seltener treffen, dafür aber länger. In der Praxis würde das nach den bundesdeutschen Bräuchen bedeuten: Statt an zwei Samstagen im Monat lieber an einem verlängerten Wochenende, vielleicht sogar von Freitagabend bis Sonntagabend oder mehrmals eine Ferienwoche lang.

Gegen eine weitere Beobachtung Goodes werden sich Betroffene, deren Wunden noch frisch sind, mit Vehemenz sperren. Der amerikanische Wissenschaftler geht von der Erkenntnis aus, daß der umgangsberechtigte Elternteil in der ersten Zeit nicht nur mit seinen Kindern zusammensein will, sondern daß er mindestens unbewußt auch den Wunsch hat, den Exehegatten zu sehen. Doch mit der Zeit fänden die Geschiedenen neue Partner, hätten ihre Verabredungen, viele heirateten neu. Goode: «In dem Maße, in dem beide Elternteile ein neues Leben führen, nehmen die nicht auf die Vaterrolle bezogenen Besuche ab.»

Abnehmendes Interesse

Schließlich sind da auch noch die Kinder in Rechnung zu stellen – je älter sie sind, desto mehr. Das Versprechen des Vaters, oft zu kommen, klingt laut Goode in den Ohren der Kinder zunächst wundervoll. Doch schließlich hat jedes Kind seine eigenen Spiel- und Zeitpläne. Es fühlt sich behindert, wenn es allzuoft Verabredungen absagen oder gar eine Trübung der eigenen Freundschaften hinnehmen muß.

Umgekehrt muß auch die Mutter ihre Vorstellungen und Befürchtungen korrigieren. Wie sehr sie sich auch am Anfang vielleicht gegen eine großzügige Besuchsregelung gesträubt hat, irgendwann, spätestens wenn sie sich ein eigenes Privatleben aufgebaut hat, wird sie sich bei einer ganz neuen Erkenntnis ertappen: Sie freut sich auf den Tag, an dem der Exmann ihr die Kinder mal abnimmt.

Mit einer vernünftigen Vergleichsstrategie läßt sich möglicherweise das Stadium des Gleichgewichts von Anfang an realisieren, das sich laut Goode sonst erst nach längerem Abschleifen einstellt. Der amerikanische Soziologe hat jedenfalls festgestellt, daß die Besuche seltener waren als durch Gesetz erlaubt, als durch Vergleich zwischen den Eltern verabredet oder als vom Umgangsberechtigten «ursprünglich erwartet».

Urteile wie Untersuchungen erlauben mindestens eine Schlußfolgerung: Eltern, die sich eingehend informiert haben, können die meisten Probleme leicht selber lösen. Patentrezepte haben auch die Familienrichter nicht parat. Zu beachten bei jeder Vergleichsstrategie sind die drei immer wiederkehrenden Faktoren: Sorgerecht, Umgangsrecht, allgemeine Verhaltensregeln.

Sosehr auch Sorgerechtsbeschlüsse typische Einzelfall-Entscheidungen sein mögen – eine Tendenz ist herausragend: Wer das Kind will, muß seine Versorgung und Betreuung tagsüber gewährleisten können. Die Theorie, daß Vater wie Mutter gleich geeignet seien, wird vorläufig noch von der gesellschaftlichen Wirklichkeit überrollt, in der zumeist der eine das Geld verdient und sich deshalb nur abends um die Kinder kümmern kann. Sogar die «Interessen- und Schutzgemeinschaft unterhaltspflichtiger Väter und Mütter» (ISUV) empfahl deshalb, ein Vater solle sich etwa bei Kleinstkindern nur um das Sorgerecht bemühen, «wenn die Kinder bisher überwiegend bei ihm aufgewachsen sind beziehungsweise sich in seiner Obhut befinden oder ein weiterer Aufenthalt bei der Mutter eine absehbare Gefährdung mit sich brächte»[16]. Gerade weil die Übertragung des Sorgerechts oft aus ganz vordergründigen und praktischen Erwägungen fast automatisch erfolgt, ist das Umgangsrecht so umstritten.

Auf dem Deutschen Familiengerichtstag 1981 in Brühl hielt der Arbeitskreis 14 deshalb fest, daß die schon vorhandenen Möglichkeiten mehr genutzt werden sollten. Ziel: «Ausräumen von Konfliktquellen»[17]. Beim Umgangsrecht erinnerten die Experten zunächst an ganz naheliegende Vorsichtsmaßregeln: «Beratung und Vorbereitung der Eltern, Einschaltung neutraler Dritter, Treffen an neutralem Ort, Vermeiden des Austragens elterlicher Konflikte bei der Übergabe oder Rückgabe der Kinder.» Derlei Ratschläge laufen auf die bereits zitierte Daumenregel des Tübinger Psychologen Lempp hinaus: die Eltern müßten sich wenigstens noch die Hand geben. Arntzen erinnerte daran, daß «unbedingt die konventionellen Umgangsformen» eingehalten werden müßten.

Bedauerlicherweise gibt es im Familienrecht keine Erfolgskontrolle: Ob das Leben eines Menschen glücklicher und erfolgreicher verlaufen wäre, wenn in seiner Kindheit oder Jugend eine andere Sorgerechtsentscheidung gefallen wäre, vermag niemand zu sagen. Gleichwohl könnten empirische Untersuchungen in diesem Bereich neue Entscheidungskriterien liefern – etwa analytische Protokolle von Scheidungskindern, die in ihrem späteren Leben einen Psychoanalytiker aufgesucht haben, oder Untersuchungen über Suchterkrankungen und Kriminalität bei Scheidungskindern (im statistischen Vergleich zu Gleichaltrigen aus intakten Familien).

Vor den Richtern haben indessen vor allem die Eltern möglichen psychischen Schäden bei ihren Kindern vorzubeugen. «Kinder glauben oft», wie das Ansbacher Merkblatt notiert, «etwas falsch gemacht zu haben, und meinen dann, daß sie an den Schwierigkeiten der Familie schuld sind.» Es versteht sich fast von selbst, daß die Eltern ihren Kindern helfen müssen, «von solchen Schuldgefühlen loszukommen» – Schuldgefühle, die irreparable Schäden zur Folge haben können. Das heißt nicht: Probleme vertuschen, sondern die

Trennung erklären – vielleicht sogar in einem späteren Altersabschnitt ein zweites Mal und gründlicher.

Jede Aufklärung von Kindern über das Scheitern der Ehe erfordert Format. Je mehr einer verwundet und verletzt ist, desto weniger wird er sich zu einer gerechten Beurteilung durchringen. Doch das Kind kann durch die – zumeist ja widersinnige – Vorstellung, daß es von zwei Menschen in die Welt gesetzt worden ist, die sich gehaßt haben, schwer deformiert werden. Schließlich zerstören Eltern auch ihre eigene Identität, wenn sie wegen der bösen Erfahrungen ihre ganze gemeinsame Vergangenheit auslöschen wollen. Von Gerichten, und von bayrischen zumal, nimmt der Bürger nicht allzuoft guten Rat mit nach Hause. Den des Ansbacher Landgerichtspräsidenten könnten Exeheleute beherzigen: «Erinnern Sie sich auch an die guten Seiten Ihrer gescheiterten Ehe. Teilen Sie die guten Erinnerungen mit Ihren Kindern!»

Derlei Ideen bewegen sich alle auf der Ebene des Stuttgarter Familienrichters Freund: schlichten statt richten. Doch jeder Gedanke an einen gerichtlichen Vergleich birgt eine Gefahr in sich, die oft von allen Beteiligten – Richtern, Anwälten und Eltern – übersehen wird: Kinder sind keine Objekte, deren Überlassung zu Protokoll genommen wird. Professor Lempp warnte eindringlich: «Das Kind ist kein Gegenstand, den ein Elternteil als persönliches Gut oder als Belohnung beanspruchen kann. Es ist ein Mensch mit eigenen Wünschen, auf deren Verwirklichung es ein Recht hat.» Kinder sind keine Vergleichsobjekte.

Anmerkungen

1
Losverfahren statt Richterspruch

1 Dieser und alle anderen geschilderten Fälle sind authentisch, die Namen wurden aus Gründen des Persönlichkeitsschutzes geändert.
2 Zeitschrift für das gesamte Familienrecht (FamRZ) 1981, S. 87 ff
3 FamRZ 1973, S. 229, 231
4 H. Remschmidt: «Deutscher Familiengerichtstag 1979», (DFGT 1979), Ansprachen und Referate, Berichte und Ergebnisse der Arbeitskreise, S. 192–195
5 «Zur Sache», 1/78, Herausgeber: Deutscher Bundestag, «Elterliches Sorgerecht», Sachverständigenanhörung, S. 110
6 Remschmidt a. a. O., S. 202, 203
7 FamRZ 1975, S. 605 (609)
8 Joseph Goldstein, Anna Freud, Albert J. Solnit: «Jenseits des Kindeswohls», Suhrkamp Taschenbuch 212, Frankfurt a. M. 1974, S. 49
9 Goldstein, Freud, Solnit, S. 46
10 Goldstein, Freud, Solnit, S. 47, 48
11 Goldstein, Freud, Solnit, S. 19
12 Goldstein, Freud, Solnit, S. 21
13 FamRZ 1975, S. 1 ff
14 FamRZ 1980, S. 620 ff
15 FamRZ 1975, S. 607
16 Goldstein, Freud, Solnit, S. 142 (Fußnote 68)

2
«An den Pranger stellen!»

1 Familiengericht Elmshorn, Aktenzeichen 4 F 82/80
Ablehnung der einstweiligen Anordnung vom 14. März 1980
2 Familiengericht Elmshorn, Aktenzeichen 4 F 82/80
Sorgerechtsbeschluß vom 16. Mai 1980
3 Familiengericht Elmshorn, Aktenzeichen 4 F 254/80
Beschluß über Ferienregelung vom 7. August 1980
4 Oberlandesgericht Schleswig, Aktenzeichen 10 UF 154/80
Sorgerechtsbeschluß vom 23. September 1980

3
Sabotage der Eltern

1 BVerfGE 31, S. 194 ff (Entscheidungssammlung des Bundesverfassungsgerichts, Band 31, Seite 194 folgende)
2 Goldstein, Freud, Solnit a. a. O., S. 13
3 BVerfGE 24, S. 142
4 Ilse Staff: «Justiz im Dritten Reich», Fischer Bücherei, Frankfurt a. M. 1964, S. 188
5 BVerfGE 24, S. 119 ff
6 Goldstein, Freud, Solnit, S. 35
7 Goldstein, Freud, Solnit, S. 16

4
«Die umgekehrte Gleichberechtigung»

1 FamRZ 1975, S. 223 ff
2 Neue Juristische Wochenschrift (NJW) 1963, 1965
3 NJW 1980, S. 1 ff (9)
4 BVerfGE 55, S. 171 (184)
5 Urteil vom 14. 7. 1981 Aktenzeichen 1 BvL 28/77 u. a.
6 «Brühler Schriften zum Familienrecht, Band 1 – Dritter Deutscher Familiengerichtstag», Gieseking-Verlag, Bielefeld 1980, S. 79/80
7 Presseinformation des Deutschen Familienrechtsforums vom 6./7. März 1981
8 Friedrich Arntzen: «Elterliche Sorge und persönlicher Umgang mit Kindern aus gerichtspsychologischer Sicht», Verlag C. H. Beck, München 1980, S. 15
9 Arntzen, S. 19
10 Joseph Goldstein, Anna Freud, Albert J. Solnit: «Jenseits des Kindeswohls», Suhrkamp Taschenbuch, Frankfurt a. M. 1974, S. 22
11 Goldstein, Freud, Solnit, S. 24
12 Goldstein, Freud, Solnit, S. 29, 30
13 «Zur Sache: Elterliches Sorgerecht (Sachverständigenanhörung)», Herausgeber: Deutscher Bundestag, 1978, S. 117
14 Gisela Zenz: «Kindeswohl und Selbstbestimmung» – in: «Familienrechtsreform – Chance einer besseren Wirklichkeit» (Hg. Evely Kühn, Ingrid Tourneau) Gieseking-Verlag, Bielefeld 1978, S. 180
15 Familienrechtskommission des Juristinnenbundes: «Neues elterliches Sorgerecht», Gieseking-Verlag, Bielefeld 1977, S. 172
16 ISUV: «Sorgerecht im Widerstreit der Eltern», Sonderdruck, München 1979, S. 2

5
Wunsch nach Dauerzuständen

1 FamRZ 1980, S. 726 ff
2 Goldstein, Freud, Solnit, S. 58, 59
3 Drucksache 8/2788 vom 27. 4. 1979 (Deutscher Bundestag, 8. Wahlperiode), Beschlußempfehlung und Bericht des Rechtsausschusses, S. 62
4 «Sorgerecht im Widerstreit der Eltern» (Hg. ISUV), München 1979, S. 7
5 Goldstein, Freud, Solnit, S. 39
6 Goldstein, Freud, Solnit, S. 40
7 Goldstein, Freud, Solnit, S. 41
8 Lempp-Röcker, «Die kinder- und jugendpsychiatrische Problematik bei Kindern aus geschiedener Ehe», Zeitschrift für Kinder- und Jugendpsychiatrie 1973, S. 31
9 FamRZ 1981, S. 601 ff
10 FamRZ 1978, S. 827 ff
11 Goldstein, Freud, Solnit, S. 37

6
Förderungs- und Kontinuitätsprinzip

1 Professor Dr. Uwe Diederichsen in: Palandt «Bürgerliches Gesetzbuch», Verlag C. H. Beck, München, Erläuterungen zu Paragraph 1671
2 FamRZ 1978, S. 826 ff
3 Professor Dr. Manfred Hinz in «Münchner Kommentar», 2. Lieferung, Erläuterungen zu Paragraph 1671, S. 166
4 Friedrich Arntzen: «Elterliche Sorge und persönlicher Umgang mit Kindern aus gerichtspsychologischer Sicht». Verlag C. H. Beck, München 1980, S. 17
5 FamRZ 1979, S. 853 ff
6 FamRZ 1978, S. 261 ff
7 Goldstein, Freud, Solnit, a. a. O., S. 7
8 FamRZ 1980, S. 487 ff
9 Reinhart Lempp: «Die Ehescheidung und das Kind», Kösel-Verlag, München, 3. Auflage 1978, S. 27
10 Goldstein, Freud, Solnit a. a. O., S. 33, 34

7
«Restbestandteil des Elternrechts»

1 FamRZ 1980, S. 399, 400
2 Gisela Zenz in: «Familienrechtsreform – Chance einer besseren Wirklichkeit?», Gieseking-Verlag, Bielefeld 1978, S. 180
3 FamRZ 1980, S. 131–133
4 Deutscher Bundestag – 8. Wahlperiode, Drucksache 8/2788 vom 27. 4. 1979, Bericht des Rechtsausschusses, S. 53 ff
5 Goldstein, Freud, Solnit, S. 38
6 Goldstein, Freud, Solnit, S. 15
7 Goldstein, Freud, Solnit, S. 38
8 Simitis in: Goldstein, Freud, Solnit, S. 113 ff
9 Goldstein, Freud, Solnit, S. 38
10 Friedrich Arntzen: «Elterliche Sorge und persönlicher Umgang mit Kindern aus gerichtspsychologischer Sicht», Verlag C. H. Beck, München 1980, S. 25 ff
11 FamRZ 1981, S. 1105
12 Deutscher Bundestag (Anm. 4), S. 55
13 «Münchner Kommentar» zum Bürgerlichen Gesetzbuch, Ergänzungsband, 2. Lieferung 1981, S. 91
14 Joachim Gernhuber: «Lehrbuch des Familienrechts», C. H. Beck'sche Verlagsbuchhandlung München, 3. Auflage 1980, S. 832

8
Der Sorgeberechtigte am längeren Hebelarm

1 FamRZ 1978, S. 620 ff
2 EuGRZ 1980, S. 458 f, in der Bearbeitung und Übersetzung von Dr. Wolfgang Strasser
3 NJW 1980, S. 9
4 Beschluß des Familiengerichts Nordhorn vom 23. 10. 1980, Aktenzeichen: 11 F 249/79 (F. 2. e. A.)
5 FamRZ 1979, S. 70
6 Reinhart Lempp: «Die Ehescheidung und das Kind», Kösel-Verlag, München, 3. Auflage 1978, S. 50
7 Zur Sache, a. a. O., S. 90
8 Lempp, S. 46
9 NJW 1978, S. 381 f
10 Drucksache 8/2788, Deutscher Bundestag, 8. Wahlperiode, S. 54
11 FamRZ 1980, S. 78 f
12 FamRZ 1979, S. 965 f
13 FamRZ 1981, S. 389 ff

9
Schikanen beim Umgangsrecht

1 FamRZ 1978, S. 729 ff
2 Münchner Kommentar, Verlag C. H. Beck, 2. Lieferung 1981, S. 87, Randnr. 19
3 Entscheidung des Bundesgerichtshofes in Zivilsachen, Band 51, (BGHZ 51), S. 219 ff
4 Arntzen, a. a. O., S. 10
5 FamRZ 1979, S. 900
6 Arntzen, a. a. O., S. 9
7 Deutscher Bundestag, 8. Wahlperiode, Drucksache 8/2788 vom 27. 4. 1979, S. 54
8 «Zur Sache», S. 116
9 Arntzen, a. a. O., S. 34 ff
10 «Die Welt», 25. 9. 1981
11 «Zur Sache», a. a. O., S. 27
12 «Zur Sache», a. a. O., S. 19
13 FamRZ 1978, S. 619 ff
14 FamRZ 1980, S. 933 ff
15 FamRZ 1980, S. 932 ff

10
Das Kind als Faustpfand

1 Bundesgerichtshof, NJW 1980, S. 1686 ff
2 «Sorgerecht im Widerstreit der Eltern», Interessen- und Schutzgemeinschaft unterhaltspflichtiger Väter und Mütter (ISUV e. V.), München 1979, S. 13
3 NJW 1981, S. 1771 ff
4 Uwe Diederichsen in «Palandt», Kommentar zum BGB, Verlag C. H. Beck, München, zu Paragraph 1671, Anm. 3

11
Kinder sagen ihre Meinung

1 NJW 1981, S. 217 ff
2 NJW 1981, S. 961 ff
3 DFGT 1981, Ergebnisse der Arbeitskreise
4 FamRZ 1981, S. 597 f
5 FamRZ 1981, S. 204 f

6 SPIEGEL 1979, Nr. 8, S. 65
7 «Kindeswohl», «eine interdisziplinäre Untersuchung in der vormundschaftsgerichtlichen Praxis», von Spiros Simitis . . ., Suhrkamp Taschenbuch Wissenschaft Nr. 292, 1. Auflage 1979, S. 42
8 Zur Sache, a. a. O., S. 119

12
Bewußtes und Unbewußtes auf der Waage

1 FamRZ 1981, S. 599 ff
2 «Kindeswohl», a. a. O., S. 22
3 «Kindeswohl», a. a. O., S. 32
4 «Kindeswohl», a. a. O., S. 34–37
5 «Sorgerecht im Widerstreit der Eltern», Interessen- und Schutzgemeinschaft unterhaltspflichtiger Väter und Mütter (ISUV e. V.), München 1979, S. 7
6 Familiengericht Seligenstadt, Beschluß vom 28. 11. 1979, Aktenzeichen: F 151/78
7 Oberlandesgericht Frankfurt, Beschluß vom 9. Januar 1980, Aktenzeichen: 1 UF 358/79
8 2. Deutscher Familiengerichtstag (DFGT) 1979, Ansprachen und Referate, Berichte und Ergebnisse der Arbeitskreise, Sonderdruck, S. 206
9 FamRZ 1980, S. 931 f
10 2. Deutscher Familiengerichtstag 1979, S. 244, 245
11 NJW 1979, S. 603 f
12 2. DFGT, a. a. O., S. 205 f
13 NJW 1979, S. 1253 f

13
Vom Versuch, miteinander zu reden

1 FamRZ 1980, S. 483 f
2 FamRZ 1980, S. 821 ff
3 FamRZ 1971, S. 185 ff
4 Franziska-Sophie Evans-von Krbek: FamRZ 1975, S. 20 ff
5 FamRZ 1978, S. 266 f
6 FamRZ 1979, S. 380 ff, und 1980, S. 758 ff
7 FamRZ 1981, S. 221 ff
8 BVerfGE 31, S. 194 ff
9 Zur Sache, a. a. O., S. 87
10 Zur Sache, a. a. O., S. 91

11 FamRZ 1981, S. 116 f
12 Deutsche Richterzeitung (DRiZ) 1979, S. 72 ff
13 Merkblatt des Landesgerichtspräsidenten in Ansbach
14 Friedrich Arntzen, a. a. O., S. 45
15 William J. Goode in: «Familie und Familienrecht», Hg. Spiros Simitis und Gisela Zenz, Suhrkamp Taschenbuch Wissenschaft 1975, Band 2, S. 113 (S. 123, 124, 125)
16 «Sorgerecht im Widerstreit der Eltern», Hg: ISUV, S. 15
17 Deutscher Familiengerichtstag Brühl 1981, Arbeitskreis 14, Empfehlungen